# Die Botschaft des Neuen Testaments

Herausgegeben von Walter Klaiber

Michael Gese
Der Epheserbrief

Vandenhoeck & Ruprecht

Michael Gese

# Der Epheserbrief

Vandenhoeck & Ruprecht

Bibliografische Information der Deutschen Nationalbibliothek
Die Deutsche Nationalbibliothek verzeichnet diese Publikation in der
Deutschen Nationalbibliografie; detaillierte bibliografische Daten sind
im Internet über https://dnb.de abrufbar.

3., unveränderte Auflage
© 2022 Vandenhoeck & Ruprecht, Theaterstraße 13, D-37073 Göttingen,
ein Imprint der Brill-Gruppe
(Koninklijke Brill NV, Leiden, Niederlande; Brill USA Inc., Boston MA,
USA; Brill Asia Pte Ltd, Singapore; Brill Deutschland GmbH, Paderborn,
Deutschland; Brill Österreich GmbH, Wien, Österreich)
Koninklijke Brill NV umfasst die Imprints Brill, Brill Nijhoff, Brill Hotei,
Brill Schöningh, Brill Fink, Brill mentis, Vandenhoeck & Ruprecht,
Böhlau, V&R unipress.

Alle Rechte vorbehalten. Das Werk und seine Teile sind urheberrechtlich
geschützt. Jede Verwertung in anderen als den gesetzlich zugelassenen
Fällen bedarf der vorherigen schriftlichen Einwilligung des Verlages.

Umschlaggestaltung: Grafikbüro Sonnhüter, www.sonnhueter.com
DTP: Volker Hampel, Neukirchen-Vluyn
Druck und Bindung: CPI buchbücher.de, Birkach

**Vandenhoeck & Ruprecht Verlage**
www.vandenhoeck-ruprecht-verlage.com

Printed in the EU

ISSN 2567-9155
ISBN 978-3-525-56072-3

# Vorwort

Der Epheserbrief steht als kleinerer Brief zumeist im Schatten der großen Paulusbriefe, etwa des Römerbriefs oder der beiden Korintherbriefe. Außerdem hat man ihm als nicht von Paulus stammend weniger Bedeutung beigemessen. Doch er trägt einen ganz eigenen Charakter und hat gerade für die heutige Zeit Wichtiges zu sagen: Der Epheserbrief entfaltet die paulinische Theologie in umfassender Weise. Mit seiner ausgeformten Lehre von der Kirche gibt er wesentliche Impulse für das ökumenische Gespräch. Auch für die Frage, wie christliches Leben gestaltet und der Glaube im Alltag gelebt werden kann, bietet der Brief wertvolle Hinweise. Man spürt, dass der Brief aus einer betenden Grundhaltung heraus geschrieben wurde. Seine Worte zeugen von spiritueller Tiefe. Sie können darum in besonderer Weise Anregungen geben für die Einübung des Betens in heutiger Zeit. Diese Auslegung möchte möglichst vielen Leserinnen und Lesern die Botschaft des Epheserbriefs erschließen und das Interesse wecken, sich mit seinen Aussagen intensiver auseinanderzusetzen.
Schon seit vielen Jahren fasziniert mich der Epheserbrief. Zunächst bin ich meinem Interesse in einer wissenschaftlichen Untersuchung nachgegangen. Dann beschäftigte ich mich mit einzelnen Briefabschnitten bei der Vorbereitung von Bibelabenden und Predigten in der Gemeinde, auf Pfarrkonventen und Studientagen vor Kolleginnen und Kollegen sowie in Predigtmeditationen. Diese Vorarbeiten waren die Grundlage für die vorliegende Auslegung.
Herzlich danken möchte ich an dieser Stelle dem Herausgeber der Reihe »Die Botschaft des Neuen Testaments«, Bischof i.R. Dr. Walter Klaiber. Er hat mich für die Auslegung des Epheserbriefs angefragt und gab mir somit die Gelegenheit, den Brief einmal im Gesamtzusammenhang auszulegen. Dankbar bin ich ihm auch für seine Verbesserungsvorschläge zum Manuskript. Ein herzlicher Dank geht ebenso an Herrn Dr. Volker Hampel, der als Leiter des Neukirchener Verlags die Buchausgabe sorgfältig verlegerisch betreut hat.
Danken möchte ich auch den Freunden Pastor Dr. Mitchell Grell, Kirchdorf/Poel, und Oberkirchenrat Prof. Dr. Ulrich Heckel, Göp-

pingen, die die Entstehung der Auslegung mit Interesse verfolgt und das Manuskript vor der Drucklegung kritisch gelesen haben. Ebenfalls danke ich Herrn Thilo Balbach, Esslingen, für die graphische Umsetzung des Schaubilds zu Eph 4,4–6. Außerdem danke ich meinem Vater für seine Anregungen in unseren Gesprächen sowie – last but not least – meiner lieben Frau, die mich in meiner Arbeit immer unterstützt und ermutigt hat.

Eine solche Auslegung neben der Arbeit im Gemeindepfarramt zu schreiben, war nicht immer einfach. Weite Teile sind, sofern sie nicht für Predigten oder Bibelabende erarbeitet wurden, in den Ferien entstanden. Oft musste die Familie darauf Rücksicht nehmen. Darum möchte ich dieses Buch meinen Kindern widmen: Simon, Hanna, Maria und Sophia.

Trotz der Arbeit, die mit der Entstehung dieser Auslegung verbunden war, konnte ich aus der intensiven Beschäftigung mit dem Epheserbrief gerade in den Belastungen der Gemeindearbeit für mich persönlich viel Kraft schöpfen.

Esslingen, zum Osterfest 2013                                    Michael Gese

# Vorwort zur zweiten Auflage

Für die zweite Auflage wurde der Text gründlich durchgesehen und korrigiert. Dabei wurde auch auf verbesserte Lesefreundlichkeit geachtet.

Herzlich danken möchte ich Herrn Dr. Volker Hampel, der mit großer Sorgfalt und Präzision die Verbesserungsvorschläge eingearbeitet und die Druckvorlage auf den neuesten Stand gebracht hat.

Denkendorf, Ostern 2020                                         Michael Gese

# Inhalt

| | | |
|---|---|---|
| Vorwort | | 5 |
| Abkürzungen | | 9 |
| Einleitung | | 11 |
| **Die Auslegung** | | 15 |
| 1,1 – 3,23 | **Erster Briefteil** | 15 |
| *1,1–23* | *I. Der Briefrahmen* | 15 |
| 1,1–2 | 1. Der Eingangsgruß | 15 |
| 1,3–14 | 2. Lobpreis von Gottes Heilsplan | 19 |
| 1,15–23 | 3. Dank und Fürbitte des Apostels | 32 |
| 2,1 – 3,21 | *II. Die Verkündigung des Heils* | 43 |
| 2,1–10 | 1. Individuelles Heil: Tod und neues Leben | 43 |
| 2,11–18 | 2. Universales Heil: Stiftung der Einheit der Kirche | 56 |
| 2,19–22 | 3. Der Bau der Kirche | 68 |
| 3,1–21 | 4. Die Bedeutung des Apostels | 72 |
| 3,1–13 | a) Der Weg des Geheimnisses | 72 |
| 3,14–21 | b) Die Fürbitte des Apostels | 82 |
| | *Spirituelle Leitlinien nach Eph 3,14–21 – Acht Thesen* | 89 |
| 4,1 – 6,24 | **Zweiter Briefteil** | 91 |
| *4,1–16* | *I. Leben und Wesen der Kirche* | 91 |
| 4,1–6 | 1. Die Einheit des Leibes | 91 |
| 4,7–16 | 2. Der Aufbau des Leibes | 99 |
| | *Das Wesen der Kirche nach dem Epheserbrief – Zusammenfassung* | 109 |
| *4,17 – 5,21* | *II. Leben und Verhalten des Einzelnen* | 113 |
| 4,17–24 | 1. Der Wandel des alten Menschen | 113 |
| 4,17–19 | a) Der Wandel in der Nichtigkeit des Sinnes | 113 |

| | | |
|---|---|---|
| 4,20–24 | b) Das Ablegen des alten und das Anziehen des neuen Menschen | 115 |
| 4,25–5,20 | 2. Der Wandel des neuen Menschen | 119 |
| 4,25–32 | a) Das Verhältnis zum Mitmenschen | 119 |
| 5,1–20 | b) Das Verhältnis zu Gott | 125 |
| 5,1–5 | α) Leben als geliebte Kinder Gottes | 126 |
| 5,6–14 | β) Leben als Kinder des Lichts Christi | 129 |
| 5,15–20 | γ) Praktische Konsequenzen | 136 |
| 5,21 – 6,9 | III. *Leben und Ordnung des christlichen »Hauses«* | 143 |
| | *Die Haustafeln – ein Überblick* | 143 |
| | *Zur Charakteristik der Haustafel im Epheserbrief* | 145 |
| 5,21–33 | 1. Die Ehe | 147 |
| 5,21 | a) Das Motto | 147 |
| 5,22–24 | b) Mahnung an die Frauen | 148 |
| 5,25–33 | c) Mahnung an die Männer | 149 |
| 6,1–4 | 2. Die Familie: Kinder und Väter | 158 |
| 6,5–9 | 3. Die in der Hausgemeinschaft Lebenden: Sklaven und Herren | 159 |
| 6,10–20 | IV. *Abschließende Ermutigung: Das Leben als Kampf mit übermenschlichen Gewalten* | 162 |
| 6,10–13 | 1. Die Situation des Kampfes | 163 |
| | *Das Bild der Waffenrüstung – Überblick* | 167 |
| 6,14–17 | 2. Die Waffenrüstung | 168 |
| 6,18–20 | 3. Beten und Wachen in endzeitlicher Situation | 171 |
| 6,21–24 | V. *Briefschluss* | 175 |

**Die Botschaft des Epheserbriefs** ... 179
1. Inhalt und Aufbau des Epheserbriefs ... 179
2. Die Brieflichkeit der paulinischen Theologie ... 183
3. Der Epheserbrief als Vermächtnis der Paulusschule ... 184
4. Das Zeitverständnis ... 185
5. Die Bedeutung der Kirche ... 188
6. Die Ethik des Epheserbriefs ... 191
7. Die spirituelle Dimension ... 193
8. Die Bedeutung des Epheserbriefs für heute ... 196

Weiterführende Literatur ... 203

Register wichtiger Begriffe ... 205

# Abkürzungen

*Altes Testament*
| | |
|---|---|
| Gen | Buch Genesis = 1. Buch Mose |
| Ex | Buch Exodus = 2. Buch Mose |
| Lev | Buch Levitikus = 3. Buch Mose |
| Num | Buch Numeri = 4. Buch Mose |
| Dtn | Buch Deuteronomium = 5. Buch Mose |
| Jos | Buch Josua |
| Ri | Buch der Richter |
| Rut | Buch Ruth |
| 1/2Sam | Erstes und zweites Buch Samuel |
| 1/2Kön | Erstes und zweites Buch der Könige |
| 1/2Chr | Erstes und zweites Buch der Chronik |
| Esra | Buch Esra |
| Neh | Buch Nehemia |
| Est | Buch Ester |
| Hiob | Buch Hiob = Ijob |
| Ps | Buch der Psalmen |
| Spr | Buch der Sprüche Salomos = Sprichwörter |
| Pred | Buch des Predigers = Kohelet |
| Hld | Hoheslied |
| Jes | Buch Jesaja |
| Jer | Buch Jeremia |
| Klgl | Klagelieder Jeremias |
| Ez | Buch Ezechiel = Hesekiel |
| Dan | Buch Daniel |
| Hos | Buch Hosea |
| Joel | Buch Joel |
| Am | Buch Amos |
| Obd | Buch Obadja |
| Jon | Buch Jona |
| Mi | Buch Micha |
| Nah | Buch Nahum |
| Hab | Buch Habakuk |
| Zef | Buch Zefanja |
| Hag | Buch Haggai |
| Sach | Buch Sacharja |
| Mal | Buch Maleachi |

*Apokryphen*

| | |
|---|---|
| Jud | Buch Judith |
| Weish | Weisheit Salomos |
| Tob | Buch Tobias |
| Sir | Buch Jesus Sirach |
| 1/2Makk | Erstes und zweites Buch der Makkabäer |

*Neues Testament*

| | |
|---|---|
| Mt | Evangelium nach Matthäus |
| Mk | Evangelium nach Markus |
| Lk | Evangelium nach Lukas |
| Joh | Evangelium nach Johannes |
| Apg | Apostelgeschichte |
| Röm | Brief an die Römer |
| 1/2Kor | Erster und zweiter Brief an die Korinther |
| Gal | Brief an die Galater |
| Eph | Brief an die Epheser |
| Phil | Brief an die Philipper |
| Kol | Brief an die Kolosser |
| 1/2 Thess | Erster und zweiter Brief an die Thessalonicher |
| 1/2 Tim | Erster und zweiter Brief an Timotheus |
| Tit | Brief an Titus |
| Phlm | Brief an Philemon |
| Hebr | Brief an die Hebräer |
| Jak | Brief des Jakobus |
| 1/2 Petr | Erster und zweiter Brief des Petrus |
| 1/2/3Joh | Erster, zweiter und dritter Brief des Johannes |
| Jud | Brief des Judas |
| Offb | Offenbarung des Johannes |

*Bibelübersetzungen*

| | |
|---|---|
| LXX | Septuaginta (griechische Übersetzung des Alten Testaments) |
| LÜ | Lutherübersetzung |

*Frühe jüdische und christliche Schriften*

| | |
|---|---|
| 1Clem | 1. Clemensbrief |
| 1QH | Hymnenrolle von Qumran (aus Höhle 1) |
| 1QM | Kriegsrolle von Qumran (aus Höhle 1) |
| 1QS | Gemeinderegel von Qumran (aus Höhle 1) |
| 1QSa | Gemeinschaftsregel von Qumran (aus Höhle 1) |
| Arist | Aristeasbrief |
| Barn | Barnabasbrief |
| Did | Didache – Lehre der zwölf Apostel |
| JosAs | Joseph und Aseneth |

*Zusätzliche Abkürzung*

| | |
|---|---|
| EG | Evangelisches Gesangbuch, Ausgabe für die evangelische Landeskirche in Württemberg, Stuttgart 1996. |

# Einleitung

Der Epheserbrief nimmt innerhalb der paulinischen Briefe eine Sonderstellung ein. Gewöhnlich bezieht Paulus in seinen Briefen zu aktuellen Problemen Stellung. Oder er setzt sich gegen Angriffe zur Wehr und versucht, seine Gegner argumentativ zu überzeugen. Doch so eine lebendige Auseinandersetzung sucht man in diesem Brief vergeblich. Der Epheserbrief wirkt eher abgeklärt und ausgewogen. Dabei ist er nicht weniger anspruchsvoll. Er ist theologisch dicht und kompakt formuliert. Mit seinem komplizierten, ausufernden und verschachtelten Satzbau übertrifft er sogar die übrigen Paulusbriefe. Wer sich dem Brief eingehender widmet, wird bemerken, dass die angesprochenen Themen präzise und umfassend dargestellt werden. Dabei kommen ganz unterschiedliche Facetten zur Sprache. Was dem Brief dagegen fehlt, ist die temperamentvolle Art, mit der Paulus sonst seinen Briefempfängern schreibt. Nirgendwo erfährt man etwas Genaueres über die Adressaten. Niemals nimmt er Bezug auf die Situation. Nichts lässt er anklingen von den Umständen der Zeit oder von den Problemen vor Ort. Auch über Paulus selbst sind keine weiteren Details zu erlangen, die nicht bereits aus anderen Briefen bekannt wären. In dieser Hinsicht bleibt der Brief für die Leser eher blass und ausdruckslos.
Gerade diese Stileigentümlichkeiten haben schon seit der Aufklärung die Frage ausgelöst, ob der Brief wirklich von Paulus stammt. Eine ganze Reihe weiterer Beobachtungen bestärken die Zweifel: Der so allgemein und unpersönlich gehaltenen Art des Schreibens entspricht die Tatsache, dass die Schlussgrüße, die in den Paulusbriefen sonst einen wichtigen Bestandteil ausmachen, völlig fehlen. Wenn außerdem die Ortsadresse »in Ephesus« am Anfang des Briefes (1,1) in den ältesten Handschriften nicht belegt ist und der Schlusssegen sich ganz allgemein an alle richtet, »die unseren Herrn Jesus Christus lieben« (6,24), dann mag man mit Recht fragen, ob dieser Brief je ein wirklicher Brief gewesen und an bestimmte Adressaten abgeschickt worden ist.
Eine weitere Eigentümlichkeit ist, dass der Brief über weite Teile Formulierungen aus dem Kolosserbrief übernimmt. Man schätzt,

dass ca. zwei Drittel des Textbestands aus dem Kolosserbrief im Epheserbrief wiederkehren. Auch das ist außergewöhnlich. Sicher gibt es in den Paulusbriefen immer wieder Passagen, die einander ähneln. Dass sich Paulus in seinen Briefen an manchen Stellen thematisch wiederholt, ist doch naheliegend. Dass dabei die Sachverhalte jeweils mit unterschiedlichen Schwerpunkten oder aus anderer Perspektive dargestellt werden, ebenfalls. Dass aber hier die Satzbruchstücke wörtlich auftauchen – manchmal in verändertem Sinnzusammenhang – dabei aber die Reihenfolge des Kolosserbriefs genau eingehalten wird, das ist schon erstaunlich. Denn das widerspricht der Annahme, dass ein und derselbe Autor im Fluss der Gedanken Ähnliches schreibt. Es legt sich vielmehr nahe, dass hier jemand den Kolosserbrief als literarische Vorlage genutzt und entsprechend verarbeitet hat. Dazu gehört noch ein weiteres Indiz: Während im Kolosserbrief kein einziger Hinweis auf das Alte Testament vorkommt, begegnen im Epheserbrief Zitate oder Anspielungen auf Schritt und Tritt. Manche Forscher haben darum überlegt, ob ein unbekannter Verfasser den Kolosserbrief durch eine Art Überschreibung ersetzen wollte. Doch wer die Ähnlichkeit beider Briefe auf sich wirken lässt, merkt, dass der Verfasser des Epheserbriefs den Kolosserbrief keinesfalls ersetzen will, sondern den Kolosserbrief als literarisches Vorbild nutzt und ihm auf diese Weise eine hohe Wertschätzung entgegenbringt. Bezieht man nun die übrigen Paulusbriefe ein, lassen sich im Epheserbrief Spuren von allen bekannten Paulusbriefen entdecken (in der Auslegung wird jeweils darauf hingewiesen).

Dazu kommt noch eine weitere Eigentümlichkeit. An vielen Stellen sind die aus den übrigen Paulusbriefen bekannten Grundgedanken verändert oder weiterentwickelt worden: Komplizierte Gedankengänge sind sprachlich stringent zusammengefasst worden – etwa der Gedanke der Rechtfertigungslehre in 2,6–10. Das Bild vom Leib Christi ist deutlich ausgebaut worden (4,7–16). Das Bild von der Kirche als Tempel Gottes ist nicht mehr nur zweigliedrig, sondern dreigliedrig geworden (2,19–22). Die Ehe wird im Unterschied zu den Ausführungen des Paulus in 1Kor 7 jetzt als ein Abbild Christi und seiner Braut, der Kirche, verstanden (5, 22–33).

Nimmt man die verschiedenen Eigentümlichkeiten zusammen, muss man sich fragen, ob der Epheserbrief wirklich von Paulus verfasst worden sein kann. Natürlich gab und gibt es Ausleger, die die Echtheit des Briefes vehement vertreten. Der prominenteste unter ihnen mag Heinrich Schlier gewesen sein, der in seinem – bis heute anregenden – Kommentar die These vertritt, dass der Apostel Paulus diesen Brief als eine Art Weisheitsrede »in fei-

erlicher und geheimnisvoller Sprache ... am Rande seiner Tage« niedergeschrieben habe (H. Schlier, Kommentar, S. 28). Die überwiegende Zahl der Ausleger geht jedoch davon aus, dass nicht die Altersweisheit des Paulus, sondern ein späterer Verfasser für die Stileigentümlichkeiten verantwortlich ist. Denn der charakteristische Stil lässt sich am besten erklären, wenn man annimmt, dass ein Späterer aus einer veränderten Perspektive heraus diesen Brief geschrieben hat.
Zunächst mag man vielleicht stutzen: Warum sollte dieser Brief nicht von Paulus stammen, wo doch der Eingangsgruß eindeutig Paulus als Verfasser ausweist? Wieso sollte sich ein Späterer mit fremden Federn schmücken und sein Werk als Paulusbrief ausgeben – wäre das nicht Betrug? Doch ein solcher Vorwurf wird der Sache nicht gerecht. Dass ein Werk unter einem fremden Namen herausgegeben wurde, konnte in der Antike verschiedene Gründe haben. Sicherlich konnte es sich um eine Fälschung handeln. Fälschungen sind bereits für die Antike reichlich belegt. Da gab es Werke, die bewusst vortäuschten, von einem anderen Verfasser geschrieben worden zu sein. Mit der falschen Autorenangabe wollten sie sich größere Beachtung sichern. Es konnte aber auch einen ganz anderen Grund haben, ein Werk unter einem fremden Namen herauszugeben. Und dieses Motiv begegnet gerade bei den biblischen Büchern: Der Autorenname gilt als Ausweis der Tradition, in der das Werk steht. So wurden etwa die Psalmen dem König David, die Weisheitsbücher dem König Salomo und Gesetzestexte Mose zugeordnet. Schließlich galten diese Personen der Vorzeit als Autoritäten, die für die Wahrheit des Inhalts einstanden.
Ein weiterer wichtiger Grund für die Pseudepigraphie – so nennt man die Abfassung unter einem fremden Namen – liegt im persönlichen Lehrer-Schüler-Verhältnis des antiken Lehrbetriebs. Der Lehrer genoss hohe Autorität. Viele seiner mündlich geäußerten Gedanken brachten erst die Schüler in schriftliche Form. Die Achtung vor dem Meister legte es nahe, die Werke der Schüler unter dem Namen des Lehrers herauszugeben und den eigentlichen Namen dessen, der das Werk verfasst hatte, zu verschweigen. Auf diese Weise wurde der geistige Autor benannt, auf den der Inhalt des Werkes letztlich zurückging. Eine solche Zuschreibung wurde vom antiken Menschen nicht als Fälschung empfunden, sondern als sachgerechter Hinweis auf den Ursprung der Tradition.
Im Fall des Epheserbriefs muss man das Motiv in einem solchen Lehrer-Schüler-Verhältnis suchen. Der Brief scheint von einem treuen Paulusschüler abgefasst worden zu sein. Man würde dem Brief absolut Unrecht tun, würde man ihn als Fälschung bezeich-

nen. Schließlich unternimmt er nichts, um die Fiktion als Paulusbrief zu untermauern: Er spiegelt keine angebliche Entstehungssituation vor. Er macht auch keine näheren Angaben zu Paulus, die nicht aus anderen Briefen belegt wären. Auch die Angaben zu den Empfängern sind auffällig knapp und allgemein. Wie die Auslegung zeigen wird, ist der Brief ganz von der Theologie des Paulus geprägt. Offensichtlich hat hier ein Schüler die Gedanken seines Meisters aufgeschrieben, um die zentralen Aussagen des Apostels für die Nachwelt zu erhalten. Es liegt also die Vermutung nahe, dass mit dem Epheserbrief eine Art Zusammenfassung entstehen sollte, die die Theologie des Paulus für die kommende Zeit festhalten möchte.
Vermutlich ist dieser Brief erst nach dem Tod des Paulus geschrieben worden. Denn immer wieder begegnen kleine, aber bewusste Unterschiede zu den echten Paulusbriefen, durch die der Verfasser Hinweise geben möchte, wie die Gemeinden nun ohne ihren Apostel weiterleben sollten. Damit wollte der Verfasser die Stimme des Paulus als eine Art Vermächtnis für die apostellose Zeit bewahren. Wie sollte er es anders als in der Form eines Paulusbriefes tun? Schließlich waren die Briefe ja das Markenzeichen des Apostels. Die hohe Verehrung des Meisters lässt sich in dem Brief mit Händen greifen. Er spricht von den »heiligen Aposteln« (3,4), denen das Geheimnis offenbart wurde, und drückt darin den Respekt vor seinem Lehrer genauso aus wie in der Tatsache, dass er sich sprachlich eng am Kolosserbrief orientiert. Denn der Kolosserbrief muss für ihn der letzte Brief aus der Hand des Paulus gewesen sein.
Die These, dass der Epheserbrief erst nach dem Tod des Paulus durch einen Schüler geschrieben wurde, muss zunächst Vermutung bleiben. Im Verlauf der Auslegung werden sich die Hinweise dafür jedoch immer mehr verdichten. Im abschließenden Kapitel »Die Botschaft des Epheserbriefs« soll unter anderem diese Frage nochmals aufgegriffen werden.
Geht man von der nachpaulinischen Entstehung aus, dann muss der Brief wohl zwischen 80 und 90 n.Chr. geschrieben worden sein. Man vermutet, dass der Brief sogar in Ephesus abgefasst worden ist. Paulus hatte in Ephesus die längste Zeit gewirkt. Deshalb nimmt man an, dass sich dort nach seinem Tod ein großer Teil seiner Schüler versammelte, um die Theologie des Paulus weiter zu pflegen. So muss wohl Ephesus zum Sitz der Paulusschule geworden sein.

# Die Auslegung

## 1,1 – 3,21
## Erster Briefteil

### 1,1–23
### I. Der Briefrahmen

#### 1,1–2
#### 1. Der Eingangsgruß

¹Paulus, Apostel Christi Jesu durch den Willen Gottes,
an die Heiligen, die da sind (in Ephesus), und Gläubigen in Christus Jesus:
²Gnade sei mit euch und Friede von Gott, unserem Vater, und dem Herrn Jesus Christus.

V. 1:   In allen Paulusbriefen ist der Eingangsgruß nach dem gleichen Schema aufgebaut. Paulus nennt als Absender seinen Namen zuerst, dann folgt die Angabe des Empfängers, an die der Brief gerichtet ist. Daran schließt sich der Segenswunsch, der den Empfängern »Gnade und Frieden« zuspricht.
Bei den frühen Briefen – etwa dem 1. Thessalonicherbrief – hat Paulus dieses Schema noch sehr knapp ausgeführt. In den späteren Briefen arbeitet er zunehmend mehr Angaben zu Absender und Empfänger ein. Dabei lässt er meist schon wichtige Themen anklingen, die in dem nachfolgenden Brief erörtert werden sollen. Außerdem nennt er in der Regel einen Mitabsender, wodurch deutlich ist: Die Paulusbriefe sind keine Privatbriefe. Sie haben vielmehr offiziellen Charakter und sollen in der Versammlung des Gottesdienstes vorgelesen werden. Nur der Römerbrief nennt keinen Mitabsender. Das hat seinen Grund: Im Römerbrief stellt sich Paulus einer Gemeinde persönlich vor, die ihn bis dahin noch nicht kannte. Selbst der Philemonbrief nennt einen Mitabsender (Timotheus), obwohl er nicht als Gemeindebrief, sondern als persönliches Schreiben ge-

dacht war, das der entlaufene Sklave Onesimus seinem Herrn Philemon überbringen sollte.

Die knappe Ausführung des Eingangsgrußes – ohne Erwähnung eines Mitabsenders – ist für einen späten Paulusbrief recht ungewöhnlich. Sie kann jedoch als Hinweis für die Vermutung gelten, die bereits in der Einleitung dargelegt wurde, dass dieser Brief nicht von Paulus, sondern von einem Schüler nach dessen Tod abgefasst worden ist.

Auch wenn der Eingangsgruß Paulus als Verfasser des Briefs ausweist, geht diese Auslegung davon aus, dass ein Späterer den Brief abgefasst hat – nicht um sich mit fremden Federn zu schmücken und seinem Werk eine größere Aufmerksamkeit zu verleihen, sondern als Ausweis der Tradition, in deren Namen er spricht. Damit macht er deutlich, dass die Theologie des Paulus, die er hier kurzgefasst darlegen will, auch für die Nachwelt unverminderte Gültigkeit besitzt.

Dazu passt, dass neben Paulus kein Mitabsender genannt wird. In der Absenderangabe *Paulus, Apostel Christi Jesu durch den Willen Gottes* stecken die für den Brief entscheidenden Aussagen. Paulus ist Apostel nicht aufgrund irgendeiner menschlichen Berufung, sondern allein *durch den Willen Gottes*. Das Apostelamt des Paulus war schon zu seinen Lebzeiten immer wieder in Zweifel gezogen worden.

Im Galaterbrief wehrt sich Paulus gegen solche Stimmen und betont, dass er zwar kein Jünger oder Augenzeuge des irdischen Jesus, aber dennoch ein vollgültiger Apostel ist. Die Bedeutung des paulinischen Apostelamtes wird in 3,1.8 nochmals eindrücklich dargestellt. Es zeigt sich, dass der Apostel für die Kirche ein wichtiges Fundament darstellt (vgl. 2,20), weil die apostolische Verkündigung die Norm darstellt, an der sich auch der Glaube der nachapostolischen Generation bemisst. Durch die Auslassung eines Mitabsenders hebt der Epheserbrief die alleinige Autorität des Apostels noch hervor.

Auch die Adressatenangabe ist aussagekräftig: *an die Heiligen, die da sind (in Ephesus), und Gläubigen in Christus Jesus*. Die Bezeichnung *Heilige* ist für die Paulusbriefe nicht ungewöhnlich. Als Adressatenangabe sind damit nicht besonders tugendhafte Menschen gemeint, sondern wie die *Gläubigen in Christus Jesus* alle Gemeindeglieder. Wie Paulus in 1Kor 1,2 deutlich macht, sind alle Christen Heilige insofern sie in Christus Geheiligte sind. Sie werden zugleich als *Gläubige in Christus Jesus* bezeichnet. Das ist, wie im Fortgang des Briefes deutlich wird, eine für den Verfasser typische Ausdrucksweise: *in Christus Jesus* ist für ihn zur formelhaften Wendung geworden, die eine Art Heilsraum umschreibt. Glauben

ist für ihn weniger Glauben an etwas, sondern vielmehr die Zugehörigkeit zu etwas: *in Christus Jesus* – das ist für ihn der Ort, in dem die Glaubenden gegründet sind.
Am auffälligsten aber ist, dass in den ältesten Handschriften die Ortsadresse fehlt. Offensichtlich wurde sie später ergänzt. Warum nur wurde sie ausgelassen? Das hat eine Reihe von Vermutungen ausgelöst. Am häufigsten vertreten wird die These, die Lücke, die hier im Satzbau begegnet, sei bewusst als Leerstelle gesetzt für eine jeweils einzutragende Ortsadresse. Der Brief sei darum als Zirkularschreiben an mehrere Gemeinden gedacht gewesen. Denkbar wäre das, doch ist aus der Antike kein Schreiben bekannt, bei dem die Ortsadresse jeweils ausgetauscht werden konnte. Das klingt eher nach einer Serienbriefproduktion der Moderne. Sprachlich ist tatsächlich eine Lücke spürbar. Dennoch ist der Satz auch ohne Ortsadresse vollständig und ließe sich verstehen im Sinne von: »an die Heiligen, die es gibt.« Dann könnte man die Adressatenangabe parallel zur Formulierung im Schlusssegen (6,23.24) verstehen, der sich an alle richtet, »die unsern Herrn Jesus Christus liebhaben«. Richtet sich der Brief damit an alle Christen auf dem ganzen Erdkreis? Das bewusste Verschweigen einer Ortsadresse, könnte durchaus zur Schreibweise des Autors passen. Er arbeitet mit solchen Stilmitteln. Das spräche dafür, dass er die Ortsadresse deswegen auslässt, um sich an alle Christen an allen Orten zu wenden.
Doch warum wird in späterer Zeit die Ortsadresse *Ephesus* nachträglich in den Text eingetragen? Eine Erklärung könnte sein, dass die Gemeinde von Ephesus für Paulus die wichtigste war. In Ephesus hat Paulus sich nicht nur mehrfach, sondern insgesamt auch am längsten aufgehalten. Vermutlich versammelten sich hier nach seinem Tod seine Schüler, so dass man annehmen könnte, dass dieser Brief sogar in Ephesus verfasst worden ist. Jedenfalls wäre es verständlich, wenn diese für Paulus so zentrale Gemeinde unter den Briefen des Apostels nicht leer ausgehen sollte und ihr darum nachträglich auch ein Brief gewidmet wurde.
Wer genau liest, bemerkt, dass im Unterschied zu den echten Paulusbriefen in der Ortsadresse der Begriff *ekklesia* (Kirche) fehlt. Es ist von *den Heiligen, die da sind (in Ephesus)* die Rede. Was mag den Verfasser veranlasst haben, den Begriff *ekklesia* (Kirche) hier wegzulassen, obwohl Paulus bei der Adressatenangabe die Gemeinde – mit Ausnahme des Römer- und Philipperbriefs – als *ekklesia* bezeichnet?
Das hängt damit zusammen, dass in diesem Brief eine ausgefeilte Lehre von der Kirche, eine besondere Ekklesiologie, vorkommt. Anders als in den übrigen Paulusbriefen wird im Epheserbrief das

Wort *ekklesia* (Kirche) nur noch für die Universalkirche benutzt, ist also ausschließlich der weltweiten Kirche vorbehalten. Auch das kann als Hinweis auf die nachpaulinische Entstehung des Briefes gewertet werden. Denn Paulus benutzt den Begriff *ekklesia* (Kirche) gleichermaßen für die Hausgemeinde, für die Einzelgemeinde und die Universalkirche. Der Epheserbrief differenziert hier sehr genau. Für ihn kann der Begriff *ekklesia* (Kirche) nicht mehr für die Gemeinde vor Ort gebraucht werden. Auf das Kirchenverständnis des Epheserbriefs wird darum in der folgenden Auslegung noch genauer eingegangen werden.

V. 2: Der Gnaden- und Friedenswunsch *Gnade sei mit euch und Friede von Gott, unserem Vater, und dem Herrn Jesus Christus* entspricht ganz den Briefanfängen der übrigen paulinischen Briefe. Er korrespondiert mit dem abschließenden Friedens- und Gnadenwunsch am Ende des Briefes (6,23.24) und bildet damit eine Art Klammer (*inclusio*), die den ganzen Brief umschließt. Gnade ist die Erfahrung der Zuwendung Gottes. Mit Frieden ist der umfassende Zustand des Heils gemeint. Gnade und Friede sind Geschenke aus Gottes Hand: *von Gott, unserem Vater*. Der Vatertitel wird im Epheserbrief noch von verschiedenen Seiten her beleuchtet werden (vgl. 1,3.17; 2,18; 3,14; 4,6; 5,20; 6,23). Der Friede, von dem hier die Rede ist, wird ebenfalls im Brief zu einem zentralen Begriff: Es ist der Friede, der in Jesus Christus eröffnet ist (vgl. 2,14.15.17; 4,3; 6,15.23).

Der Gnaden- und Friedenswunsch stimmt wörtlich mit den übrigen Paulusbriefen überein. Während die jüdischen Briefe sonst mit einem allgemeinen Friedenswunsch den Leser grüßen, ist hier bewusst die göttliche Dimension angesprochen: *von Gott, unserem Vater, und dem Herrn Jesus Christus*.

Am Anfang des Briefes steht damit mehr als ein bloßer Wunsch. Es ist vielmehr ein Zuspruch, durch den der Apostel der Gemeinde Gnade und Frieden zuspricht. Damit wird deutlich, wozu der Brief geschrieben wurde: Er sollte im Gottesdienst verlesen werden als die Verkündigung des Apostels an die versammelte Gemeinde. Damit hat der Gnaden- und Friedenswunsch liturgischen Charakter und eröffnet Gnade und Frieden für die gottesdienstliche Gemeinde.

Bis heute werden diese Worte als Kanzelgruß zu Beginn der Predigt gebraucht und greifen damit die paulinische Tradition auf. Auf diese Weise wird unterstrichen, wozu die Predigt dient: Unter dem menschlichen Reden soll sich der Zuspruch des Wortes Gottes ereignen.

## 1,3–14
## 2. Lobpreis von Gottes Heilsplan

### I

³Gepriesen sei Gott, der Vater unseres Herrn Jesus Christus,
der uns gesegnet hat mit allem geistlichen Segen in den Himmeln in Christus,

### IIa

⁴wie er uns erwählt hat in ihm vor Grundlegung der Welt,
    dass wir heilig und untadelig seien vor ihm.
In Liebe ⁵hat er uns vorherbestimmt zur Sohnschaft
durch Jesus Christus auf ihn hin
    nach dem Wohlgefallen seines Willens
    ⁶zum Lob der Herrlichkeit seiner Gnade,
    mit der er uns begnadet hat in dem Geliebten.

### IIb

⁷In ihm haben wir die Erlösung durch sein Blut,
    die Vergebung der Übertretungen
        nach dem Reichtum seiner Gnade,
            ⁸die er reichlich über uns ausgegossen hat.
In aller Weisheit und Einsicht ⁹hat er uns kundgetan das Geheimnis seines Willens
nach seinem Ratschluss,
    den er in ihm festgesetzt hatte,
    ¹⁰zur Verwirklichung der Vollendung der Zeiten,
um alles in Christus zusammenzufassen,
was in den Himmeln ist und was auf der Erde ist in ihm.

### IIc

¹¹In ihm sind wir auch berufen worden,
    nachdem wir erwählt waren nach der Vorherbestimmung dessen,
        der alles bewirkt nach dem Ratschluss seines Willens,
¹²auf dass wir etwas seien zum Lob seiner Herrlichkeit,
    die wir zuvor Hoffnung hatten in Christus.

### III

¹³In ihm seid auch ihr,
    die ihr das Wort der Wahrheit gehört habt,
    das Evangelium eures Heils,
in ihm seid auch ihr, die ihr glaubt, versiegelt worden
durch den heiligen Geist der Verheißung,
    ¹⁴der das Unterpfand unseres Erbes ist

zur Erlösung des Eigentums,
zum Lob seiner Herrlichkeit.

Dieser Abschnitt besteht im Urtext aus einem einzigen langen Schachtelsatz. Er ist grandios formuliert und aufs Engste mit gewichtigen theologischen Aussagen bestückt. Beim ersten Lesen könnte man vor dem Satzungetüm zurückschrecken. Doch wer sich auf die Formulierungen einlässt, wird bemerken, wie sorgfältig komponiert und durchdacht die Zeilen sind. Der Satz beginnt mit *Gepriesen sei Gott*. Mit diesen Worten wurde im Judentum der damaligen Zeit eine sog. Eulogie eingeleitet. Ähnlich wie die deutsche Wendung »Gott sei Dank« war die Eulogie ein Lobspruch, mit dem man Gott für die Rettung aus persönlicher Not dankte. In der Regel war die Eulogie sehr kurz gehalten. Man spürte ihr meist das erleichterte Aufatmen noch an. Nach der Einleitung durch »Gepriesen seist du« (hebr.: *baruch atta*) zählte man auf, wofür man Gott dankte, in welcher Notsituation man sein bewahrendes und rettendes Eingreifen erfahren hatte. Paulus gebraucht eine Eulogie zu Beginn des 2. Korintherbriefes in 2Kor 1,3–7. Wie Paulus den Korinthern erzählt, hatte er eine lebensbedrohliche Situation überstanden und drückt damit den Dank für seine Rettung aus. Er stellt die Eulogie gleich an den Anfang seines Briefes anstelle der sonst üblichen Danksagung. Darum hat man seine Eulogie eine »Briefeingangseulogie« genannt. Diese Form ist in den Briefen des Neuen Testaments zweimal aufgegriffen worden: hier im Epheserbrief sowie in 1Petr 1,3–9. Man merkt, dass beide Stellen nach dem Vorbild des 2Kor geschrieben worden sind. Bei ihnen kommt nicht mehr der spontane Dank für die persönliche Rettung aus Not zum Ausdruck, sondern wird allgemein das rettende Heilshandeln Gottes angesprochen. In der Briefeingangseulogie Eph 1,3–14 legt der Autor des Epheserbriefs in großem Schwung Gottes Heilshandeln von der Schöpfung bis zur endzeitlichen Erlösung dar.
Um den langen Schachtelsatz besser zu verstehen, ist es sinnvoll, sich die Gliederung genauer anzuschauen. Dafür gibt es viele Vorschläge. Am sinnvollsten erscheint die Einteilung analog zum Formschema der jüdischen Eulogie. Denn bei der klassischen Eulogie wird an den kurzen Segensspruch ein längerer Nachsatz angehängt, welcher die Rettungssituation beschreibt. In V. 3 wird der eigentliche Segensspruch benannt: *Gepriesen sei Gott, der Vater unseres Herrn Jesus Christus, der uns gesegnet hat mit allem geistlichen Segen in den Himmeln in Christus*. Er bildet damit den *ersten* Abschnitt. Daran schließt sich als Nachsatz der *zweite* Abschnitt an (V. 4–12). Er umschreibt sehr ausführlich das rettende

Handeln Gottes und ist in sich dreifach untergliedert: a) V. 4–6 beschreibt die Erwählung vor Grundlegung der Welt. b) V. 7–10 hat das Heilsgeschehen in Jesus Christus zum Thema. c) V. 11–12 widmet sich der Berufung der Gläubigen. Ein weiterer, *dritter* Abschnitt ist mit V. 13–14 angehängt. Er gehört streng genommen nicht mehr direkt zur Eulogie, sondern stellt die unmittelbare, in direkter Anrede erfolgende Anwendung auf die Hörer dar (Subjektwechsel: *ihr!*). Dennoch darf der Abschnitt mit dazugezählt werden, da die Satzkonstruktion nicht unterbrochen wird und sich das stilistisch untergliedernde *zum Lob seiner Herrlichkeit* (V. 6.12) auch am Ende von V. 14 findet. Die vorliegende Gliederung wird dadurch unterstrichen, dass jeder sprachliche Neueinsatz mit einem feierlichen *in ihm* (= in Christus) eröffnet wird (V. 4.7.11.13).

Ist damit die Satzkonstruktion formal gegliedert, so bleibt die Frage, was dieser lange Schachtelsatz inhaltlich ausdrücken will. Eines ist deutlich: In der Briefeingangseulogie geht es nicht um den Dank für eine persönliche Rettung, sondern um den Dank für die umfassende, die gesamte Welt einschließende Rettung. Der Verfasser eröffnet seinen Brief, indem er den Heilswillen Gottes herausstellt, der vom Anfang der Welt bis zum heutigen Tag am Werk ist und der die Welt dem Ziel zuführen wird, das Gott vorgesehen hat: *um alles in Christus zusammenzufassen, was in den Himmeln ist und was auf der Erde ist.* Immer wieder sind Wendungen eingestreut, die betonen, dass der Heilsplan fest *nach dem Ratschluss seines Willens* bzw. *nach dem Reichtum seiner Gnade* verläuft (V. 5.7.9.11). Der Verfasser will damit seinen Lesern ans Herz legen, dass dieser Plan Gottes keinesfalls hinfällig wird. Das ist auch der Grund für die auffällig ausgedehnte Satzkonstruktion, die durch viele Einschübe zwar aufgehalten, aber nie unterbrochen wird. Damit soll auch formal zum Ausdruck gebracht werden, dass der Segensstrom Gottes zwar aufgehalten, aber durch nichts unterbrochen werden kann. So zeigt der Verfasser bereits in der Konstruktion dieses Schachtelsatzes sein seelsorgerliches Anliegen. Er will der Angst vor einem Ausbleiben der Wiederkunft Jesu unter den Zeitgenossen entgegentreten.

In der Briefeingangseulogie wird gegenüber Paulus ein neuer Akzent gesetzt. Paulus hatte in verschiedenen Briefen einen Christushymnus zitiert und ihn dann auf die Adressaten hin ausgelegt – etwa im Philipperbrief oder auch im Kolosserbrief. Jetzt wird das Christusgeschehen in einen Heilsplan eingeordnet. Das ist wirklich etwas Neues. Offensichtlich liegen Kreuzigung und Auferstehung Jesu so weit in der Vergangenheit zurück, dass sie inzwischen aus einer geschichtlichen Perspektive betrachtet werden. Die Heilstat

Christi, die für Paulus den Abschluss der Heilsgeschichte Gottes bildete, steht zwar nach wie vor im Zentrum, aber sie ist eine Stufe innerhalb einer geschichtlichen Abfolge. Sie ist nicht mehr Vollendung, sondern Mitte der Heilsgeschichte Gottes. Daraus ergibt sich letztendlich ein neues Zeitverständnis. Schon hier deutet sich bereits die Einteilung in eine Zeit vor und eine Zeit nach Christus an. Konsequent arbeitet der Verfasser die Aussagen der Paulusbriefe auf dieses neue Schema um. Er betrachtet die Heilsgeschichte in ihrer Bedeutung für die Zeit der Leser. Doch dabei ist es dem Verfasser immer wichtig, dass die großartige heilsgeschichtliche Beschreibung nicht bloß eine lehrhafte Ausführung, sondern ein Bekenntnis in lobpreisender Anbetung sein will: *zum Lob seiner Herrlichkeit.*

Die Eulogie ist damit eine Architektur des Lobpreises. Theologisch durchdacht und filigran gestaltet steht sie vor einem wie die Fassade einer gotischen Kathedrale. Doch sie will nicht nur von außen betrachtet werden. Sie will die Hörer mit einbeziehen (Subjektwechsel V. 13) und einladen, in die liturgische Kathedrale einzutreten und mitzubeten und so die Größe und Herrlichkeit von Gottes allumfassendem Heilsplan zu preisen. Das legen die refrainartigen Einschübe ans Herz: *auf dass wir etwas seien zum Lob seiner Herrlichkeit* (vgl. V. 6.12.14). Der Brief ist dazu bestimmt, dass er während des Gottesdienstes der versammelten Gemeinde verlesen wird. Er will die Hörer dazu ermutigen, bei der gottesdienstlichen Feier in den Lobpreis mit einzustimmen.

V. 3: Die Eulogie wird kunstvoll eröffnet mit einem Wortspiel, einer sog. *figura etymologica*: Dreimal greift der Verfasser ein Wort des gleichen Wortstamms (eulogein) auf, der – je nach Subjekt – sowohl segnen als auch loben, preisen und danken bedeuten kann: Gott segnet den Menschen und der Mensch preist ihn dafür. Damit hebt der Verfasser einerseits die Fülle des Segens hervor *(mit allem geistlichen Segen)*, andererseits beschreibt er den menschlichen Lobpreis *(Gepriesen sei ...)* als adäquate Antwort, in den die Gemeinde mit der Eulogie einstimmt. Wie Gottes Segen *in den Himmeln* bereitet ist und auf Erden schrittweise Gestalt annimmt, so steigt im Gegenzug der Lobpreis des Menschen empor als Echo auf Gottes Segenswirken. Der *geistliche Segen* ist ein mit der Wirkmacht des Geistes erfüllter Segen. Was er erschließt, wird in den folgenden Versen umfassend dargestellt: Es ist ein reicher Segensstrom, der bis zu den Briefempfängern reicht und ihnen das Heil erschließt. Er hat *in den Himmeln* seinen Ursprung. Mit dieser räumlichen Bezeichnung, die im Epheserbrief mehrfach vorkommt (vgl. 1,3.20; 2,6; 3,10; 6,12; der Plural *in den*

*Himmeln* nimmt hebräische Ausdrucksweise auf), meint der Verfasser nichts anderes als den Raum von Gottes machtvollem Wirken. Es ist der jenseitige Raum der Transzendenz, in der das Künftige verborgen gegenwärtig ist. Denn in den Himmeln liegt schon alles bereit, was auf Erden noch Wirklichkeit werden soll. So war es die im Frühjudentum und bei Paulus verbreitete Vorstellung. Der Segen, der in den Himmeln seinen Ursprung hat, soll sich also mehr und mehr auf der Erde verwirklichen. Ganz nach alttestamentlichem Vorbild wird hier die Kontinuität des göttlichen Segensstroms dargestellt. Bereits das Buch Genesis beschreibt, wie der Segen weitergegeben wird. Bei der Erschaffung des Menschen wird ausdrücklich erzählt, wie Gott Mann und Frau segnete (Gen 1,28; 5,2). Dieser Segen wird nun von Generation zu Generation weitergegeben (Gen 9,1.7). Aber er ist auch von Anfang an gefährdet und wird darum mit der Erwählung Abrahams erneut eingesetzt. Der Segen begleitet die Geschichte Israels und soll über Israel hinaus bis zu den Völkern reichen. Darum heißt schon die Verheißung an Abraham: »Ich will dich segnen ... und in dir sollen gesegnet werden alle Völker auf Erden« (Gen 12,1–3 LÜ; vgl. 18,18; 22,18; 26,3.4.24; 28,14). Um diesen Segensstrom geht es auch in der Briefeingangseulogie. Hier wird er als ein in Christus verbürgter Segen präzisiert und reicht bis zur künftigen Vollendung der Zeiten (V. 10).

Die Eulogie wendet sich bewusst an Gott und bezeichnet ihn näher als *Vater unseres Herrn Jesus Christus*. Beide Titel, Gott und Vater, sind bereits in der Gebetstradition der alttestamentlichen Weisheit gebräuchlich. So findet sich etwa in Sir 23,4 die Gebetsanrede: »Herr, Vater und Gott meines Lebens« (vgl. auch Sir 23,1; 51,14). Hier, zu Beginn der Eulogie, wird der Vatertitel – im Unterschied zu 3,14 – streng an Jesus Christus gebunden. Denn in Jesus Christus ist der Segensstrom Gottes von der vorzeitlichen Erwählung bis zur gegenwärtigen Situation der Briefempfänger verbürgt. Durch das nachklappende, formelhafte *in Christus* wird das noch betont. Bereits hier wird die für den Epheserbrief charakteristische Formel eingeführt, die den Sprachgebrauch des Paulus aufnimmt.

Die Formel *in Christus* hat ein vielfältiges Bedeutungsspektrum. Ihre Grundbedeutung ist räumlich und meint den in Christus eröffneten Raum des Heils, in dem die Glaubenden ihre Heimat haben. Es ist der Raum, in dem das in Tod und Auferstehung Christi erwirkte Heil präsent ist, und damit auch der Raum, in dem Juden und Heiden zu einer Gemeinschaft neu geschaffen sind. *In Christus* meint darum nicht bloß einen abgegrenzten Ort, sondern benennt den Einflussbereich, den Machtbereich, die Kraftsphäre Christi. Damit ist zugleich der Übergang zu den Ausdrücken für die göttliche Kraft angelegt, die diesen Raum füllen, sei es im Leib Christi, sei es im Weltall. Von dieser räumlichen Grundbedeutung ausgehend kann diese Formel auch instrumental gebraucht werden, dann meint sie: »durch Christus« oder sie beschreibt die Art und Weise, wie wir mit Christus verbunden sind.

V. 4: Um die Unverbrüchlichkeit des Segensstroms den Briefempfängern plastisch darzulegen, schließt sich an den Kern der Eulogie eine Explikation (V. 4–14) an. Sie führt aus, was der Heilsplan Gottes ist.

Hierbei greift der Epheserbrief auf zentrale Gedanken des Paulus in Röm 8,28–30 zurück. Dort hatte Paulus betont, dass unsere Zugehörigkeit zu Gott in seinem Ratschluss gründet und daraus in einer festen Verkettung Erwählung, Vorherbestimmung und Berufung, ja sogar Rechtfertigung und Verherrlichung folgen: »Denn die er ausersehen hat, die hat er auch vorherbestimmt ..., die er aber vorherbestimmt hat, die hat er auch berufen; die er aber berufen hat, die hat er auch gerecht gemacht; die er aber gerecht gemacht hat, die hat er auch verherrlicht.« (Röm 8,29.30 LÜ).

Diese als »goldene Kette« bezeichneten Verse aus dem Römerbrief liefern dem Verfasser des Epheserbriefs die Stichworte, nach denen er seinen Heilsplan einteilt: Schon vor Schöpfung der Welt sind Erwählung und Vorherbestimmung verankert. Bewusst greift der Autor auf die Zeit *vor* der Schöpfung zurück. Er will den Lesern damit deutlich machen, dass die Erwählung der Glaubenden absolut unverbrüchlich gilt (vgl. Eph 3,11; 2Tim 1,9; 1Petr 1,20). Die Aussage meint nicht etwa, dass die menschlichen Seelen bereits vor der Schöpfung für sich existiert hätten. Ganz betont wird vom Sein »in Christus« gesprochen, denn nur in ihm ist eine solche Aussage möglich. Damit setzt der Verfasser vielmehr konsequent den Gedanken der Präexistenz Christi fort, wonach Christus von Uranfang an – also bereits vor der Schöpfung der Welt – in Gott war: »Er ist das Ebenbild des unsichtbaren Gottes, der Erstgeborene vor aller Schöpfung«, wie das im Kolosserhymnus (Kol 1,15) angesprochen ist. In 1Kor 8,6 und Kol 1,15ff wird betont, dass Jesus Christus nicht nur wahrer Mensch, sondern auch wahrer Gott ist. Als Sohn Gottes muss er darum schon von Ewigkeit her vor der Schöpfung der Welt bei Gott gewesen sein.

Diesen Gedanken erweitert der Verfasser des Epheserbriefes: Wenn Christus schon vor der Erschaffung der Welt bei Gott gewesen ist, dann müssen in Christus auch die Glaubenden schon erwählt gewesen sein. Konsequent hat der Verfasser die paulinische Aussage von der Präexistenz Christi zu Ende gedacht und sie auf ihre Bedeutung für die Glaubenden zugespitzt. Die vorzeitliche Erwählung der Glaubenden ist nicht losgelöst von Christus zu verstehen. Sie besteht in Christus und ist darum der Welt und ihrer Geschichte vorgeordnet. So umgreift sie zugleich das Ziel, das wiederum am Ende der Heilsgeschichte aufleuchtet: *dass wir heilig und untadelig seien vor ihm.* In Anlehnung an Kol 1,22 wird hier nicht die Bedingung oder Voraussetzung, sondern vielmehr das Ziel der Erwählung benannt: Nicht weil wir heilig und untadelig sind, sind wir erwählt, sondern weil wir erwählt sind, können wir heilig und untadelig sein. Mit der vorzeitlichen Erwählung betont der Epheserbrief, dass Gottes Gnade allem anderen vorangeht. Was schon seit Urzeiten gilt, wird dann in der Berufung der Glaubenden (vgl. V. 11) für jeden einzelnen offenbar.

Solche für uns eher fremd anmutenden Gedanken waren für die damaligen Leser nicht ungewohnt. Sie gehen auf die Grundlagen alttestamentlicher Theologie zurück. Es gehört zur festen Überzeugung des Alten Testaments, dass Gott sein Volk Israel erwählt hat, und zwar nicht aufgrund von Vorzügen, sondern allein aufgrund seiner Liebe (vgl. etwa Dtn 7,6ff). Dass diese Erwählung von Ewigkeit her gilt, klingt bereits in alttestamentlichen Texten an, etwa in Jer 31,3: »Ich habe dich von Ewigkeit her geliebt« oder in Ps 74,2: »Gedenke an deine Gemeinde, die du vorzeiten erworben hast«. Eine wichtige Rolle spielt der Gedanke der vorweltlichen Erwählung des Volkes Israel dann in der frühjüdischen Literatur, etwa in dem Segen, mit dem Joseph die Aseneth segnet: »... und zähle dazu sie deiner Nation, die du auserwähltest, bevor wurden die (Dinge) alle« (Joseph und Aseneth 8,11 Übersetzung nach Ch. Burchard, S. 651) sowie in der rabbinischen Auslegung von Ps 74,2.

Neben den Gedanken der Erwählung tritt bereits im Alten Testament die Rede von der Sohnschaft: »Als Israel jung war, hatte ich ihn lieb und rief ihn, meinen Sohn, aus Ägypten« (Hos 11,1). Auch in Ex 4,22.23 wird betont: »Israel ist mein erstgeborener Sohn«. Der Autor des Epheserbriefs verbindet die beiden in der alttestamentlichen Tradition anklingenden Motive und beschreibt den Gedanken der vorweltlichen Erwählung (V. 4) im nachfolgenden Vers als Berufung zur Sohnschaft (V. 5).

V. 5: Was Erwählung bedeutet, wird jetzt inhaltlich dargestellt: *In Liebe hat er uns vorherbestimmt zur Sohnschaft durch Jesus Christus auf ihn hin nach dem Wohlgefallen seines Willens ...* Wir sind dazu bestimmt, Kinder Gottes zu werden. In Röm 8,15 und Gal 4,5 hatte Paulus ausgeführt, dass wir durch den Geist zu Gottes Kindern werden. Der Epheserbrief übernimmt diese Grundgedanken und betont, dass Gottes Zusage, uns zu seinen Kindern zu machen, schon vor Gründung der Welt feststand. Sie ist *durch*

*Jesus Christus* vermittelt. Denn der Vater Jesu Christi – wie Gott in V. 3 angerufen wird – ist durch Jesus auch unser Vater: Das alles gründet allein in Gottes Liebe. Deshalb ist die Wendung *in seiner Liebe* am Ende des vorangehenden Verses zu diesem Satz zu ziehen und korrespondiert mit dem Abschluss *in dem Geliebten* (V. 6). Der Gedanke der Liebe Gottes rahmt die Aussage der Vorherbestimmung zur Kindschaft (*inclusio*). Damit wird nochmals unterstrichen, dass nicht Verdienste, sondern ausschließlich die Liebe Gottes Grund und Ursache der Erwählung ist!

Umstritten ist die Frage, auf wen sich die Wendung *auf ihn hin* bezieht: auf Christus oder auf Gott? Unmittelbar vorher wird begründet, dass die Sohnschaft durch Jesus Christus verliehen wird. Damit sind wir Kinder Gottes, und das *auf ihn hin* muss sich wohl auf Gott beziehen. In dieser nachhinkenden Wendung unterstreicht der Verfasser nochmals, wie wichtig ihm die Beziehung zu Gott ist. Gott will uns als seine Kinder haben. Er ist der Vater Jesu Christi, wie es zu Beginn der Eulogie heißt. Er will darüber hinaus unser Vater sein. *Durch Jesus Christus* wird uns die Vaterbeziehung zu Gott erschlossen. Das macht deutlich, dass wir nicht nur im übertragenen Sinn Kinder Gottes sind. Wir sind also nicht bloß irgendwelche Kinder, die er im Schmutz der Straße aufgelesen hat, sondern wir sind seine Kinder in einer ganz persönlichen Bindung. Diese echte Kindschaft ist uns *durch Jesus Christus* ermöglicht. In seiner Gottessohnschaft gründet unsere Gotteskindschaft. Durch ihn sind wir als Gotteskinder adoptiert (vgl. Gal 4,4.5). Jesus Christus hat die Verbindung gestiftet, die sich nicht auf irgendwelche Vorzüge, sondern allein auf die Erwählung vor der Schöpfung der Welt gründet.

In der Wendung *nach dem Wohlgefallen seines Willens* unterstreicht der Verfasser – wie an ähnlichen Stellen in V. 9.11 – die Zuverlässigkeit des Gesagten. Immer wieder wird er betonen, dass nichts dem Zufall überlassen ist, sondern alles nach göttlichem Ratschluss verläuft. Darin lässt sich das seelsorgerliche Anliegen des Autors erkennen, der seine Leser in ihrer Glaubensgewissheit stärken möchte. Gegen alle Verunsicherung eines vermeintlichen Ausbleibens der Wiederkunft Christi betont er, dass die Geschichte nach dem festen Willen Gottes so vorgesehen ist.

**V. 6:** ... *zum Lob der Herrlichkeit seiner Gnade, mit der er uns begnadet hat in dem Geliebten.* Der Lobpreis ist die Antwort auf Gottes Segensstrom. Wie ein Refrain werden die Worte jeweils als Abschluss der Gedanken wiederholt (vgl. V. 12.14). Hier wird nochmals die *Gnade* hervorgehoben, *mit der er uns begnadet hat*. Gnade ist ja das Geschenk von Gottes liebender Zuwendung, die der Mensch unverdient empfängt. Auf diese Weise betont der

Verfasser, dass im Heilsplan Gottes alles von Anfang an allein aus Gnade vorgesehen war. Die Erwählung zu Kindern Gottes ist keinesfalls abhängig von irgendeiner menschlichen Leistung oder einem Vorzug. Gott ist ein schenkender Gott. Und darum ist die Erwählung reines Gnadengeschenk. Der Gedanke der Erwählung hat also keinerlei grüblerischen Akzent, ob einer etwas dafür könne, erwählt oder nicht erwählt zu sein. Die Rede von der Erwählung ist vielmehr ganz von der Freude über Gottes segensvolles Wirken bestimmt. Johannes Calvin, für den diese Bibelstelle entscheidende Bedeutung hat, hebt hervor: »Schon diese Zeitbestimmung zeigt, dass es sich um eine Erwählung aus Gnaden handelt« (Calvin z.St.). Eine Zusage, die sich darum durch nichts in der Welt aufheben lässt!

V. 7–8a: Die nächste Stufe des Heilsplans beschreibt die geschichtliche Heilstat der Erlösung in Jesus Christus: *In ihm haben wir die Erlösung durch sein Blut, die Vergebung der Übertretungen nach dem Reichtum seiner Gnade, die er reichlich über uns ausgegossen hat.* Die Erlösung wird als *Vergebung der Übertretungen* charakterisiert. Vergebung ist keinesfalls ein bloßes, leichtfertig dahin gesprochenes Wort, sondern gründet in der Tat Jesu am Kreuz. Die Formulierung übernimmt der Verfasser gezielt aus Kol 1,14. Aber er fügt aus Röm 3,24f ein, worin die Erlösung besteht: Sie geschieht *durch sein Blut* (vgl. Kol 1,20). Blut steht nach biblischem Verständnis für das Leben. Denn wo das Blut im Körper pulsiert, ist Leben. Wo Blut dahingegeben wird, wird Leben geopfert. Die Chiffre *durch sein Blut* meint also die Lebenshingabe Jesu am Kreuz. Wie Paulus in Röm 3,21–26 darstellt, ist Gott der Handelnde im Kreuzesgeschehen. Er durchbricht in der Lebenshingabe seines Sohnes die Todverfallenheit der Welt. Im Blut Jesu, also im Geschehen, in dem Jesus durch den Tod geht, überwindet Gott die Trennung, die aufgrund der Schuld zwischen der Menschheit und ihm besteht. So eröffnet er Gemeinschaft mit sich. Ein reines Gnadengeschenk ist das. Der Mensch hat es unverdient empfangen (vgl. Röm 3,24). Der Verfasser des Epheserbriefes teilt diese Grundgedanken der Sühne. Das zeigt seine sprachliche Anlehnung an Röm 3,24f. Er schließt mit den Worten: *nach dem Reichtum seiner Gnade, die er reichlich über uns ausgegossen hat.* Damit unterstreicht auch er Gottes Initiative und drückt aus, dass die heilsgeschichtliche Tat ein reines Geschenk göttlicher Gnade ist. Wieder begegnet feierliche, lobpreisende Gebetssprache. Die Betonung des Reichtums der Gnade (vgl. Röm 2,4; 9,23; 10,12; Phil 4,19) sowie das Motiv des Überfließens (vgl. Röm 5,15; 2Kor 4,15; 2Kor 9,8 u.ö.) sind Kennzeichen des liturgischen Stils.

**V. 8b-9:** Neben die Heilstat tritt nun das Heilswort: *In aller Weisheit und Einsicht hat er uns kundgetan das Geheimnis seines Willens nach seinem Ratschluss, den er in ihm festgesetzt hatte.* Die Unterscheidung zwischen Heilstat und Heilswort hat der Verfasser von Paulus übernommen und nochmals zugespitzt. Denn nach Paulus ist die Heilstat das mit dem Sterben und Auferstehen Jesu Christi geschehene Werk der Versöhnung, also die objektive Seite des Heilsgeschehens. Das Heilswort dagegen ist die daraus resultierende Botschaft der Apostel, die das Wort der Versöhnung in die Welt hinaustragen. Das Heilswort umfasst damit die subjektive Seite des Heilsgeschehens: die Verkündigung und persönliche Annahme (vgl. 2Kor 5,17–21). Diese Unterscheidung setzt der Verfasser des Epheserbriefes hier voraus. In V. 8b klingt bereits mit den Worten *In aller Weisheit und Einsicht* der Bereich des subjektiven Erkennens an. Darum ist V. 8b zum Folgenden zu ziehen.

In V. 9 begegnet offenbarungstheologische Sprache. So wird das Heilswort näher charakterisiert: Gott hat *kundgetan das Geheimnis seines Willens.* Es geht um die Offenbarung eines (zunächst) verborgenen Geheimnisses. Dahinter steht das Wissen, dass kein Mensch Gottes Willen von sich aus begreifen kann, wenn Gott sich ihm nicht erschließt. Genau das gilt vom Heilswort. Das Erkennen und Begreifen der Botschaft ist keine menschliche intellektuelle Leistung, sondern vielmehr ein Wirken des Geistes, der die Herzen erfüllt und bewegt. So unverdient die Heilstat in Jesus Christus den Menschen zugute geschehen ist, so wenig kann ein Mensch dafür, *in Weisheit und Einsicht* die Wahrheit des Evangeliums zu erkennen. Es ist ebenfalls ein reines Geschenk der Gnade.

Bewusst spricht der Verfasser vom Geheimnis, dem Mysterium. Es hat für ihn zentrale Bedeutung (vgl. 3,3.4.9; 5,32; 6,19) und meint den verborgenen Heilsratschluss (anders 5,32), der hinter der Schöpfung und dem Weltgeschehen steht. Dieses Mysterium lag schon vor der Entstehung der Welt fest und hatte von Anfang an das unabänderliche Ziel des Weltganzen im Blick, wie es in V. 10 erläutert wird. Der menschlichen Vernunft ist es verborgen. Es liegt in Jesus Christus beschlossen und umfasst – wie 3,3–6 sowie 3,9 zeigen wird – den Zusammenschluss von Juden und Heiden in Jesus Christus. Hier in V. 9–10 wird die kosmische Seite des Heilsmysteriums beschrieben, die Zusammenfassung des Alls.

**V. 10:** Der Vers benennt, worauf alles hinausläuft – zeitlich und räumlich: *zur Verwirklichung der Vollendung der Zeiten, um alles in Christus zusammenzufassen, was in den Himmeln ist und was auf der Erde ist in ihm.* Ein weiter Bogen wird gespannt: Der Anfang der Eulogie hatte sich auf die Vorzeit bezogen, jetzt kommt

das Ende aller Dinge, die Vollendung der Zeiten, in den Blick. Denn das ist das Ziel, das mit der Versöhnungstat Christi eröffnet wird: *In Christus wird zusammengefasst, was in den Himmeln und auf der Erde ist.* Was aber ist damit gemeint?
Zunächst einmal meint *zusammenfassen* soviel wie: die Summe ziehen, rekapitulieren (so im technischen Sinn auch Röm 13,9). Über die Formulierung ist viel spekuliert worden. Weil im griechischen Begriff etymologisch das Wort »Haupt« bzw. »Kopf« anklingt, wollten manche Ausleger darin eine Anspielung auf Christus als Haupt des Leibes erkennen. Doch weder sprachlich noch inhaltlich ist eine solche Anspielung im Blick. In der gesamten Eulogie kommt die Kirche nicht vor, weil sie nicht das Ziel der Versöhnung ist. Das ist umso auffälliger als im weiteren Verlauf des Briefes die Kirche ein so dominantes Gewicht bekommt. Es geht hier vielmehr um die präzise Bedeutung, dass in Christus himmlische und irdische Welt zusammengefasst und damit eins werden. Nichts geht verloren, vielmehr wird alles in Christus aufgehoben und bewahrt sein, allerdings in verwandelter Gestalt. Die Versöhnung, die in Jesus Christus geschaffen wurde, umfasst den gesamten Kosmos!
Das sprachliche Vorbild dafür liegt im Christushymnus Kol 1,20. Bereits dort wird die kosmische Dimension des Versöhnungswerkes Christi angesprochen: Die ganze Welt, Himmel und Erde, werden am Kreuz versöhnt. Der Epheserbrief verbindet damit zugleich den zeitlichen Aspekt: Im Kreuzesgeschehen ist die *Vollendung der Zeiten* bereits angebrochen (vgl. Gal 4,4) und beginnt von da aus sich zu verwirklichen. Im griechischen Text begegnet das Stichwort *Oikonomia,* das zunächst Haushalterschaft, dann aber *Heilsplan, Heilsordnung* bedeutet. Doch hier wird nicht nur vom Plan gesprochen, sondern zugleich von dessen *Verwirklichung*. Mit der Heilstat Christi ist die Versöhnung der Welt geschaffen. Im Heilswort greift sie Raum in dieser Welt, breitet sich mehr und mehr aus und führt die Welt zu ihrer endgültigen Vollendung.
Diese kosmische Perspektive ist in unserem heutigen Denken weitgehend vergessen worden. Meist wird die Versöhnung auf die Vergebung der Sünden der einzelnen Christen eingeschränkt und von der Schöpfungstheologie abgetrennt. Es wäre eine dringende Aufgabe, beides zusammenzusehen und zu erkennen, dass die Erlösung im Kreuz Jesu Christi den ganzen Kosmos mit umfasst. Dann bliebe die Rede von der »Bewahrung der Schöpfung« nicht bloß ein moralischer Appell, sondern hätte seine theologische Verankerung im 2. Glaubensartikel. Und umgekehrt würde die Rede von der Versöhnung aus seiner subjektiven Engführung herausgenommen und hätte ein Heilwerden der ganzen Welt im Blick.

**V. 11:** Die Erlösungstat Christi gilt dem gesamten Kosmos, so hatte es V. 10 gesagt. Das zeigt sich nun auch in der Berufung der Glaubenden: *In ihm sind wir auch berufen worden, nachdem wir erwählt waren nach der Vorherbestimmung dessen, der alles bewirkt nach dem Ratschluss seines Willens.* Die Berufung ist nach Erwählung und Vorherbestimmung der nächste Schritt, der sich an den Glaubenden auswirkt. Dabei denkt der Verfasser an den Ruf Gottes, der in den Menschen den Glauben geweckt hat. Für Paulus war die Berufung ein großer Einschnitt in seinem Leben: Er wurde vom Christenverfolger zum Apostel (vgl. Gal 1,13ff). In seiner eigenen Berufung hatte er erlebt, dass Glaube keine Leistung des Menschen, sondern allein durch Gott im Menschen gewirkt wird. Das ist für Paulus die Grundlage seiner Rechtfertigungslehre. Der Verfasser des Epheserbriefs stimmt dem mit vollem Herzen zu und hebt hervor, dass in der Berufung deutlich wird, was Gott schon vor Erschaffung der Welt für die einzelnen Glaubenden vorherbestimmt hatte: *nach der Vorherbestimmung dessen, der alles bewirkt.*
Nachdem mit V. 10 die endgültige Zusammenfassung des Alls in Christus benannt wurde, greift der Verfasser in diesem Vers wieder auf die vorzeitige Erwählung zurück, die er schon in V. 4 benannt hatte: In Christus sind die Glaubenden von Urzeit an erwählt. So sind vorzeitige Erwählung und endzeitliche Erfüllung aufs Engste zusammengebunden. Dabei wird der Verfasser nicht müde, in allem die Wirksamkeit Gottes hervorzuheben. Gott ist es, *der alles bewirkt.* Er ist der alleinige Urheber und alles geschieht *nach dem Ratschluss seines Willens.*
**V. 12:** *auf dass wir etwas seien zum Lob seiner Herrlichkeit* – wie ein Refrain taucht die Wendung auch hier wieder auf (vgl. V. 6.14) und schließt den Gedanken ab. Dabei bekommt die Wendung eine neue Färbung. Hier betont sie die Situation der erwählten Glaubenden: *die wir zuvor Hoffnung hatten in Christus.* Die Glaubenden haben ihre Hoffnung also bereits jetzt auf Christus gesetzt, während die Vollendung noch aussteht. Damit charakterisiert der Verfasser das Leben im Glauben als eine Existenz in Hoffnung. Glauben heißt für ihn, ganz auf das Kommende ausgerichtet sein und in dieser Hoffnung nicht nachlassen! Wenn wir mit dieser Einstellung leben, sind wir etwas zum Lob seiner Herrlichkeit. Denn dann leben wir hier ganz vom Künftigen her, also von Gottes Kommen her, und schauen auf unser Leben aus dem Blickwinkel der Ewigkeit. *Etwas sein zum Lob seiner Herrlichkeit,* das heißt: das Lob nicht bloß auf den Lippen tragen, sondern in unserem Sein, in unserer Existenz verwirklichen. Ein hoher Anspruch, dem sich dieser Brief insbesondere im zweiten Hauptteil

widmen wird (Kap. 4–6). Hier an dieser Stelle spürt man das Herzblut des Verfassers, der seine Leser ermutigen will, aus der Hoffnung heraus zu leben und keinesfalls aufzugeben.

V. 13: Mit dem Subjektwechsel (*ihr!*) sind jetzt die Leser direkt angesprochen: *In ihm seid auch ihr, die ihr das Wort der Wahrheit gehört habt, das Evangelium eures Heils, in ihm seid auch ihr, die ihr glaubt, versiegelt worden.* Dabei vollzieht der Verfasser eine sehr interessante und für den weiteren Inhalt des Briefes wichtige Situationsanalyse: Die gegenwärtige Zeit wird als Zeit des Heilswortes identifiziert. Denn die gegenwärtigen Leser sind es, die *das Wort der Wahrheit gehört* haben, *das Evangelium eures Heils*. Die neue Generation, an die sich der Brief wendet, lebt zwar ohne Apostel, aber sie hat das Heilswort: Auf dieses Wort hörend, an dieses Wort glaubend werden die Leser *versiegelt* mit dem *heiligen Geist der Verheißung*. Damit zeigt der Verfasser seinen Adressaten auf, dass sie keinesfalls zur verlassenen Generation gehören, sondern dass das Allerwertvollste unter ihnen gegenwärtig ist: *das Wort der Wahrheit, das Evangelium eures Heils*. Diese Zusage gilt von da an bis heute allen Generationen der Zeit nach Christus und nach den Aposteln. Denn mit dem Heilswort ist Christus selbst unter den Glaubenden gegenwärtig (zweimaliges *in ihm!*). Der Glaube, der auf das Heilswort baut und *in* Christus gründet, beinhaltet die *Versiegelung durch den Geist der Verheißung*. Ein Siegel ist ein Schutzzeichen, durch das die Zugehörigkeit ausgedrückt wird. Der Geist als Siegel beschützt die Glaubenden und bewahrt sie für die kommende Herrlichkeit. Darum ist er ein *Geist der Verheißung*. Er wird den Glaubenden in der Taufe geschenkt (vgl. auch die Auslegung zu 4,30).

V. 14: Der Geist der Verheißung wird noch genauer erklärt: *der das Unterpfand unseres Erbes ist, zur Erlösung des Eigentums, zum Lob seiner Herrlichkeit*. Der Geist ist also das *Unterpfand des Erbes*. Der Erbbesitz spielte im Alten Testament eine große Rolle. Er galt als unveräußerbar, weil er die Zugehörigkeit zum Volk Gottes bedeutete und damit das Anrecht für das Wohnen im verheißenen Land verbürgte. Diese Vorstellung ist im Laufe der Zeit mehr und mehr spiritualisiert worden. Es handelte sich nicht mehr um den Erbbesitz im Land Israel, sondern um das Erbe im Reich Gottes. Hier geht es also nicht mehr um ein Stück Land, sondern um den Anteil an der Verheißung. Dafür steht der Geist als Unterpfand, d.h. mit der Verleihung des Geistes ist verbürgt, dass wir zu Gott gehören, dass wir sein Eigentum sind. Der Geist ist uns damit bereits jetzt geschenkt. Er wird uns aus dieser Welt erlösen, wie die Beifügung deutlich macht: *zur Erlösung des Eigentums*. Und zum Abschluss taucht wieder die refrainartige

Wendung auf: *zum Lob seiner Herrlichkeit*. Denn das ist das Ziel, in das alles mündet – die ganze Heilsgeschichte und der ganze Kosmos haben ihr Ziel im Lob von Gottes Herrlichkeit.
Gott hat den Weltenplan ins Werk gesetzt, damit alles ins Ziel der Verherrlichung mündet. Mit diesem Gedanken schließt der Heilsplan. Sucht Gott da seine eigene Ehre, so könnte man irritiert fragen. Denn unter uns Menschen hat es einen negativen Beigeschmack, wenn jemand etwas um seiner eigenen Ehre willen tut. Die eigene Ehre suchen, das hat etwas Anmaßendes an sich. Es ist überheblich, weil wir Menschen uns mit etwas schmücken wollen, was uns nicht zusteht. Als Geschöpfe verdanken wir unser Leben nicht uns selbst. In Bezug auf Gott ist das anders. Gottes Gottsein wird erst da erkannt, wo ihm die gebührende Ehre erwiesen wird. Wo er in dem erkannt wird, was er wirklich ist: als Schöpfer und Erhalter, als Retter und Erlöser all dessen, was ist. Darum ist das Lob seiner Herrlichkeit das letzte Ziel. Jede bewusste Gotteswahrnehmung kann nur in den Lobpreis Gottes münden. Jede Erkenntnis Gottes kann den Menschen nur zur Anbetung führen.

In diesem Lobpreis tritt das geschichtliche Verständnis des Verfassers deutlich vor Augen. Er gehört nicht zu jenen Pessimisten, die meinen, die Welt werde immer schlechter, der Weltenlauf nehme immer bedrohlichere Züge an. Er gehört aber auch nicht zu den Optimisten, die meinen, die Geschichte der Welt werde durch Fortschritt, technische Errungenschaften oder zunehmende Zivilisation der Menschen immer besser. Er sieht die Welt realistisch und erkennt in ihr Gottes segensreiches Wirken, das in besonderer Weise den Erwählten gilt, aber auch den gesamten Kosmos mit einschließt. In einem großen Bogen, der sich von der Erwählung in Christus vor Schöpfung der Welt bis zur Zusammenfassung von Himmel und Erde am Ende der Zeiten spannt, sieht er den ununterbrochenen Segensfluss Gottes am Wirken. In diesen Segensfluss sind die nachgeborenen Generationen genauso eingebunden wie die Zeitzeugen der Auferstehung Christi. Das Ausbleiben der erwarteten Wiederkunft Christi ist darum kein Grund zum Zweifel an Gottes Weltherrschaft, sondern eine von Gott eröffnete Frist, die er in seinem Heilsplan so vorgesehen hat.

## 1,15–23
### 3. Dank und Fürbitte des Apostels

I

¹⁵Deshalb,
    da auch ich vom Glauben bei euch im Herrn Jesus gehört habe

*1,15–23*                                                                      33

   und von der Liebe zu allen Heiligen,
¹⁶höre ich nicht auf, für euch zu danken,
                         II
   indem ich an euch denke in meinen Gebeten,
   ¹⁷dass der Gott unseres Herrn Jesus Christus, der Vater der
       Herrlichkeit,
   euch den Geist der Weisheit und Offenbarung gebe, um ihn zu
       erkennen,
   ¹⁸erleuchtete Augen des Herzens, um zu wissen,
       was die Hoffnung seiner Berufung ist,
       was der Reichtum der Herrlichkeit seines Erbes unter den
           Heiligen ist,
   ¹⁹und was die überragende Größe seiner Kraft ist,
       die sich an uns Glaubenden zeigt
           nach der Wirkmacht der Kraft seiner Stärke,
                         III
   ²⁰die er in Christus wirken ließ,
       indem er ihn von den Toten auferweckte
       und ihn zu seiner Rechten in den Himmeln setzte,
   ²¹erhaben über alle Macht und Gewalt und Kraft und
       Herrschaft
   und über jeden Namen, der genannt wird,
       nicht nur in diesem Zeitalter, sondern auch in dem
           kommenden.
   ²²Denn »alles hat er unter seine Füße gelegt«
   und ihn als Haupt über alles der Kirche gegeben,
       ²³die sein Leib ist,
       die Fülle dessen, der das All in allem erfüllt.

An die Briefeingangseulogie schließt sich nun die Danksagung an. Das ist insofern auffällig als die Briefeingangseulogie eigentlich die Danksagung ersetzt. Der Verfasser des Epheserbriefs lässt jedoch keine der Briefformen aus, die sich in den paulinischen Briefen findet. Die Danksagung ist die klassische Briefeingangsform der Paulusbriefe, mit der Paulus für den Glauben seiner Briefempfänger dankt. Ausführlich beschreibt der Verfasser in diesen Zeilen das unaufhörliche Dankgebet des Apostels für die Leser. Er unterstreicht die Unaufhörlichkeit des Betens in einem ausufernden Schachtelsatz. Dabei klingt – wie auch in 1Thess 1,3; 5,8; 1Kor 13, 13; Kol 1,4f – der bei Paulus beliebte Dreiklang Glaube, Liebe, Hoffnung an. Während Glaube und Liebe den Inhalt für das Dankgebet bilden (15–16a), wird die Hoffnung zum zentralen Thema des in sich dreifach gegliederten Fürbittengebets (16b–19). In den einzelnen Bitten werden das Ziel und der Grund der Hoffnung näher beschrieben. Auffällig ist, dass der Grund der Hoffnung, nämlich das Vertrauen auf Gottes zuverlässige Kraft, in einem eigenen dritten Teil (20–23) nochmals ausführlich beschrieben wird; der Verfasser legt hier die in Christi Auferweckung und Inthronisation wirksame Kraft gesondert dar.

Wer den Abschnitt auf sich wirken lässt, spürt, was für eine tiefe Gebetsfrömmigkeit in diesen Zeilen zum Ausdruck kommt. Das Dank- und Fürbittengebet ist als Gegenstück zum Fürbittengebet am Ende des 1. großen Hauptteils (3,14–21) formuliert. Damit umrahmt das Gebet des Apostels die inhaltlichen Ausführungen des Briefes.

Wenn Paulus in seinen Briefen für die Adressaten dankt, dann bezieht er sich normalerweise auf neue Nachrichten, die er über seine Adressaten gehört hat. Da erwähnt er, was ihm die Mitarbeiter erzählt haben, dankt für die Grüße oder für die Fürbitte der Gemeinde. In der Danksagung kommt darum die persönliche Verbundenheit zwischen ihm und der Gemeinde in besonderer Weise zum Ausdruck. Hier im Epheserbrief ist das anders. Denn der Inhalt bleibt erstaunlich unpersönlich. Der Verfasser des Epheserbriefes lässt den Apostel zwar ebenfalls Dank sagen, doch es geht viel mehr um Grundsätzliches und nicht um den Austausch persönlicher Anliegen. Wenn Paulus tatsächlich selbst den Brief an die Gemeinde von Ephesus geschrieben hätte, wäre das nicht zu erklären. Denn in Ephesus hat Paulus die längste Zeit seiner Missionstätigkeit verbracht. Diese Gemeinde kannte er so gut wie keine andere. Da passt es nicht, dass er nur *vom Glauben bei euch gehört* hat – ein weiterer Hinweis für die nachpaulinische Entstehung des Briefs. Brachte die Danksagung in den ursprünglichen Paulusbriefen die Verbindung mit dem leiblich nicht anwesenden Apostel zum Ausdruck, so dient sie hier der Verbundenheit zu dem durch den Tod abwesenden Apostel. Im Gebet ist er auch mit den Empfängern der nachfolgenden Generation verbunden. Die Formulierungen lehnen sich eng an den Kolosserbrief an.

V. 15–16a: Der Apostel hat *vom Glauben im Herrn Jesus* gehört. Für eine persönliche Mitteilung wäre diese Wendung – wie gesagt – auffällig blass, aber auch die Wortwahl ist ungewöhnlich. Denn der Verfasser spricht nicht vom Glauben »an den Herrn Jesus«, sondern vom Glauben *im Herrn Jesus* (so auch Kol 1,4). Die räumliche Grundbedeutung der Formel *in Christus/im Herrn* muss hier mitgehört werden. Offenbar empfindet der Verfasser den Glauben wie einen schützenden und bergenden Raum. Bei allen Gefahren, denen die Menschen ausgesetzt sind, bei allen Anfechtungen und Verfolgungen, die ihnen drohen, kann der Glaube einen Schutzraum bilden. Es ist der Raum in Christus, in dem sie vom Segen umfangen sind, wie er in den vorangehenden Versen beschrieben wurde. Dass der Glaube ein unzerstörbarer Schutzraum ist, in dem das Ich des Menschen geborgen ist, kann auch heute noch eine wertvolle Erfahrung sein.

Dann gehört auch das Zweite, nämlich die Liebe, ganz eng dazu: Es ist die *Liebe zu allen Heiligen*. Wie der Glaube als Raum beschrieben wird, so bezeichnet die Liebe die Gemeinschaft, in der die Christen untereinander verbunden sind. *Liebe zu allen Heiligen*, das ist mehr als allgemeine Menschenfreundlichkeit. Es hebt die weltweite Verbundenheit der Christen hervor, die an den verschiedenen Orten, wo auch immer sie sind, füreinander einstehen, sich gegenseitig stärken und unterstützen. Denn mit der Bezeichnung *Heilige* sind nicht moralisch vollkommene Menschen gemeint, sondern die zu Gott gehörenden, ihm im Glauben verbundenen Menschen, die er in der Taufe zu seinen Kindern gemacht hat. Über die örtlichen Gemeindegrenzen, aber wohl auch über die zeitlichen Grenzen der Generationen hinweg, drückt die Gemeinschaft der Heiligen die Verbundenheit im Glauben aus. Wenn wir voraussetzen, dass Paulus zu der Zeit der Entstehung des Briefes bereits tot ist, dann kommt in diesen Worten eine Verbundenheit zum Ausdruck, die über die irdischen Grenzen hinausreicht (vgl. aber auch Kol 1,4; Röm 1,8 und Phlm 5).

Dazu passt auch der unaufhörliche Dank: *höre ich nicht auf, für euch zu danken*. Er ist ein festes Motiv der Danksagung und kehrt in fast allen echten Paulusbriefen wieder. Schon oft wurde gefragt, wie man sich das vorstellen könne, dass Paulus unablässig im Gebet für die Seinen gedankt habe. In der Geschichte der Christenheit hat sich daraus das Ideal des ununterbrochenen Gebets gebildet. Diesem Ideal wollte man in der Tradition des Herzensgebets nahekommen. Hier ist jedoch nicht an ein ununterbrochenes, pausenloses Beten des Paulus gedacht. Vielmehr meint der unaufhörliche Dank die intensive und durch nichts zu unterbrechende Gebetsbeziehung des Apostels zu seinen Gemeinden. Das wird durch den Zusatz deutlich: *indem ich an euch denke in meinen Gebeten*. Er war ihnen nicht nur mit seinem Dank, sondern auch mit seiner Fürbitte vor Gott vollkommen verbunden. So leitet der Verfasser vom Dankgebet fließend ins Fürbittengebet über.

V. 16b–17: Hier im Fürbittengebet wird – ähnlich wie in der Briefeingangseulogie – von Gott als *Gott unseres Herrn Jesus Christus* gesprochen. War im Alten Testament vom Gott Abrahams, Isaaks und Jakobs die Rede, so ist hier Gott als der im

Blick, der in Jesus Christus erschienen ist. Die Bezeichnung stempelt Jesus damit jedoch nicht zum bloßen Menschen wie Abraham, Isaak oder Jakob, sondern benennt Gott als den, der durch Jesus Christus letztgültig offenbart wurde. Im Unterschied zur Gottesanrede der Briefeingangseulogie ist hier der Vatertitel zum *Vater der Herrlichkeit* erweitert worden. Herrlichkeit ist in der biblischen Tradition ein bedeutungsschwerer Begriff. Herrlichkeit (hebr. *kabod*) meint die Gewichtigkeit, die Gott auszeichnet, seine Würde und Heiligkeit, mit der Gott dem Menschen entgegentritt. Als *Vater der Herrlichkeit* ist er der Vater *in* seiner Herrlichkeit, dem allein Ehre entgegenzubringen ist. Damit wendet sich der Apostel an den Höchsten in seiner Herrlichkeit, der zugleich der Vater ist. Im Gebet 3,14ff wird der Vatertitel nochmals aufgegriffen und vertieft.

Auffällig ist, dass sich die Gebete des Epheserbriefs durchgehend an Gott als den Vater wenden (1,3.17; 3,14; 5,20). Dabei wandelt sich der Vatertitel vom »Vater unseres Herrn Jesus Christus« (1,3) über den *Vater der Herrlichkeit* bis hin zum »Vater, von dem jede Vaterschaft ... ihren Namen hat« (3,14). Mit dieser schrittweisen Erweiterung des Vatertitels macht der Verfasser deutlich, dass wir Gott deshalb als Vater anrufen dürfen, weil er der Vater Jesu Christi ist. Durch Christus vermittelt – also »im Namen unseres Herrn Jesus Christus« (5,20) – können wir zu Gott als Vater beten. Diese auf die Anrufung des Vaters zentrierte Perspektive des Gebets ist also für den Verfasser des Epheserbriefs charakteristisch.

Manche Ausleger haben betont, dass es sich hier eigentlich nicht um ein echtes Gebet handle, denn Gott werde gar nicht direkt angesprochen. Deshalb seien diese Verse ein Gebetsbericht. Doch das ist so nicht zutreffend. In der Gebetsliteratur des zeitgenössischen Judentums lassen sich viele Gebete finden, die Gott nicht direkt ansprechen, sondern in Ehrfurcht von Gott in der dritten Person sprechen.

Auffällig ist, worum der Apostel bittet. Es geht ihm um eine tiefere Gotteserkenntnis der Briefempfänger. Und diese Erkenntnis hat zwei Seiten: Es gibt die Seite Gottes, also die objektive Seite. Sie wird mit dem *Geist der Weisheit und Offenbarung* umschrieben. Und es gibt die Seite des Menschen, also die subjektive Seite der Gotteserkenntnis, die mit den *erleuchteten Augen des Herzens* benannt wird. Das zentrale Anliegen des Gebets (und zugleich auch des ganzen Briefs) ist die Vertiefung der Erkenntnis.

Gegenstand der Bitte ist der *Geist der Weisheit und Offenbarung, um ihn zu erkennen*. Denn kein Mensch vermag Gott von sich aus zu erkennen. Gotteserkenntnis ist vielmehr immer verliehene, geschenkte Erkenntnis. Dazu braucht es den Geist, den *Geist der Weisheit und der Offenbarung*. Weisheit ist hier nicht bloß als menschliche Weisheit verstanden, wie etwa das Erfahrungswissen oder andere Weisheiten, die wir so im Laufe eines Lebens ansammeln. Hier ist nicht die von Menschen erdachte, sondern ausschließlich die von Gott in der Offenbarung geschenkte Weisheit gemeint. Sie ist wie die Offenbarung ein reines Geschenk Gottes, eine Gabe des Geistes. Paulus hatte von dieser Weisheit in 1Kor 2,6–10 gesprochen und sie als Weisheit Gottes im diametralen Gegensatz zur menschlichen Weisheit dargestellt: »Wovon wir aber reden, das ist dennoch Weisheit bei den Vollkommenen; nicht eine Weisheit dieser Welt, auch nicht der Herrscher dieser Welt, die vergehen. Sondern wir reden von der Weisheit Gottes, die im Geheimnis verborgen ist, die Gott vorherbestimmt hat vor aller Zeit zu unserer Herrlichkeit« (1Kor 2,6–7).

V. 18a:   In der einmaligen Wortschöpfung *erleuchtete Augen des Herzens* kommt nun die subjektive Seite der Gotteserkenntnis zum Ausdruck. Die Vertiefung der Erkenntnis vollzieht sich im Menschen als eine Wahrnehmung des Herzens, nicht des Intellekts. Herz meint nach biblischem Verständnis nie nur ein einzelnes Organ, sondern umschreibt das Innere des ganzen Menschen, das Zentrum der Person (vgl. 3,17!). Das Herz kann alle Schichten der Person bezeichnen: Es ist der Ort der Gefühle, des Wollens und Planens, der Sitz von Mut und Tatendrang. Es ist auch der Ort, an dem sich die Erkenntnis, eben auch die Gotteserkenntnis vollzieht. So ist das Herz die Mitte der menschlichen Existenz. Wenn hier von den Augen des Herzens gesprochen wird, ist vom Herz als Wahrnehmungsorgan die Rede. Erleuchtete Augen meinen ein Sehen im übertragenen Sinn, das reines Geschenk bleibt. Denn Gotteserkenntnis kann nicht durch sinnliche Wahrnehmung, auch nicht durch eigenes Nachdenken, sondern nur durch geschenkte geistige Wahrnehmung zustande kommen. Es geht um ein Innewerden, um ein Gewahrwerden des Wirkens Gottes. Das steht nicht in der Macht menschlichen Begreifens, sondern ist vielmehr eine von Gott geschenkte, von ihm verliehene Erkenntnis (»*dass er euch gebe* …« V. 17). Die Wortschöpfung mag durch Ps 19,9.10 beeinflusst sein, wo die Augen und das Herz im Parallelismus genannt sind. Deutlich erkennbar hat der Verfasser jedoch Gedanken aus 2Kor 4,6 aufgenommen: »Denn Gott, der da sprach, Licht soll aus der Finsternis hervorleuchten, der hat einen hellen Schein in unsere Herzen gegeben, dass durch uns entstünde die Erleuchtung zur Erkenntnis der Herrlichkeit Gottes in dem Angesicht Jesu Christi«.

**V. 18b.c–19**: Gotteserkenntnis ist immer die Erkenntnis seines Wirkens. Die drei nachfolgenden Bitten führen inhaltlich aus, worin das Gotteswirken besteht. Dabei fällt auf, dass die Hoffnung einen ganz besonderen Stellenwert bekommt. In der ersten Bitte wird sie direkt benannt, die zweite Bitte hat das Ziel vor Augen, worauf sich die Hoffnung richtet, die dritte Bitte hat im Blick, was der Hoffnung die Kraft gibt, dass sie sich tatsächlich erfüllen wird.

a) Die erste Bitte bezieht sich darauf, dass die Empfänger erkennen, *was die Hoffnung seiner Berufung ist*. Der Verfasser hätte eigentlich sagen können: was die Hoffnung *eurer* Berufung ist. Denn es geht ja darum, dass die Empfänger erkennen, dass die Hoffnung in ihrer persönlichen Berufung gründet. Aber er formuliert anders und spricht von der Hoffnung *seiner* Berufung. Gott hat sie bewirkt, das will er betonen. Und darum kann sie nicht hinfällig sein. Auch in den folgenden Bitten wiederholt sich dies: Es ist die Herrlichkeit *seines* Erbes und die Größe *seiner* Kraft. Immer geht es um Gottes Wirken. Damit den Empfängern die Augen des Herzens aufgetan werden und sie in allem Gott am Werk sehen. Mit der Hoffnung, die in der Berufung gründet (vgl. auch 4,4!), wird die Zuverlässigkeit betont.

b) Die zweite Bitte umschreibt, *was der Reichtum der Herrlichkeit seines Erbes unter den Heiligen ist*. Hier wird schon ausführlicher benannt, was das Ziel ist. Es geht um die kommende Vollendung, die überwältigende Herrlichkeit, die Gott den Menschen zum Erbe verheißen hat. Umstritten ist, was mit *unter den Heiligen* gemeint ist. Ist hier an die Gemeinschaft mit den Glaubenden oder an die Gemeinschaft mit den Engeln gedacht? Aber vielleicht ist das gar nicht alternativ gemeint. Denn nach 2,19 sind die Christen »Mitbürger der Heiligen und Hausgenossen Gottes.« Das legt nahe, dass auch hier an die Gemeinschaft gedacht ist, in der alle – Engel und Menschen – vor Gott zusammengeschlossen sind, denn Heiligkeit herrscht allein, wo Gott ist.

c) Die dritte Bitte ist die ausführlichste. Sie benennt, *was die überragende Größe seiner Kraft ist, die sich an uns Glaubenden zeigt nach der Wirkmacht der Kraft seiner Stärke*. Sie thematisiert die Kraft Gottes, durch die die verheißene Hoffnung Wirklichkeit werden wird. Die Fülle der Kraftbegriffe, die in dieser Bitte begegnen, ist beeindruckend. An keiner anderen Stelle werden die vier verschiedenen griechischen Wörter für Kraft (*dynamis, energeia, kratos, ischys*) so dicht gedrängt verwendet wie hier. Die Kraftbegriffe weisen zurück auf den Wurzelgrund, auf die Verursachung des Heilswirkens. Sie sind ein Bild für die überragende Größe von Gottes Kraft und machen deutlich, dass ihre

Wirksamkeit bis zu den Glaubenden reicht. Der Grund für die geballte Anhäufung der Kraftbegriffe liegt auf der Hand: Hier will einer den verzagten Herzen Mut und Zuversicht zusprechen, will ihre Hoffnung glühender und ihre Erwartung gewisser machen.
In den drei Bitten zeigt sich der Verfasser als Seelsorger. Er betont die Zuverlässigkeit der *Hoffnung*. Sie ist eben keine Spekulation, sondern gründet in der *Berufung* – also in dem Ruf Gottes, der in jedem einzelnen den Glauben wachrief. Er hebt den *Reichtum der Herrlichkeit des Erbes* hervor und zeigt damit auf, was in den Himmeln für die Glaubenden bereitliegt. Und er unterstreicht die unermessliche *Größe der Kraft*, die das alles ins Werk setzt. Damit tritt er aufkommenden Zweifeln deutlich entgegen, wirkt er der Verunsicherung entgegen, die sich unter den Briefempfängern der nachapostolischen Generation breitmachen könnte (oder bereits breitgemacht hat?).
V. 20: Die Größe der Kraft Gottes wird nun in einem dritten Teil nochmals unterstrichen: *die er in Christus wirken ließ, indem er ihn von den Toten auferweckte und ihn zu seiner Rechten in den Himmeln setzte*. Der Verfasser macht darauf aufmerksam, dass die Kraft, die sich an den Glaubenden zeigt, genau die Kraft ist, welche in Christus gewirkt und sich in der Auferstehung Jesu Christi offenbart hat. Das weitet er noch aus, indem er zugleich die Erhöhung zur Rechten Gottes, also die Inthronisation Jesu auf dem himmlischen Thron thematisiert. Himmelfahrt und Inthronisation sind ja nichts anderes als eine Entfaltung des Auferstehungsgedankens. Es geht um die Erhöhung aus dem Tod in die himmlische Herrlichkeit. Darin zeigt sich die allmächtige Kraft Gottes, die durch Christi Leiden und Sterben den Tod überwunden hat. Erst mit der liturgischen Ausprägung des Kirchenjahrs im 4. Jahrhundert nach Christus wurden die Aspekte von Auferstehung und Himmelfahrt auf verschiedene Feste verteilt. In der biblischen Tradition sind sie noch eng miteinander verbunden. Es ist hier noch ein in sich geschlossener Vorgang der Erhöhung von der Auferweckung aus der Tiefe des Todes bis zur Inthronisation *zur Rechten* des Vaters *in den Himmeln*. Dass die Vorstellung des Sitzens zur Rechten Gottes von dem Ritual der altisraelitischen Königsinthronisation herkommt, wird im Zusammenhang von V. 22–23 näher erläutert.
V. 21: Auch hier wird nochmals die Machtfülle unterstrichen: Der Thron zur Rechten Gottes ist erhaben über alle Mächte dieser Welt, die in langer Reihe ausführlich aufgezählt werden: räumlich wie zeitlich. Räumlich sind die Mächte genannt, die dem Thron Gottes unterworfen sind: *erhaben über alle Macht und Gewalt und Kraft und Herrschaft und über jeden Namen, der genannt*

*wird.* Zeitlich ist *nicht nur* von *diesem Zeitalter, sondern auch* von *dem kommenden Zeitalter* die Rede. Im Hintergrund steht hier die sog. Zwei-Äonen-Lehre, nach welcher der gegenwärtige Äon – also die irdische Zeit – vom kommenden Äon der Ewigkeit abgelöst werden wird. Über beide Zeiten ist Christus mit der Auffahrt in den Himmel erhaben.
Eine solche Beschreibung der Inthronisation Jesu mag für uns zunächst einmal eigentümlich klingen, weil wir mit den kosmischen Vorstellungen der damaligen Zeit nicht vertraut sind. Das Weltall wurde in verschiedenen Sphären gestuft vorgestellt. Auf jeder Stufe waren verschiedene geistige Mächte am Wirken. Die *Mächte, Gewalten, Kräfte, Herrschaften* und *Namen* waren im Frühjudentum Bezeichnungen für verschiedene Engelsklassen, die in ihrem jeweiligen Bereich das Sagen hatten. Worauf es dem Verfasser ankommt, ist dies: Keine dieser Mächte kann sich der Herrschaft Jesu Christi entziehen (vgl. auch Phil 2,9.10). Denn er sitzt auf dem Thron Gottes – eben über allen Mächten. Sie sind ihm untertan und müssen ihm gehorchen. Seine Herrschaft gilt räumlich und zeitlich uneingeschränkt – wie es auch am Ende des Matthäusevangeliums heißt: »Siehe, ich bin bei euch alle Tage bis an der Welt Ende« (Mt 28,20).
Dabei fällt auf, dass das Leiden Christi und sein Sterben am Kreuz überhaupt nicht benannt werden. Der Verfasser setzt vielmehr ein mit der Auferstehung. Verschiedene Ausleger haben dem Verfasser darum vorgeworfen, er habe Jesu Leiden und Sterben ausgeblendet, habe den Gedanken der Erniedrigung Jesu vernachlässigt und sich damit weit vom theologischen Zentrum des Paulus, nämlich der Kreuzestheologie, entfernt. Paulus dagegen habe – etwa im Christushymnus Phil 2,6–11 – den Weg der Erniedrigung und Erhöhung immer ausgewogen darstellt. Doch damit wird dem Verfasser Unrecht getan. Ihm geht es hier nicht um eine Darstellung des Weges Jesu, sondern darum, die Kraft Gottes zu betonen. Er will den Adressaten ans Herz legen, dass die Kraft, die sich in Christus offenbart hat, auch heute noch an den Glaubenden wirkt.
**V. 22–23** greift nochmals den Gedanken der Inthronisation auf: *Denn »alles hat er unter seine Füße gelegt« und ihn als Haupt über alles der Kirche gegeben, die sein Leib ist, die Fülle dessen, der das All in allem erfüllt.* Hier wird auf ein grundlegendes Element aus der Königsinthronisation, wie sie im alten Israel gebräuchlich war, angespielt. Es geht um die Unterwerfung der Feinde unter den Schemel des Königsthrons. In der altorientalischen Umwelt wie im alten Israel gehörte dieser Akt zum feststehenden Ritual der Zeremonie: Die Feinde müssen sich beugen unter den Fuß des Herrschers. Damit wird die Machtfülle zum Ausdruck ge-

bracht. In Ps 110 wird das für die alttestamentliche Königsinthronisation dargestellt: »Der HERR sprach zu meinem Herrn: »Setze dich zu meiner Rechten, bis ich deine Feinde zum Schemel deiner Füße mache.« Der HERR wird das Zepter deiner Macht ausstrecken aus Zion. Herrsche mitten unter deinen Feinden!« (Ps 110,1.2 LÜ). Der König Israels wurde unter dem Jubel des Volkes hinauf zum Tempel geführt. An der Südseite des Tempels stand der Königsthron. Dieser Platz war symbolisch bedeutsam. Denn im Tempel stellte man sich Gott über dem Allerheiligsten thronend vor – mit Blick nach Osten, der aufgehenden Sonne entgegen. Wenn der neue König zum Thron hinaufstieg und dort an der Südseite des Tempels Platz nahm, saß er genau an der rechten Seite Gottes. Rechts und links hatten in der Antike gegensätzliche Qualitäten. Die rechte Seite war die gute, ehrenvolle Seite, die machtvolle und Erfolg versprechende. So bekam der König sinnbildlich den göttlichen Auftrag zur Herrschaft zugesprochen und war zugleich Gott gegenüber in seiner Machtausübung verantwortlich. Wenn hier im Epheserbrief davon gesprochen wird, dass Jesus Christus *zur Rechten* des Vaters *in den Himmeln* sitzt (V. 20), dann lässt sich diese Ausdrucksweise auf das altisraelitische Königsritual zurückführen.

Doch sprachlich nehmen die Formulierungen von V. 22 weniger Ps 110 auf, sondern sind stärker an Ps 8 orientiert. Dort wird nicht vom königlichen Messias, sondern vielmehr vom Königsamt des Menschen schlechthin gesprochen: *Alles hat Gott unter seine Füße gelegt.* Das ist die königliche Würde, mit der der Mensch von Gott ausgezeichnet ist: »Du hast ihn wenig niedriger gemacht als Gott, mit Ehre und Herrlichkeit hast du ihn gekrönt. Du hast ihn zum Herrn gemacht über deiner Hände Werk, alles hast du unter seine Füße getan.« (Ps 8,6.7 LÜ). Mit dem Zitat von Ps 8 macht der Verfasser deutlich, dass Jesus Christus das Urbild des neuen, des wahren Menschen ist. In Jesus Christus ist erfüllt, wozu der Mensch ursprünglich bestimmt war. Mit der von Gott übertragenen Macht übt er in der Einheit mit Gott die Weltherrschaft aus.

An dieser Stelle arbeitet der Verfasser aber noch etwas ganz Spezielles ein. Er zeichnet hier erstmals in diesem Brief die Stellung der Kirche ein. Das wichtige Scharnier dafür ist die Bezeichnung des Hauptes. Und zwar Haupt in seiner doppelten Bedeutung. Da ist vom Haupt als Oberhaupt die Rede, das über den Kosmos herrscht: In diesem Sinne ist Christus das *Haupt über alles.* Aber Christus ist zugleich der Kirche als Haupt gegeben. Da ist er das Haupt, also der Kopf des Leibes. Christus als dem herrschenden Oberhaupt über den Kosmos ordnet der Verfasser nun die Kirche zu. Er zeigt damit eine ganz klare Strukturierung an. Die Kirche ist nach dem Epheserbrief kein Selbstzweck. Sie ist auch nicht das Ziel, auf das alles zuläuft. Die Kirche hat vielmehr eine Bestimmung, eine fest umrissene Aufgabe innerhalb von Gottes Weltenplan. Und damit hat sie dienende Funktion. Wer das 1. Kapitel des Epheserbriefs sorgfältig liest, spürt, dass in diesem Brief die Kirche nicht überhöht oder glorifiziert wird, wie es dem Brief manchmal vorgeworfen wird. Erst in den beiden letzten Versen des 1. Kapitels wird die Kirche erwähnt. Sie wird hier eingezeichnet, um so das Verhältnis zum Kosmos klar zu bestimmen: Christus ist der Weltenherrscher. Das ist das eine. Und er ist zugleich der Kirche zugeordnet, das ist das andere. Die Kirche ist sein Leib. Damit bereitet der Verfasser das Bild vom Leib vor, das er in den kommenden Kapiteln entfalten wird. Hier definiert er das Verhältnis von Kosmos und Kirche zueinander. Für die Kirche gilt nun: In ihr ist Christus in seiner Fülle gegenwärtig. Da sind wir in ihm und er in uns. Doch das Wort Fülle/Erfüllung ist ebenfalls doppeldeutig wie das Wort Haupt. Und das kommt mit dem letzten Nachsatz zum Ausdruck: *die Fülle dessen, der das All in allem erfüllt*. Die Kirche ist die Gemeinschaft, in der Christus in seiner Auferstehungswirklichkeit gegenwärtig ist: Das ist die Fülle, von der hier die Rede ist. Zugleich aber erfüllt Christus auch das All, also den Kosmos. Er erfüllt die Welt mit seiner herrschaftlichen Macht. Wichtig ist es, hier die sorgfältige Differenzierung zu erkennen, mit der der Verfasser Kirche und Kosmos unterscheidet und zugleich ins Verhältnis zueinander bringt. Beide sind aufeinander bezogen. Der Kosmos als der Bereich, in dem Christus wirkt, die Kirche – die ja selbst Teil des Kosmos ist – als der Bereich, in dem Christus leibhaftig gegenwärtig ist. Eine dynamische Beziehung ist es, denn die Christuswirklichkeit, die in der Kirche präsent ist, soll sich immer weiter ausbreiten in der Welt, »um alles zusammenzufassen, was in den Himmeln ist und was auf Erden ist in ihm« (1,10). Um diese Verhältnisbestimmung von Kirche und Kosmos ist immer wieder gerungen worden, nicht zuletzt in Luthers Lehre von den zwei Reichen (siehe unten S. 188–191: Die Bedeutung der Kirche).

Das Dank- und Fürbittengebet, stets ein fester Bestandteil der Paulusbriefe, bleibt hier auffallend unpersönlich. Es gleicht eher einer allgemeinen Betrachtung über Glaube, Liebe und Hoffnung. Glaube und Liebe sind Inhalt des knapp gehaltenen Dankes. Umso breiter ausgeführt ist das Fürbittengebet, das sich der vertieften Erkenntnis der Hoffnung widmet. Man spürt, wie wichtig es dem Verfasser ist, dass die Hoffnung der Briefempfänger nicht nachlässt. Denn mit dem zunehmenden zeitlichen Abstand wird die Auferstehung Jesu als geschichtliches Ereignis verstanden. Umso wichtiger aber ist, dass das, was damals geschah, bis in die Gegenwart der Leser hinein seine Gültigkeit hat. Der Verfasser betont darum besonders die Kraft Gottes, die von der Auferstehung bis zur Gegenwart wirkt, um so seine Leser aufzubauen, sie zu ermutigen und zu stärken. Er will ihre Wahrnehmung stärken (*erleuchtete Augen des Herzens* V. 18), dass sie die Wirkmacht von Gottes Kraft in ihrem eigenen Leben entdecken können. Auch für uns ist es darum immer wichtig, die »Osterspuren« im eigenen Leben zu entdecken.

## 2,1 – 3,21
## II. Die Verkündigung des Heils

### 2,1–10
### 1. Individuelles Heil: Tod und neues Leben

¹Auch euch, die ihr tot wart durch eure Übertretungen und Sünden,
  ²in denen ihr einst gewandelt seid
    nach dem Zeitalter dieser Welt,
    nach dem Herrscher des Machtbereichs der Luft,
      des Geistes, der jetzt wirkt in den Söhnen des Ungehorsams,
  ³unter denen auch wir alle einst wandelten
    in den Begierden unseres Fleisches,
    indem wir den Willen des Fleisches und der Gedanken vollbrachten
    – auch wir waren der Natur nach Kinder des Zorns wie die übrigen –
⁴Gott aber, der da reich ist an Erbarmen,
  hat uns wegen seiner großen Liebe,
    mit der er uns geliebt hat,
  ⁵die auch wir tot waren durch die Übertretungen,
  mit Christus lebendig gemacht
    – aus Gnade seid ihr gerettet –
  ⁶und hat uns mit auferweckt und mit eingesetzt
  in den Himmeln in Christus Jesus,
    ⁷damit er in den kommenden Zeitaltern den überragenden Reichtum seiner Gnade in der Güte uns gegenüber erweise in Christus Jesus.
⁸Denn aus Gnade seid ihr gerettet durch Glauben
und dies nicht aus euch, denn es ist Gottes Geschenk,

⁹nicht aus Werken, damit keiner sich rühmen kann.
¹⁰Denn sein Geschöpf sind wir,
   geschaffen in Christus Jesus zu guten Werken,
   die Gott zuvor bereitet hat,
      damit wir in ihnen wandeln.

V. 1: Wieder begegnet ein kompliziertes Satzgebilde. Es schließt mit *Auch euch* sprachlich wie inhaltlich eng an das Vorangegangene an. War im letzten Abschnitt von der Auferweckung Jesu und seinem Sitzen zur Rechten Gottes die Rede, so geht es jetzt darum, wie die Glaubenden daran Anteil haben. Im weiteren Verlauf wird deutlich, dass sie in Christus mit auferweckt und mit eingesetzt sind und darum teilhaben an der Herrlichkeit Christi. Doch zuvor schildert der Verfasser in den Versen 1–3 den früheren Sündenzustand der Adressaten. Er greift dabei auf Formulierungen aus dem Kolosserbrief zurück und zitiert zu Beginn Kol 2,13 wörtlich: »Auch euch, die ihr tot wart in euren Übertretungen ... hat er mit lebendig gemacht«. Neben die *Übertretungen* stellt er die *Sünden*. Paulus hatte in seinen Briefen von der Sünde immer nur in der Einzahl gesprochen. Mit Sünde umschrieb Paulus die gesamte von Gott getrennte Existenz der Menschen. Der Verfasser des Epheserbriefs gebraucht das Wort Sünde jetzt in der Mehrzahl. Hat er damit ein anderes Sündenverständnis? Häufig wird ihm das zum Vorwurf gemacht. Er habe den Sündenbegriff gegenüber Paulus verändert, indem er aus dem existenziellen Begriff der Sünde als Umschreibung des Seins nun einen moralischen Begriff mache und nur noch die vielen einzelnen Tatsünden im Blick habe. Damit aber verkürze er die Position des Paulus. Doch in den folgenden Versen umschreibt der Verfasser umfassend, wie die Menschen in ihrer ganzen Existenz dieser Macht der Sünde verfallen und damit letztendlich tot sind. Damit nimmt er genau das Anliegen des Paulus auf.
V. 2: Sehr differenziert umschreibt der Verfasser das Wesen menschlicher Existenz. Er spricht von einem *Wandeln in den Sünden*, ein Ausdruck, der sich an die Sprachgewohnheiten der hebräischen Sprache anlehnt und auf das deutsche Wort »Lebenswandel« abgefärbt hat. In der Gegenüberstellung von *einst* und *jetzt*, wie das in der urchristlichen Taufermahnung beliebt war (vgl. Röm 6,19–23; Gal 4,8f; Kol 1,21f; Tit 3,3–7), unterscheidet der Verfasser das frühere Leben, dem jetzt nur noch das Leben der Heiden (*Söhne des Ungehorsams*) entspricht. Hauptmerkmal des alten Lebens von einst ist ein Lebenswandel, den er insgesamt als *Totsein* charakterisiert, dem also das wahre oder eigentliche Leben abgeht. Das lässt sich nur aus dem Rückblick so formulieren. Wäh-

rend Paulus ermahnt, dem alten Leben abzusterben, um in das neue Leben des Glaubens geboren zu werden, charakterisiert der Verfasser bereits das alte Leben als tot. Denn es ist von vornherein dem Tod verfallen.
Dieses *Totsein* wird durch zwei Bestimmungen näher bezeichnet – einmal unter dem zeitlichen, einmal unter dem räumlichen Aspekt:
a) Es ist ein Leben *nach dem Zeitalter dieser Welt*, ein Leben, das in den äußerlichen Bezügen dieser Welt aufgeht und ganz in ihnen verhaftet ist. Damit ist nicht nur eine Art ›säkulares‹ Leben ohne religiöse Bindung gemeint. Für die Antike war der Mensch immer einem Machtbereich zugeordnet, dem er sich nicht entziehen konnte. Einen ›weltanschauungsneutralen‹ Bereich gab es nicht. Wer dem *Zeitalter dieser Welt* angehörte, stand unter dem Einfluss von Mächten, die sein Denken und Handeln bestimmten.
b) Die zweite Bestimmung *nach dem Herrscher des Machtbereichs der Luft* benennt konkret, was die erste eher allgemein umschreibt. Von einem Herrscher wird gesprochen, von einer widergöttlichen Macht, deren Herrschaftsbereich der Raum der Luft ist. Mit diesem Bereich, der zwischen Himmel und Erde anzusiedeln ist, wird dieser Macht ein nur sehr eingeschränkter Herrschaftsbereich zugewiesen. Dahinter steht das antike Weltbild, das hierarchisch gegliedert ist. Der Luftbereich ist die niedrigste geistige Sphäre. Darüber stehen die Sphären der astralen Kräfte, die mit dem Bereich des Mondes beginnen und dann in aufsteigender Linie die Planetensphären umfassen. Erst darüber liegen dann die Himmel mit den Hierarchien der Engel und himmlischen Kräfte, über denen dann Gott in seiner Herrlichkeit thront. Mit dem *Herrscher des Machtbereichs der Luft* denkt der Verfasser an den Teufel und ordnet ihm bewusst den niedrigsten Bereich als Machtbereich zu.
Es ist der *Geist* dieser Welt, der in den *Söhnen des Ungehorsams* wirkt. Sehr klar hebt der Verfasser damit hervor, dass nach seinem Verständnis in jedem Zeitalter gewisse Mächte am Werk sind. Wir tun uns meistens schwer, das auf die heutige Zeit zu übertragen. Aber der Epheserbrief kann uns für solche Überlegungen sensibilisieren. Er spricht von geistigen Strömungen, die uns beherrschen. Da gibt es große Unterschiede: Es gibt Modeströmungen, denen wir Menschen unterworfen sind und denen wir uns nur schwer entziehen können. Sie sollen keinesfalls von vornherein ›verteufelt‹ werden. Aber es gilt, die Geister zu prüfen. Es gibt den Zeitgeist, der diktiert, was gerade ›in‹ und was ›out‹ ist. Und es gibt Ideologien, die sich in den Köpfen der Menschen einnisten, die ihr Denken beherrschen und jedes andere Ver-

ständnis unterdrücken und versklaven. Sie sind die Grundlage für Diktaturen und andere Systeme der Unfreiheit und Tyrannei. Wir spüren, wie solche geistigen Strömungen uns bewusst oder unbewusst beeinflussen und wie schwer es ist, davon unabhängig zu bleiben. Innere Freiheit setzt einen klaren, durchschauenden Blick für geistige Abhängigkeiten voraus.

Der Geist dieser Welt wirkt jetzt in den *Söhnen des Ungehorsams*, sagt der Verfasser und meint damit diejenigen, die zu seiner Zeit noch Heiden sind. *Söhne des Ungehorsams* nennt er sie, weil sie unter dem Einfluss der widergöttlichen Mächte stehen, die Gott ungehorsam sind. Wie müsste man das heute verstehen? Heutzutage wird häufig die Auffassung vertreten, es gäbe das Böse nicht an sich, sondern immer nur Menschen, die böse sind. Dem widerspricht der Epheserbrief. Er sieht im Bösen eine Macht, die in den Menschen wirkt. Er denkt dabei zunächst an die damaligen Heiden. Aber nicht nur Menschen, die mit dem Glauben nichts zu tun haben wollen, sind in Gefahr, von diesem Geist beherrscht zu werden, auch für Christen gilt das. Und darum muss man heute fragen: Hat die Kirche die innere Freiheit, sich diesen Strömungen zu widersetzen? Wo biedert sie sich allgemeinen geistigen Strömungen an, um eben mit der Zeit zu gehen? Und wo verharrt sie in einem verkrusteten Denken, nur um sich nicht von falschen Einflüssen leiten zu lassen? Ein klarer, unverfälschter Blick auf die in Jesus Christus erschienene Wahrheit gibt das nötige Unterscheidungsvermögen.

Auch der Verfasser hat letztendlich nicht bloß die Heiden im Blick Denn er bezieht auch die Adressaten, ja auch sich und alle anderen mit ein (*wir alle* V. 3). Trotz allem ist für ihn entscheidend, wie viel Macht diesem Geist von Gott zugestanden worden ist und wo genau seine Grenzen liegen: Dieser Geist ist eine Macht, die den Menschen gefangen hält, die den Menschen in seinen Bann ziehen kann, die aber gegenüber Gottes unermesslicher Größe nur den Zwischenbereich der Luft zugeteilt bekommen hat. Mit Luft ist einerseits die Unsichtbarkeit dieser Macht angesprochen. Aber sie hat zugleich nur eine vorübergehende und stark eingeschränkte Macht.

Für die Frage, was das Böse sei, ist das, was der Verfasser hier herausarbeitet, sehr hilfreich. Denn er macht auf den verhängnisvollen Zusammenhang von Schicksal und Schuld aufmerksam: Das Böse ist eine Macht, die über die Menschen herrscht (*Söhne des Ungehorsams*). Die Menschen können sich dem Bösen also nicht einfach entziehen. Sie stehen vielmehr unter seinem Einfluss, sind ihm verfallen. Und zugleich wird ihnen das Böse zum Verhängnis. Sie geben sich den Begierden hin und verwickeln sich damit in Schuld. Es kann ein Mensch aufgrund seines Schicksals in einem bestimmten Milieu groß werden, unter dessen Einfluss er in schuldhafte Vergehen hineingezogen wird. Äußere Verhältnisse und innere Einstellung sind nicht leicht voneinander zu trennen, sondern bedingen oft einander. Aber diese Macht ist eine durch Gott in Christus bereits besiegte Macht, die denen, die zu Christus gehören, nichts mehr anhaben kann, das wird er ab V. 4 deutlich machen.

V. 3: Mit *wir* bindet der Verfasser Paulus und die Adressaten zusammen: *unter denen auch wir alle einst wandelten in den Begierden unseres Fleisches, indem wir den Willen des Fleisches und der Gedanken vollbrachten – auch wir waren der Natur nach Kinder des Zorns wie die übrigen*. Was hier gesagt wird, betrifft grundsätzlich alle Menschen, weil es eine Beschreibung des Wesens menschlicher Existenz ist! Es gilt für alle, solange sie nicht dem Machtbereich Christi angehören. Es gilt für Heiden und Juden gleichermaßen. Während die äußeren Bedingungen – nämlich die Versklavung unter den Herrscher der Luft – nur für die *Söhne des Ungehorsams*, also für die Heiden galt, nicht jedoch für Israel als dem erwählten Volk Gottes, kommen jetzt die inneren Bedingungen aller Menschen zur Sprache: Es handelt sich um die *Begierden unseres Fleisches*, denen Juden wie Heiden gleichermaßen verhaftet sind. Der Epheserbrief greift hier auf einen für Paulus typischen Ausdruck zurück (vgl. Gal 5,16 ähnlich auch Röm 1,24; 13,14).

Mit den *Begierden unseres Fleisches* ist jedoch keine Abwertung des Leiblichen gemeint, wie man auf den ersten Blick denken könnte. Denn wo Paulus den Ausdruck »Fleisch« gebraucht, meint er nicht den Körper im Gegensatz zum Geist. Für Paulus gibt es keinen Dualismus zwischen dem Körper als etwas Negativem und dem Geist als dem Bereich des Positiven. Dualistische Leibfeindlichkeit ist jedoch ein häufiges Missverständnis, das in die paulinische Tradition eingetragen wird! »Fleisch« meint nach Paulus und dem Epheserbrief vielmehr den ganzen Menschen als Kreatur, bezeichnet sein geschöpfliches und darum vergängliches und hinfälliges Wesen. Deutlich wird das hier aus der erklärenden Ergänzung, die der Verfasser anfügt: *indem wir den Willen des Fleisches und der Gedanken vollbrachten*. Damit zeigt er, dass er die *Begierden des Fleisches* auf den ganzen Menschen mit Körper und Geist bezieht. Denn ausdrücklich sind hier die *Gedanken* miterwähnt! Es geht ihm also nicht nur um den Körper, sondern um den ganzen Menschen! Deshalb ist mit *Begierden* nicht nur die sexuelle Gier, sondern jede Form des Mehr-haben-Wollens gemeint.

Der letzte Teil von V. 3 stellt nun ganz grundsätzlich fest: Wir Menschen sind alle *der Natur nach Kinder des Zorns, wie auch die übrigen.* Während mit den *Söhnen des Ungehorsams* in V. 2 speziell die Heiden gemeint waren, sind alle Menschen *Kinder des Zorns.* Sie sind es *der Natur nach.* Das bezieht sich nicht nur auf einzelne Taten, die die Menschen vollbringen, sondern meint ihre grundsätzliche Sündenverfallenheit. Mit ihrem ganzen Wesen sind sie *Kinder des Zorns.* Mit Zorn ist der Zorn Gottes gemeint, aber nun nicht als eine Gefühlswallung, ein Wutausbruch o.ä. Es ist vielmehr an das künftige Zorngericht Gottes gedacht, dem wir Menschen in unserer Sündenverfallenheit ausgeliefert sind. Was der Epheserbrief hier in aller Kürze andeutet, hatte Paulus ausführlich in den Anfangskapiteln des Römerbriefs (Röm 1,18 – 3,20) dargestellt: »Denn Gottes Zorn wird vom Himmel her offenbart über alles gottlose Wesen und alle Ungerechtigkeit der Menschen, die die Wahrheit durch Ungerechtigkeit niederhalten« (Röm 1,18 LÜ). Daraus hatte Paulus dann gefolgert, dass kein Mensch von sich aus sündlos leben kann – weder Heide noch Jude. Denn alle ziehen ausnahmslos den Zorn Gottes auf sich und haben dafür keine Entschuldigung.

V. 4–5: Doch die Beschreibung des sündhaften Zustands bricht jäh ab. Die Satzkonstruktion bleibt unvollständig (*Anakoluth*). Hier ist dem Verfasser jedoch nicht die Formulierung missraten, schließlich ist er ja ein Meister der Schachtelsätze. Vielmehr handelt es sich um einen sorgfältig durchdachten Kunstgriff. So kann er nämlich auch grammatisch den Neueinsatz durch Gottes Handeln hervorheben: *Gott aber, der da reich ist an Erbarmen ...* Gott durchbricht alles Bisherige. Allein seiner Initiative ist es zu verdanken, dass wir Menschen aus dem todesähnlichen Sündenzustand herausgeholt und zu neuen Menschen belebt werden. Darin kommt der *Reichtum seines Erbarmens* zum Ausdruck. In *seiner großen Liebe*, die uns schon vor Schöpfung der Welt galt (vgl. 1,4!), hat Gott sich uns zugewandt und den alten Todeszustand überwunden: *Gott ... hat uns wegen seiner großen Liebe, mit der er uns geliebt hat, die auch wir tot waren durch die Übertretungen, mit Christus lebendig gemacht.* Der Hinweis auf das Erbarmen und die Liebe Gottes machen deutlich, dass der Mensch keinerlei Voraussetzungen erfüllen muss, damit Gott rettend eingreift. Das wird auch dadurch unterstrichen, dass die Menschen als tot bezeichnet werden. Es handelt sich dabei nicht nur um den Tod, der am Ende des irdischen Lebens steht, sondern um den Tod, der in der Trennung von Gott, in der Feindschaft zu ihm besteht. Hier klingt an, was Paulus ebenfalls im Römerbrief beschrieben hatte: »Gott aber erweist seine Liebe zu uns darin, dass

Christus für uns gestorben ist, als wir noch Sünder waren ... Denn wir wurden mit ihm versöhnt als wir noch Feinde waren« (Röm 5,8.10 LÜ). Der Todeszustand ist für den Epheserbrief die Realität des Lebens, weil wir nicht bloß auf den Tod zugehen, sondern in viel tieferem Sinne tot sind. Als Feinde Gottes leben wir im Widerspruch zu Gott und zu uns selbst. Umso größer ist Gottes Barmherzigkeit, ist seine Liebe. Denn weil wir tot waren, gab es nichts, was Gott an uns hätte liebenswürdig finden können. Menschliche Liebe entzündet sich an der Liebenswürdigkeit des Gegenübers. Gottes Liebe ist grundlos. Sie schafft sich, was sie liebt. Man könnte das auf die Formel bringen: Nicht weil wir liebenswürdig sind, liebt uns Gott, sondern weil Gott uns liebt, werden wir liebenswürdig. Gottes Liebe reißt uns aus dem Tod und macht uns lebendig: *Gott aber, der da reich ist an Erbarmen, hat uns wegen seiner großen Liebe, mit der er uns geliebt hat, die auch wir tot waren durch die Übertretungen, mit Christus lebendig gemacht.*
Doch warum wird von Gottes Liebe in der Vergangenheit gesprochen: *mit der er uns geliebt hat.* Gilt sie denn nicht mehr? Hier ist von der einmaligen Liebestat die Rede, die sich in Jesus Christus erwiesen hat und die inzwischen zu einem geschichtlichen Ereignis geworden ist (vgl. 5,2.25). Auch wenn sie nun in der Vergangenheit liegt, tut das ihrer Gültigkeit keinen Abbruch. Paulus war zum Zeitpunkt des Todes Jesu noch ein Feind Gottes gewesen (vgl. Röm 5,10). Doch für die Briefempfänger gilt: Als Jesus starb, waren sie noch gar nicht geboren. Vielmehr gilt ihnen Gottes Liebe schon vor aller Zeit (vgl. 1,4.5).
Ganz bewusst greift der Verfasser in V. 5 nochmals auf den ursprünglichen Satzanfang von V. 1 zurück (auch das zeigt, dass der Bruch im Satzbau beabsichtigt ist!) und führt den Gedanken – wie in Kol 2,13 – folgerichtig weiter. Gott hat uns *mit Christus lebendig gemacht.* Was die Tragweite dieses Gedankens ausmacht, wird erst im folgenden V. 6 deutlich. Zuvor jedoch stellt der Verfasser nochmals seinen wichtigen Grundsatz heraus: *aus Gnade seid ihr gerettet.* Wie ein Felsblock steht dieser Einwurf mitten im Satz. Paulus hatte von der Rechtfertigung allein aus Gnade gesprochen. Doch Rechtfertigung bedeutet letztlich nichts anderes als Rettung. Darum ersetzt der Verfasser das Wort Rechtfertigung und spricht von der Rettung aus Gnade. Auf diese Weise fasst der Verfasser die zentrale Botschaft des Paulus für seine Leser noch griffiger: *Ihr seid gerettet* – und zwar *aus Gnade!* Kürzer und prägnanter könnte man die Rechtfertigungsbotschaft des Paulus nicht zusammenfassen. An dieser Stelle tritt das Anliegen des Epheserbriefs sehr deutlich hervor: Ganz offensichtlich liegt dem

Verfasser daran, die zentrale Botschaft des Paulus für seine Leser so kurz und knapp und dabei so präzise und prägnant wie möglich auf den Punkt zu bringen. Er scheut sich dabei nicht, für dieses Anliegen den zentralen, aber für seine Leser wohl nicht mehr so klaren Begriff der Rechtfertigung durch das Wort Rettung zu ersetzen. Auch wenn er die Begrifflichkeit ändert, der Sache nach trifft er den Nagel auf den Kopf! Hier zeigt der Verfasser, dass an bestimmten Stellen ein Wechsel der Begrifflichkeit sinnvoll und notwendig ist, um die inhaltliche Aussage in eine neue Zeit zu übersetzen. Für die Frage, wie heute die biblische Botschaft adäquat in die Gegenwart übersetzt werden muss, kann das ein Vorbild sein.

V. 6: *Mit Christus lebendig gemacht ... mit auferweckt und mit eingesetzt* auf dem Thron *in Christus Jesus.* Unglaubliche Aussagen werden hier von den Glaubenden gemacht! Jetzt erst wird die Tragweite des vorangehenden Satzes deutlich. Wir haben mit Christus teil an seiner Herrlichkeit, an seiner Auferstehungswirklichkeit, ja sogar an seiner Herrschaft im Himmel. Damit sind wir dem Machtbereich der bösen Mächte enthoben und sitzen sogar mit Christus auf dem Richterstuhl (vgl. 1Kor 6,2.3!). Im Dank- und Fürbittengebet hatte Paulus schon von der Kraft Gottes gesprochen, die sich in der Auferstehung und Inthronisation Christi gezeigt hat. Es ging dort um die durch nichts aufzuhaltende Kraft Gottes, die sich in Christus gezeigt hatte. Deshalb hatte er auch dort nicht das Leiden und Sterben Christi erwähnt. Was in 1,20ff von Christus gesagt wurde, gilt jetzt auch für die Christen. Aber wie ist das möglich? Kann man das so behaupten? Paulus hatte im Römerbrief von der Taufe gesprochen und gesagt, dass wir durch die Taufe mit dem Lebensschicksal Christi verbunden, mit ihm gestorben, ja mit ihm begraben sind. Und daraus hatte er – noch ganz verhalten – die Hoffnung abgeleitet, dass wir dereinst auch an seiner Auferstehungswirklichkeit Anteil haben werden: »Sind wir aber mit Christus gestorben, so glauben wir, dass wir auch mit ihm leben werden« (Röm 6,8). Die gegenwärtigen Leiden, die die Christen wegen ihres Glaubens ertragen mussten, waren für ihn Zeichen des Mitleidens mit Christus. Und der Märtyrertod, den viele Christen für ihren Glauben riskierten, galt den ersten Christen als ein Mitsterben mit Christus. Erfüllt von der Hoffnung, in einer zukünftigen Welt kraft der Auferstehung Christi in ein neues Leben berufen zu werden, waren sie in den Tod gegangen. Der Verfasser des Epheserbriefs verlegt jedoch die zukünftige Hoffnung in die Gegenwart. Ja, er beschreibt alles so, als ob es schon Wirklichkeit geworden sei: *Gott hat uns mit Christus lebendig gemacht, mit auferweckt, mit eingesetzt ...* Gibt es also

nichts mehr zu erwarten, mag man sich verwundert fragen. Steht denn die Vollendung nicht noch aus? Genau das hat man dem Verfasser zum Vorwurf gemacht. Er habe – im Unterschied zu Paulus – die Erfüllung vollmundig in die Gegenwart verlegt und damit die Christen ihrer zukünftigen Hoffnung beraubt.
Dieser Eindruck ergibt sich jedoch nur, wenn man die Worte aus Röm 6,3ff und unserer Stelle einfach gegenüberstellt ohne die Entwicklungsschritte zu kennen, die dazwischen liegen. Eine wichtige Zwischenstufe ist der Kolosserbrief. Dort wird zu gleichen Teilen vom Mitsterben mit Christus und von der Teilhabe am Leben Christi gesprochen. Beides wirkt sich schon auf dieses Leben hier aus: »Mit ihm seid ihr begraben worden durch die Taufe; mit ihm seid ihr auch auferstanden durch den Glauben aus der Kraft Gottes, der ihn auferweckt hat von den Toten. Und er hat euch mit ihm lebendig gemacht, die ihr tot wart in den Sünden« (Kol 2,12.13 LÜ). Man spürt das Anliegen hinter den Versen: Die Teilhabe am Tod und an der Auferstehung Christi sollen enger zusammengebunden werden. Denn wenn in diesem Leben nur vom Mitleiden die Rede ist und erst in der künftigen Welt von der Teilhabe an der Herrlichkeit gesprochen wird, könnten diese Worte bloß wie eine Vertröstung aufs Jenseits klingen. Schon hier in diesem Leben – das will der Kolosserbrief sagen – ist beides wirksam und zwar durch die Taufe. Denn mit der Taufe sterben wir Menschen dem alten Leben und erhalten Anteil an der kommenden Welt.
Der Epheserbrief geht noch einen Schritt weiter. Er lässt die Aussagen des Mitleidens und Mitsterbens wegfallen und erwähnt nur noch die Teilhabe an der Herrlichkeit – und das dazu noch in der Vergangenheitsform! In der Tat könnte man den Eindruck gewinnen, als stünde an der künftigen Vollendung nichts mehr aus, wenn da nicht der Zusatz *in den Himmeln in Christus Jesus* wäre! Damit ist der Vorbehalt genau benannt. Denn das stimmt: *In Christus* ist die Erlösung bereits geschehen und *in den Himmeln* liegt alles schon bereit. Es gehörte nämlich zum grundlegenden Verständnis im frühen Christentum und Judentum, dass das Künftige in den Himmeln bereits verborgen vorhanden war und nur noch darauf wartete, sich auf Erden auszuwirken. Alles, was die Christen erwarteten, musste also in jener transzendenten Welt des Himmels bereits gegenwärtig sein. Was Paulus im Römerbrief zeitlich unterschieden hatte, nämlich das Leiden mit Christus jetzt in dieser Welt und die Teilhabe an der Herrlichkeit in der künftigen Welt, das wird im Epheserbrief räumlich ausgedrückt: Die Teilhabe an der Herrlichkeit liegt in den Himmeln bereit. Damit will der Verfasser die Gewissheit unterstreichen: Was die Christen

erwarten, steht unmittelbar bevor. In den Himmeln ist es schon gegenwärtig. Da ist das Heil unablösbar von der Person des Auferstandenen verbürgt. Der Verfasser geht mit seinen Äußerungen bis an die Grenze: In der Vergangenheitsform wird die tatsächlich in Christus bereits geschehene Erlösung beschrieben, die schon in den Himmeln verwirklicht ist und auf die das Leben der Glaubenden mit aller Gewissheit zugeht. Es ist ein Leben der Christusteilhabe. Indem der Verfasser diese Aussagen im Himmel lokalisiert, macht er einerseits die radikale Unterschiedenheit von jeder irdischen Existenz deutlich und betont andererseits die unverbrüchliche Präsenz des Heils. Es geht ihm um die gleichzeitige Gültigkeit beider Bereiche.

Für uns sind solche Gedanken schwer nachvollziehbar, weil sich unsere Auffassung vom Leben stark auf die diesseitige Wirklichkeit fokussiert. Der Epheserbrief eröffnet uns mit seinen Worten eine neue Auffassung von Leben. Für ihn beschränkt sich das Leben nicht nur auf den irdischen Bereich. Dass uns der Himmel erschlossen ist, liegt für ihn nicht in unerreichbarer Ferne. Für ihn hat Leben schon jetzt eine Dimension, die in die jenseitige Wirklichkeit Gottes hineinreicht. Und umgekehrt ist für ihn Leben, das an dem Bereich des Himmels keinen Anteil hat, bereits tot (vgl. V. 1–3). Wer die Worte des Epheserbriefs auf sich wirken lässt, wird zu einer vertieften Wahrnehmung des Seins geführt. Konkret haben das Menschen in Extremsituationen erfahren. Verfolgte Menschen wie Dietrich Bonhoeffer haben mitten in der Enge ihrer Zelle eine Weite des Lebens erfahren, in der sie von dieser himmlischen Dimension erfüllt wurden (vgl. etwa Bonhoeffers Gedicht »Wer bin ich?« oder »Stationen auf dem Wege zur Freiheit«). Man kann überlegen, ob sich in den Formulierungen des Epheserbriefes Erfahrungen der frühen Märtyrerkirche niedergeschlagen haben.

V. 7: Jetzt macht der Verfasser nochmals ganz deutlich, dass es ihm nicht um die Auflösung der Hoffnung geht. Er spricht von den *kommenden Zeitaltern*. Die künftige Verherrlichung steht noch aus. Gerade das soll hier gegen alle Missverständnisse betont werden: *damit er in den kommenden Zeitaltern den überragenden Reichtum seiner Gnade in der Güte uns gegenüber erweise in Christus Jesus*. Es wird sich also erst noch erweisen, was *in den Himmeln* bereits gilt. Denn in den Himmeln hat Christus ja den Thron bereits eingenommen, liegt schon bereit, was sich auf Erden erst noch auswirken wird. Da wird künftig *der überragende Reichtum von Gottes Gnade* offenbar werden. Die Verherrlichung der Gläubigen, die Gott in seiner Güte in Christus vollbracht hat, wird sich dann in vollem Umfang zeigen. Auch hier taucht die formelhafte Wendung *in Christus Jesus* auf und stellt sicher, dass die Aussagen nicht für die Gläubigen an sich, sondern nur in ihrer Teilhabe an Christus gelten.

V. 8–9: Ein zweites Mal kommt der Einwurf: *Aus Gnade seid ihr gerettet!* Jetzt fügt er an: *durch Glauben.* Glaube ist keine menschliche Leistung. Darum setzt er schlagwortartig noch zwei weitere Ergänzungen hinzu:

a) *nicht aus euch, Gottes Geschenk ist es.*
b) *nicht aus Werken, damit niemand sich rühme.*

Kürzer und knapper könnte man die wesentlichen Aussagen der paulinischen Rechtfertigungslehre nicht auf den Punkt bringen! Damit hebt der Verfasser hervor: Glaube ist kein menschliches Werk, kein Verdienst oder etwa die Vorbedingung, um von Gott gerettet zu werden. Glaube ist vielmehr die Weise, wie wir Menschen schon hier an Gottes Heil teilhaben. Denn Glaube ist nichts anderes als Vertrauen auf Gottes vollkommene und uneingeschränkte Möglichkeiten. Glaube ist der Verzicht auf jede eigene Wirksamkeit. Er ist das Eingeständnis, dass wir Menschen nichts beitragen können, was zu unserer Rettung dient. Glaube ist darum letztendlich Gottes Werk im Menschen, die Weise, in der sich Gottes Gnade im Menschen kundtut. Schon in Röm 4,16 sind Glaube und Gnade eng miteinander verknüpft: »Deshalb muss die Gerechtigkeit durch den Glauben kommen, damit sie aus Gnaden sei« (LÜ). Oft wurden die Worte so missverstanden, dass auf göttlicher Seite Gnade, auf menschlicher Seite der Glaube nötig sei. Doch Glaube ist vielmehr ein Lassen: sich ganz von Gott erfüllen lassen, ihn allein wirken lassen, auf ihn allein trauen. Und darum nichts anderes als Gottes Geschenk, die Wirkung seiner Gnade in uns. So sind Glaube und Gnade wie die beiden Seiten einer Medaille. Es geht in beidem um die Alleinursächlichkeit Gottes: *Aus Gnade seid ihr gerettet durch Glauben.* In einer alten Auslegung wird der Glaube ganz plastisch beschrieben: »Wie der Ertrinkende durch jede eigene Anstrengung seine Rettung unmöglich macht und auf jede positive Mitwirkung verzichten muss, so muss der Mensch sich ausschließlich der göttlichen Gnade überlassen, als die allein sein Heil bewirkt« (E. Haupt, S. 65).

Weil es für viele Menschen zunächst schwer nachzuvollziehen ist, wieso der Glaube auf keinerlei menschlicher Anstrengung beruht, hält der Verfasser die Grundgedanken paulinischer Theologie in diesen Schlagworten fest: *nicht aus euch, Gottes Geschenk ist es.* Jede menschliche Mitwirkung würde nur Gottes rettendes Handeln schmälern. Das wird durch den zweiten Einwurf nochmals unterstrichen: *nicht aus Werken, damit niemand sich rühme* (Jer 9,22.23; vgl. auch 1Kor 1,31; 2Kor 10,17). Sich rühmen, das ist die Haltung des Menschen, der aus sich heraus leben will. Er versteht sein Leben nicht als Geschenk. Er muss sich vielmehr selbst behaupten, muss durch Leistung seinen Wert erweisen – vor anderen, vor sich selber, vor Gott. Er muss etwas darstellen. Geltungsbedürfnis und Selbstrechtfertigung liegen auf ihm wie ein Zwang. Wie wertvoll kann es dagegen sein, von diesem Zwang befreit zu werden. Wo wir anerkennen, dass wir Gottes Geschöpfe sind, dass wir das Leben als ein Geschenk aus Gottes Hand erhalten haben, dass wir allein aus Gnade gerettet sind, da sind wir befreit vom Zwang, sich selber darstellen zu müssen. So können wir zu freigebig schenkenden Menschen werden, die alles, was sie sind, Gottes großzügiger Hand verdanken.

V. 10:   Wenn aber alles von Gott stammt und der Mensch nichts zu seinem Heil beitragen kann, wie steht es dann mit den sog. ›guten Werken‹? Könnten sie nicht unter der Hand wieder zu einer Art frommer Leistung werden, durch die man sich besondere Verdienste erwirbt? Genau dieser Frage widmet sich nun der V. 10 und fasst zusammen, wie ›gute Werke‹ zu verstehen sind. Die alte Unterscheidung von Rechtfertigung und Heiligung ist hier auf eine einleuchtende, kurze Formel gebracht: *Denn sein Geschöpf sind wir, geschaffen in Christus Jesus zu guten Werken, die Gott zuvor bereitet hat, damit wir in ihnen wandeln.* Schon das betont vorangestellte *sein* zeigt, dass wir mit allem, was wir sind und haben, Gott gehören in unserer neuen Existenz. Darum kann es nichts geben, womit wir uns vor Gott rühmen könnten. Gott allein ist es, der alles schafft, den Glauben und die Werke. Im Leben der Glaubenden gibt es nichts, was nicht aus Gott wäre. Dem früheren Lebenswandel (V. 2) steht jetzt der neue Lebenswandel gegenüber: *damit wir in ihnen wandeln.* Dieser Wandel ist ganz von Gott her bestimmt: Wir sind seine Geschöpfe, aber nicht nur das, in Christus Jesus sind wir zur neuen Kreatur geworden (vgl. 2Kor 5,17). Als neue Kreatur sind wir befähigt zu guten Werken. Doch diese guten Werke sind keine Leistung, die etwa neuen Stolz begründen könnte. Jeglicher Selbstruhm ist verhindert durch die Aussage des Verfassers, dass Gott selbst die guten Werke vorbereitet hat. Wir Menschen vollbringen sie nicht, sondern wandeln in ihnen. Bis ins Letzte ist damit der Grundgedanke der paulinischen Rechtfertigungslehre durchgehalten. Paulus deutet es in Phil 2,13 an: »Denn Gott ist's, der in euch wirkt beides, das Wollen und das Vollbringen.«

Doch unwillkürlich tauchen Fragen auf: Sind wir dann nur eine Marionette, bei der Gott das Spielkreuz hält und wir mit jeder Bewegung dem Spieler folgen müssen, der die Fäden zieht? Das wäre eine beengende Vorstellung, die der Aussage von V. 10 nicht gerecht wird. Bereits in Ps 23,3 heißt es: »Er führet mich auf rechter Straße« – wörtlich: »auf gebahntem Weg«. Das sind keine ausgetretenen Pfade, sondern die von Gott geführten Wege eines Lebens durch Nöte und Schwierigkeiten hindurch. Sie sind für jeden ganz verschieden, aber sie sind begehbar und führen in die Freiheit. So findet der Mensch auf seinem Lebensweg jeweils zu seiner Bestimmung, zu dem Ziel, für das er geschaffen ist. Denn dazu sind wir hier auf der Erde, um zu unserer je eigenen Bestimmung zu gelangen: *geschaffen in Christus Jesus zu guten Werken, die Gott zuvor bereitet hat, damit wir in ihnen wandeln.* Hilfreich können hierzu Gedanken von Martin Buber sein. Für ihn ist entscheidend, dass der Mensch aus seinem »Bestimmtsein«, also aus den Gegebenheiten, unter denen ein Mensch in seinem Leben steht, zu seiner »Bestimmung« findet und so sein Schicksal in Freiheit verwirklicht. Es kommt darauf an, »Daß ich die Tat, die mich meint, entdecke ...«, dass ich mich also in dem bewähre, das mir zugedacht ist (M. Buber, Ich und Du, S. 55). Damit drückt Buber letztendlich das Gleiche aus wie V. 10. Es geht um ein Werk, das Gott für mich vorbereitet hat, dass ich darin einstimme und somit zu meiner Bestimmung finde.

Nach unserer Vorstellung existiert ein Werk erst dann, wenn es vollbracht ist. Nach der Vorstellung des Epheserbriefs kann ein Werk in Gottes Welt schon sein, bevor es auf Erden erschaffen ist. Dem liegt der Gedanke zugrunde, dass das Irdische ein Abbild des Himmlischen ist. In unserem Lebenswandel soll sich das Himmlische in der irdischen Welt abbilden. Wie der Verfasser im weiteren Verlauf des Briefes in 5,2 betont, sollen wir Menschen »Nachahmer Gottes« werden und auf der Erde verwirklichen, was im Himmel bereits gilt. Damit bleibt das in V. 6 beschriebene neue Leben mit Christus nicht bloß »in den Himmeln« verborgen, sondern kann im Alltag konkrete Gestalt annehmen. Gott will durch uns hindurch seinen Segen Gestalt werden lassen.

Das Heil wird in diesem Abschnitt aus der individuellen Perspektive beschrieben. Es geht darum, wie Gott an den Einzelnen gehandelt hat. Früher waren sie unfrei, versklavt unter der Macht ihrer Begierden. Jetzt hat ihnen Gott in Christus die wahre Freiheit eröffnet. Schon jetzt ist den Christen der Anteil an der himmlischen Herrlichkeit verbürgt. Droben im Himmel ist alles, was verheißen ist, schon verborgen gegenwärtig. So möchte der Verfasser seinen Lesern in greifbare Nähe rücken, was der Erwartung künftiger Herrlichkeit vorbehalten ist. In kurzen, leicht zu merkenden Sätzen möchte er seinen Lesern die Rechtfertigungslehre, das Kernstück der paulinischen Theologie, ans Herz legen. Wie sie zu verstehen ist, hat er unter dem

Stichwort »ihr seid gerettet« kurz und prägnant zusammengefasst. Dabei tauscht er sogar den für Paulus so typischen Begriff der Rechtfertigung gegen das für die Leser besser verständliche und griffigere Wort Rettung aus. Die knappen Formeln, die er nacheinander bringt, klingen fast wie ein dogmatisches Lehrstück für die nachfolgende Generation. So teilt er die Rechtfertigungslehre in drei Gedankenschritte:
1. Aus Gnade seid ihr gerettet durch den Glauben.
2. Nicht aus euch, Gottes Geschenk ist es.
3. Nicht aus Werken, damit niemand sich rühme.

Durch diese weiterführenden Gedankenschritte macht er deutlich: Das Heil, das den Christen bereits verbürgt ist, gibt keinerlei Anlass für eigenen Ruhm. Zudem wehrt er das enthusiastische Missverständnis ab, als ob den Christen schon alles geschenkt sei und nichts mehr ausstünde. Damit kommt auch in diesem Abschnitt die Erwartung auf die künftige Vollendung zum Ausdruck.

## 2,11-18
## 2. Universales Heil: Stiftung der Einheit der Kirche

### I

¹¹Deshalb erinnert euch daran,
    dass ihr einst Heiden im Fleisch wart,
    Vorhaut genannt von der sogenannten Beschneidung,
    die am Fleisch von Hand vollzogen wird,
  ¹²dass ihr zu jenem Zeitpunkt ohne Christus wart,
    ausgeschlossen vom Gemeinwesen Israel
    und Fremde gegenüber den Bundesschlüssen der Verheißung,
    ohne Hoffnung und ohne Gott in der Welt.
¹³Jetzt aber seid ihr in Christus Jesus,
    die ihr einst fern wart,
  nahe gekommen in dem Blut Christi.

### II

¹⁴Denn er ist unser Friede,
    der beides zu einem gemacht hat
    und die Trennwand der Mauer abgerissen hat, die Feindschaft,
    der in seinem Fleisch ¹⁵das Gesetz der Gebote, das in Vorschriften bestand,
    vernichtet hat,
        damit er die zwei in ihm zu einem (einzigen) neuen Menschen erschaffe
            Frieden stiftend

¹⁶und die beiden in einem (einzigen) Leib mit Gott versöhnte durch das Kreuz
die Feindschaft tötend in ihm.

### III

¹⁷Und mit seinem Kommen verkündete er »Frieden« euch,
»den Fernen, und Frieden den Nahen« (Jes 52,7; 57,19),
¹⁸denn durch ihn haben wir den Zutritt
beide in einem (einzigen) Geist zum Vater.

War die Darstellung der Errettung in 2,1–10 ganz aus dem Blickwinkel der einzelnen Gläubigen, also aus subjektiver Perspektive beschrieben, kommt hier die Errettung in ihrer objektiven Perspektive zur Sprache. Es geht um Heiden und Juden generell. Wieder sind *einst* und *jetzt* gliedernde Elemente, doch nun geht es um die in Heiden und Juden aufgeteilte Menschheit, die in Christus Jesus zu einer neuen Einheit wird. Es ist die Einheit der Kirche.

Dabei zeigt der Abschnitt einen sorgfältig strukturierten Aufbau. Der erste Teil V. 11–18 gliedert sich dreifach:

a) V. 11–13 beschreiben die Situation von Heiden und Juden im Gegenüber von *einst* (ohne Christus) und *jetzt* (in Christus). Dabei wird der frühere Zustand der Heiden hinsichtlich der Trennung von Israel und hinsichtlich der Trennung von Gott dargestellt. Dem steht in V. 13 der jetzige Zustand *in Christus* gegenüber.

b) V. 14–16 beschreiben die Heilstat Christi. Zunächst wird vorangestellt, dass Christus von seinem Wesen her der Friede ist (V. 14a). Dieser Friede wurde durch die Heilstat Christi erwirkt, wie V. 14b–16 schildern. Hierbei kommt die Überwindung des alttestamentlichen Gesetzes in den Blick. Denn das Gesetz trennte wie eine Mauer Heiden und Juden voneinander (V. 14c) und schied durch seine Vorschriften die Menschen von Gott (V. 15a). Ganz konsequent wird nun auch die Überwindung des Gesetzes in zwei Richtungen entfaltet: Durch die Neuschöpfung des einen Menschen wird Gemeinschaft zwischen Heiden und Israel ermöglicht (V. 15b). Durch die Versöhnung ist die Gemeinschaft mit Gott gestiftet (V. 16).

Zunächst wirken die Verse 14–16 wie ein eigenständiger Einschub. Sie enthalten auch keinerlei Anrede der Adressaten. Darum hat man in ihnen die Übernahme eines Zitates vermutet. Doch die Wortwahl, die Satzkonstruktion und der geschlossene Argumentationszusammenhang sprechen eher für eine originäre Formulierung durch den Verfasser des Briefes. Das zeigt sich auch darin, wie die Aussagen im nächsten Abschnitt weiterverarbeitet werden.

c) V. 17–18 bindet nun die Aussagen von a) und b) zusammen und entfaltet die Wirkung des Heilswortes Christi in der gegenwärtigen Situation. Das Friede-Sein Christi wird in der Verkündigung gegenwärtig, es stiftet die Gemeinschaft von Heiden und Juden und eröffnet beiden den Zugang zum Vater. Stichwortverbindungen verweisen auf Abschnitt a) (*fern – nah*) und auf Abschnitt b) (*Friede, beide*). Somit zeigt sich der gesamte Abschnitt 11–18 als eine in sich wohlkomponierte Darstellung.

Die Konsequenzen werden in V. 19–22 gezogen. Hier greift der Verfasser wieder in Stichwortverbindung zurück auf den vormaligen Zustand der Heiden (vgl. V. 13) und folgert daraus, dass sie nun nicht mehr Fremde, sondern Hausgenossen Gottes sind (V. 19). Er führt nun das Bild vom Bau ein (V. 20), das in V. 21 allgemein und in V. 22 im Hinblick auf die Adressaten (*ihr!*) entfaltet wird. Doch da in diesem Abschnitt die Thematik der Kirche als Bau umfassend beschrieben wird, wird dieser Teil gesondert behandelt.

V. 11: *Deshalb erinnert euch daran, dass ihr einst Heiden im Fleisch wart, Vorhaut genannt von der sogenannten Beschneidung, die am Fleisch von Hand vollzogen wird ...* Der Verfasser erinnert die Briefempfänger an ihren früheren Zustand, als sie noch Heiden waren. *Heiden im Fleisch* sagt er, denn es geht ihm zunächst um die äußere Charakterisierung. Aus dem Blickwinkel Israels sind die Briefempfänger Unbeschnittene. Darum bezeichnet er sie als *Vorhaut* im Unterschied zu den an der Vorhaut beschnittenen Juden. Bewusst spricht er von der *so genannten Beschneidung, die am Fleisch von Hand vollzogen wird*. Damit lässt er erkennen, dass er die äußere Beschneidung für nicht mehr relevant hält. Seit Christus ist diese Unterscheidung überholt. Zugleich zeigt er, wie stark er die Heiden aus dem Blickwinkel des Judentums betrachtet. Man könnte vermuten, dass der Verfasser selbst jüdische Wurzeln gehabt haben mag. Dennoch hat er sich innerlich vom jüdischen Erbe gelöst. Sonst würde er sich nicht so distanziert zur Beschneidung äußern. Damit steht er jedoch in guter paulinischer Tradition.

V. 12: *... dass ihr zu jenem Zeitpunkt ohne Christus wart, ausgeschlossen vom Gemeinwesen Israel und Fremde gegenüber den Bundesschlüssen der Verheißung, ohne Hoffnung und ohne Gott in der Welt.* Dem äußerlichen Unterschied der Beschneidung stellt der Verfasser nun den inhaltlichen gegenüber: Die Heiden leben ohne Christus. Was das heißt, fächert er nochmals in vier Unterscheidungen auf. Zwei haben das Verhältnis zu Israel im Blick – zwei das Verhältnis zu Gott: Die Heiden sind *ausgeschlossen vom*

*Gemeinwesen Israel.* Sie haben kein Anteil am Bürgerrecht Israels und waren damit ausgegrenzt aus der Gemeinschaft des auserwählten Gottesvolkes. Welche Bedeutung das hatte, konnten die Briefempfänger sehr wohl abschätzen. Denn wie begehrt war zu ihrer Zeit das römische Bürgerrecht. Hier aber geht es nicht um das römische Bürgerrecht, sondern um das Bürgerrecht am Volk Gottes. Die Heiden waren ausgeschlossen von allen Vorzügen der israelitischen Heilsgemeinde. Zur Zeit der Urchristenheit gab es unter Römern und Griechen viele, die dem Judentum mit großen Sympathien gegenüberstanden. Sie verstanden sich als »Gottesfürchtige« und standen der Synagoge sehr nahe. Oft schreckten sie vor einem direkten Übertritt nur deshalb zurück, weil sie die strengen Gesetze des Judentums nicht einhalten konnten. Für diese Gottesfürchtigen hatte das Christentum eine hohe Attraktivität. Viele von ihnen ließen sich taufen. Sie hatten am eigenen Leib erfahren, was es heißt, *ausgeschlossen vom Gemeinwesen Israel* zu sein. Der gleiche Grundgedanke zeigt sich auch in der zweiten Unterscheidung: Die Heiden waren *Fremde gegenüber den Bundesschlüssen der Verheißung.* Der Bund, der Abraham verheißen war und der mit Mose auf dem Sinai Wirklichkeit wurde, hatte für die Heiden keine Gültigkeit. Für sie gab es keine Zusage göttlicher Fürsorge, keine Heilsversprechen, keinen Ausblick auf eine kommende Welt der Erfüllung. Die Heiden träumten vom ›goldenen Zeitalter‹. Doch das lag in grauer Vorzeit und war darum für niemanden erreichbar.

Die beiden anderen Unterscheidungen heben nun das Verhältnis zu Gott hervor: Die Heiden leben *ohne Hoffnung*, sie leben *ohne Gott*. Wie trostlos ist im Rückblick die Existenz der Heiden! Keine Hoffnung haben meint zwar nicht, dass es unter den Heiden keinerlei Zukunftsvorstellungen gegeben hätte. Sie waren ja der Meinung gewesen, dass die Toten in der Unterwelt weiterleben würden, wenn der Fährmann Charon sie über den Fluss des Vergessens übergesetzt hätte. Aber diese Aussicht war trüb und grau im Vergleich zur Buntheit des irdischen Lebens. Es ging nur um ein schattenhaftes Dasein, das nach dem Tod erwartet wurde. Um wie viel glühender und erwartungsvoller ist dagegen die Sehnsucht, die sich in den Verheißungen der alttestamentlichen Propheten Bahn bricht!

Trotz der vielen Götter, die die Heiden hatten, und denen sie zu unterschiedlichen Anlässen ihre Gaben brachten, war es letztendlich ein Leben *ohne Gott*, so die prägnante Zusammenfassung des Autors. Denn es fehlte jene intensive Gottesbeziehung, wie sie in der biblischen Tradition begegnet. Eine Gottesbeziehung, in der die Glaubenden ganz von Gott ergriffen waren, in schweren Situationen mit Gott rangen und in Situationen von Bewahrung und Rettung Gott mit tief dankbarem Herzen begegneten. Gegenüber dieser persönlichen Beziehung des Glaubens in der biblischen Tradition war das heidnische Leben ein Leben *ohne Gott*.

V. **13**: Mit diesen vier Unterschieden, die in V. 11.12 aufgezählt wurden, ist die klassische Trennung zwischen Juden und Heiden beschrieben. Bis zum Kommen Jesu war die Menschheit in diese beiden Gruppen aufgeteilt: in Heiden und Juden. *Jetzt aber* ist etwas Neues angebrochen. Mit dem Kommen Jesu gelten die alten Unterschiede so nicht mehr. Das stellt der V. 13 in aller Kürze dar: *Jetzt aber seid ihr in Christus Jesus, die ihr einst fern wart, nahe gekommen in dem Blut Christi*. Mit den Fernen meint er natürlich die ehemaligen Heiden, die jetzt nicht mehr ausgeschlossen und darum nahe gekommen sind. Der Verfasser spielt auf ein alttestamentliches Prophetenwort aus Jes 57,19 an, das er allerdings erst in V. 17 zitiert: »Friede denen in der Ferne und denen in der Nähe, spricht der Herr, ich will sie heilen.« Dieses Wort stammt aus dem dritten Teil des Jesajabuches (Tritojesaja) und damit aus einer Zeit kurz nach dem Ende des babylonischen Exils, als die Exulanten aus Babylon zum großen Teil zurückgekehrt waren. Mit den Nahen und Fernen waren im Jesajabuch alle Juden gemeint, ob sie nun wieder in Juda und Jerusalem oder noch im Exil lebten. Für alle galt die Verheißung des Friedens. Im Epheserbrief wird das Wort von den Fernen und Nahen auf Heiden und Juden bezogen in ihrer unterschiedlichen Nähe zu Gott. *In Christus Jesus* sind die Fernen *nahe gekommen*. Dass aus den fernen Heiden Nahe werden konnten, liegt im *Blut Christi* begründet. Wie schon in 1,7 deutlich wurde, ist mit dem Blut Christi die Lebenshingabe Jesu am Kreuz angesprochen. Denn Blut ist nach jüdischer Vorstellung der Träger des Lebens. Der Blutkreislauf versorgt alle Organe und Glieder mit den nötigen Nährstoffen und hält somit den Organismus am Leben. Da Gott als Schöpfer der Herr des Lebens ist, bleibt das Blut ausschließlich ihm vorbehalten. Bei jedem Opfer wurde mit dem Blut des Opfertieres Gott das Leben zurückgegeben. Somit wurde das (vergossene) Blut zur Chiffre für die Lebenshingabe. Auch die Rede vom *Blut Christi* ist hier so zu verstehen. Durch Christi Lebenshingabe sind die fernen Heiden zu Nahen geworden. Wer den V. 13 isoliert betrachtet, könnte meinen, Christus sei nur für die Heiden gestorben, da die Juden bereits Nahe gewesen seien. Doch die folgenden Verse zeigen, dass beide gemeint sind. Für Heiden wie für Juden ist Christus gestorben.

V. **14a**: Mit V. 14a kommt Christus zentral in den Blick – und zwar für alle, für Juden wie Heiden: *Denn er ist unser Friede*.

Jetzt hat der Verfasser nicht mehr bloß die heidenchristlichen Adressaten vor Augen, sondern schließt sich bewusst mit ein. Mit *unser* fasst er Juden- und Heidenchristen zusammen. Betont stellt er das Thema des Friedens voran – ebenfalls ein Stichwort aus dem Zitat von Jes 57,19: *Christus ist unser Friede.* Damit wird Jesus Christus nicht nur als Friedensbringer bezeichnet. Vielmehr ist er in seiner Person der Friede. Das ist ein wesentlicher Unterschied! Jesus hat nicht nur den Frieden auf die Welt gebracht. Sein Wesen ist Friede. Er ist die Wirklichkeit des Friedens. Solche Wesensaussagen begegnen mehrfach im Neuen Testament und heben hervor, wer Jesus Christus in Wahrheit ist. Etwa in Kol 3,4: »Christus euer Leben« (vgl. auch Phil 1,21: »Christus, der ist mein Leben«) oder in 1Kor 1,30, wo Christus mit Weisheit, Gerechtigkeit, Heiligung und Erlösung verbunden wird. Ähnlich sind auch die Ich-bin-Worte im Johannesevangelium zu verstehen. Was aber heißt das? Der Verfasser des Epheserbriefs denkt an das Geschehen der Versöhnung: In Jesu Leiden, in seinem Tod und in seiner Auferstehung ist die Versöhnung und damit der umfassende Friede Wirklichkeit geworden. Und er denkt an das Geschehen der Neuschöpfung. Beides wird er weiter unten näher erläutern (V. 15b–16). In der Heilstat hat Christus den Frieden erwirkt. Friede, das ist Schalom, ist umfassendes Heilsein. Das ist nicht etwas, das von Jesus Christus als Person abzulösen wäre. Vielmehr erschließt sich der umfassende Friede in der personalen Bindung an Christus: So ist Christus *unser Friede.*

**V. 14b–16:** Wie der Friede aussieht, legt der Autor in den folgenden Wendungen dar (14b–16). Im Urtext sind es drei Partizipien, welche das Friedenswerk erläutern. Zunächst einmal positiv: Jesus hat *beides zu einem gemacht.* Das könnte man wie eine Zusammenfassung verstehen. In seinem Versöhnungswerk wurde eine neue Einheit gestiftet. Alle Trennungen, die bislang bestanden hatten, wurden überwunden. Die beiden folgenden Wendungen (**14c.15a**) weisen auf die Trennungen hin, die aufgehoben wurden: Jesus hat *die Trennwand der Mauer abgerissen* und hat *das Gesetz der Gebote, das in Vorschriften bestand, vernichtet.* Damit denkt der Verfasser an das alttestamentliche Gesetz, an die Tora. Das Gesetz hatte die Aufgabe, eine Trennwand aufzurichten zwischen dem Gottesvolk Israel und den übrigen Völkern. Denn Israel war das erwählte Volk und sollte keine Gemeinschaft haben mit den anderen Völkern. Das Gesetz hatte zugleich die Aufgabe, in den vielen Vorschriften die Trennlinie zwischen der Heiligkeit Gottes und der Unheiligkeit des Menschen aufzuzeigen. Dabei werden genau diejenigen Unterscheidungen wieder eingeflochten, die der Verfasser in den obigen Versen 11–12 schon eingeführt hatte. Es

geht um die Trennung zwischen Heiden und Israel sowie um die Trennung zwischen Gott und Mensch. Wie ein roter Faden ziehen sich die vier Unterscheidungen durch. Man sieht, wie kunstvoll der Verfasser diesen Abschnitt aufgebaut hat. Jetzt wird deutlich: Diese Unterscheidungen, die das alttestamentliche Gesetz festgeschrieben hatte, sind aufgehoben!
Hiermit sind also die beiden Aspekte benannt, die das alttestamentliche Gesetz von seinem Wesen her ausmachen. Denn sie gründen in der zentralen Aufgabe des Gesetzes, die darin besteht, den heiligen und guten Willen Gottes aufzuzeigen (vgl. Röm 7,12). So weist das Gesetz auf die Heiligkeit Gottes hin und entlarvt die Unheiligkeit des Menschen. Und es trennt Israel als Gottes erwähltes Volk von den übrigen Völkern. Paulus hatte das bereits im Römerbrief als Aufgabe des mosaischen Gesetzes herausgearbeitet. Das Gesetz sollte die Trennlinie markieren zwischen Heiden und Juden sowie zwischen Gott und Mensch. Doch mehr vermochte das Gesetz nicht. Es konnte die Unterscheidungen nur aufzeigen, nicht überwinden! Es konnte die Gegensätze benennen, aber nicht aufheben und keine Versöhnung stiften! Sicher, dem alttestamentlichen Gesetz waren die Verheißungen beigegeben, dass Gott eines Tages diese Trennungen überwinden wird, sodass einmal die ganze Welt von Gottes heiligem Willen erfüllt sein wird. Das hatte Paulus bereits im Römerbrief hervorgehoben.
In diesen wenigen Sätzen schlägt der Verfasser gewichtige Schneisen durch bislang theologisch umstrittenes Gebiet. Wie heftig waren die Auseinandersetzungen noch gewesen, als Paulus von der Überwindung des Gesetzes gesprochen hatte! In seinen Briefen hatte Paulus sich dafür eingesetzt, dass Heidenchristen nicht die Vorschriften des alttestamentlichen Gesetzes einzuhalten hätten und keine Beschneidung an ihnen zu vollziehen sei: »Denn Christus ist das Ende des Gesetzes; wer an den glaubt, der ist gerecht«, (Röm 10,4). Im Galaterbrief und im Römerbrief hatte sich Paulus intensiv zur Wehr setzen müssen und seine Gegner argumentativ zu überzeugen versucht. Ganz offensichtlich ist ihm das gelungen. Zur Zeit der Entstehung des Epheserbriefes scheint die Diskussion abgeflaut zu sein. Die Position des Paulus muss sich durchgesetzt haben, denn sonst könnte der Verfasser diese grundlegende Position nicht in zwei kurzen Halbsätzen benennen.
Dabei zeigt der Verfasser seine genaue Kenntnis alttestamentlicher Vorstellungen. Bei der *Trennwand der Mauer* ist nicht nur an die Trennwand gedacht, die die verschiedenen Vorhöfe des Jerusalemer Tempels voneinander abteilten, den Vorhof der Heiden, den Vorhof der Frauen und der Männer usw., sondern ganz grundsätzlich die Trennung durch das mosaische Gesetz im Blick, durch

das das Gottesvolk von den Heiden ausgesondert wurde. So wird im Aristeasbrief beschrieben, dass Gott das Volk Israel mit dem Gesetz wie mit einer Schutzmauer umgab, um es vor Unreinheit und Götzendienst zu schützen und eine Vermischung mit den Heiden zu verhindern: »Mose umzäunte uns mit undurchdringlichen Gittern und eisernen Mauern, damit wir mit keinem der anderen Völker Gemeinschaft hätten« (Arist 139). Auch die umständliche Formulierung *Gesetz der Gebote, das in Vorschriften bestand* zeigt die genaue Kenntnis des Verfassers. Denn die dreifachen Substantive weisen auf die Fülle der unterschiedlich gearteten Gebote hin und machen deutlich, wie belastend der Verfasser die Vielzahl der Vorschriften der Tora empfand. All das ist nun mit Christus bedeutungslos geworden.

V. 15b–16: Aus der Überwindung der Gegensätze folgt eine neue Einheit, die mit den Begriffen Neuschöpfung und Versöhnung umschrieben werden kann: *damit er die zwei in ihm zu einem (einzigen) neuen Menschen erschaffe Frieden stiftend und die beiden in einem (einzigen) Leib mit Gott versöhnte durch das Kreuz die Feindschaft tötend in ihm*. Da ist der eine neue Mensch, der die Unterscheidung von Heiden und Juden hinter sich lässt. Da ist die Versöhnung in dem einen Leib, die die Trennung von Gott und Mensch überwindet. Beide Sätze sind genau parallel gebaut und zeigen damit an, dass sie ein und denselben Vorgang meinen. Jeweils zwei getrennte Größen werden zu einer neuen Einheit zusammengeführt. Dabei ist Neuschöpfung nicht bloß Erneuerung, sondern wirkliche Neuerschaffung. Und Versöhnung nicht bloß ein Überbrücken bisheriger Differenzen, sondern echte Einheit. Das wird nicht durch gute Vorsätze oder mühsame Besserung erreicht, sondern nur durch Verwandlung. Nicht durch menschliche Anstrengung, sondern allein durch Gottes Wirken. Beide Linien, Neuschöpfung und Versöhnung, werden ganz parallel beschrieben, denn sie sagen letztlich ein und dasselbe aus. Das machen die jeweiligen Abschlüsse deutlich: denn den *Frieden stiftend* ist nichts anderes als *die Feindschaft tötend*. Der *eine neue Mensch* ist also gleichzusetzen mit dem mit Gott versöhnten *einen Leib*.

Damit wird aber deutlich, dass der Epheserbrief nicht nur die individuelle Neuschöpfung des einzelnen im Blick hat. Für den Verfasser ist das Neuwerden des Menschen immer auch ein Eintreten in eine neue Gemeinschaft. Das legt der Leibbegriff nahe. Der eine neue Mensch ist der eine Leib und hat damit auch viele Glieder. Glauben ist immer nur in der Gemeinschaft möglich. Eine Art privates Christentum gibt es nicht. Wer von Gott verwandelt wird, wird in ein neues Beziehungsgefüge gestellt: Er gehört nicht

mehr sich selbst, auch nicht mehr bloß seiner bisherigen Volks- oder Familiengemeinschaft an, sondern er gehört in die Gemeinschaft der mit Gott Versöhnten. Und diese Gemeinschaft ist die Einheit in Christus. Wenn der Verfasser hier vom Leib spricht, dann hat er hier bereits die tiefe Leibmetaphorik im Hinterkopf, die er in den folgenden Kapiteln noch genauer darlegen wird. Der Leib ist der Leib Christi, dessen Glieder wir sind.
Paulus hatte in seinen Briefen stets betont, dass Christus für uns bzw. für euch am Kreuz gestorben ist. Das »für uns« hat der Verfasser hier jedoch weggelassen. Stattdessen spricht er hier vom Leib (der Kirche), in dem die Versöhnung geschaffen sei. Es ist auffällig, dass in der Heilstat, die hier als Neuschöpfung und als Versöhnung beschrieben wird, die Glaubenden überhaupt nicht vorkommen. Wie in der Strukturanalyse schon beschrieben, ist in den Versen 14–16 der Bezug zu den Adressaten völlig ausgeklammert. Was mag das für einen Grund haben? Ernst Käsemann hat aufgrund dieser Beobachtung gegen den Verfasser den Vorwurf des »Frühkatholizismus« erhoben. Der Verfasser tilge den direkten Bezug zu den Gläubigen und setze die Kirche an ihre Stelle. Damit werde hier der Zugang zum Heil institutionell eingeengt. Dieser Vorwurf ist aber nicht gerechtfertigt, denn er geht von der Vorstellung einer institutionalisierten Amtskirche aus, die es in dieser Zeit so noch gar nicht gab. Vielmehr macht sich hier der zeitliche Abstand bemerkbar. Als Christus starb, waren die Adressaten noch nicht geboren. Wie kann er für sie und ihre Sünden, die ja noch gar nicht begangen worden waren, gestorben sein? Das berücksichtigt der Verfasser in seiner Formulierung und vermeidet die direkte Aussage, Jesus sei für sie gestorben. Stattdessen spricht er von der Versöhnung in dem einen Leib. In diesem Leib eröffnet sich den Glaubenden die Gemeinschaft mit Christus, ist die Versöhnung mit Gott gegenwärtig, ist der von Christus am Kreuz geschaffene Friede präsent – über die Zeiten hinweg. Diese Gemeinschaft wurde bereits am Kreuz geschaffen und schließt auch die kommenden Generationen mit ein. Die Rede vom Leib ermöglicht also wie eine Art Platzhalter, den Raum der Heilsgemeinschaft für die Zukunft offen zu halten.
V. 17: *Und mit seinem Kommen* – Man mag stutzen, warum jetzt erst vom Kommen Christi gesprochen wird. War denn nicht schon in den vorangehenden Versen ständig vom Werk Christi die Rede? Gemeint ist, wie Christus zu den gegenwärtig Glaubenden, also zu den Adressaten des Briefes, kommt. Das ereignet sich in der Verkündigung: *Und mit seinem Kommen verkündete er »Frieden«.* Wieder wird – zwischen den Zeilen – der historische Abstand deutlich. Das Werk Christi, wie es die Verse 14–16 be-

schreiben, war ja bereits geschehen zu einer Zeit, als die Adressaten noch gar nicht lebten. Da war Jesus am Kreuz gestorben und hatte aus beiden – Juden und Heiden – den einen neuen Menschen gemacht, hatte die Menschheit mit Gott versöhnt. All das gehört bereits der Vergangenheit an. Doch nun kommt Christus im Wort seiner Zeugen, spricht die Adressaten direkt an und *verkündet euch den Frieden!* (im Unterschied zu V. 14–16 begegnet hier die direkte Anrede!). Im Heilswort der Verkündigung wird der Friede Christi in Person und Werk unter ihnen gegenwärtig.
Die Boten, die das Friedenswort Christi weitertragen, bringen damit Christus selbst zu den Adressaten. In der Verkündigung des Evangeliums kommt Christus zu den Nachgeborenen und spricht sie an. Er benutzt seine Verkündiger als Werkzeug, um so zu den Menschen zu gelangen, die er hereinholen will in die Gemeinschaft der Versöhnung und des Friedens. Das ist für die Zeit nach dem Wegsterben der Apostel formuliert und gilt darum genauso auch für uns heute. Auch zu uns gelangt Christus in seinem Wort, ist er als Person überall dort gegenwärtig, wo sein Wort verkündigt wird.
Paulus unterscheidet in seinen Briefen zwischen der Heilstat, also dem Geschehen von Kreuz und Auferstehung Christi, und dem Heilswort, der Verkündigung des Heilsgeschehens (so etwa in 2Kor 5,17–21). Diese Unterscheidung hat der Verfasser des Epheserbriefes bereits in 1,8 aufgegriffen und auf die unterschiedlichen Zeiten hin ausgelegt. So auch hier: Das Heilsgeschehen ereignete sich zur Zeit des Erdenlebens Jesu. Das Heilswort aber ereignet sich je und je in der Verkündigung an die Menschen. Damit geht Christus in der Verkündigung durch die Zeiten. Christus selbst spricht uns an, wo sein Wort verkündet wird. Sein Friede wird mitten unter uns gegenwärtig – egal in welcher Zeitepoche wir leben, also auch nach 2000 Jahren! Damit schafft der Verfasser eine theologische Weichenstellung, durch die er bewusst die später geborenen Generationen in das Christusgeschehen einbezieht.
Seine Entscheidung begründet er mit Anspielungen an zwei Prophetenworte aus dem Jesajabuch. Da ist einmal das Wort von den Freudenboten aus Jes 52,7: »Wie lieblich sind auf den Bergen die Füße der Freudenboten, die da Frieden verkündigen …« Dieses Prophetenwort hat der Verfasser im Hinterkopf, wenn er formuliert: *Und mit seinem Kommen verkündete er Frieden* ebenso wie die Bibelstelle Jes 57,19: »Friede, Friede denen in der Ferne und denen in der Nähe, spricht der HERR; ich will sie heilen«, die er direkt zitiert: *Frieden euch, den Fernen, und Frieden den Nahen.* In diesem Stück aus dem dritten Teil des Jesajabuches (Tritojesaja)

geht es – wie in der Auslegung zu V. 13 bereits gesagt – um die Zuwendung Gottes gegen Ende des Exils in Babylon. Mit den Nahen und den Fernen werden in Jes 57 sowohl die angesprochen, die bereits wieder nach Jerusalem zurückgekehrt sind, als auch die, die noch in der Ferne des Exils leben. Mit Frieden meint der alttestamentliche Prophet die weltgeschichtliche Wende unter dem Perserkönig Kyros, als den Exilierten aus Babylon die Rückkehr ermöglicht wurde.
Der Verfasser des Epheserbriefs entwickelt die Gedanken des Bibelwortes weiter. Für ihn ist die wahre Wende mit dem Kommen Christi gegeben. Die Fernen sind jetzt nicht mehr die Juden im Exil in Babylon, sondern die Heiden (*euch!*), die fern von Israel leben. Sie sind durch Christi Friedenswerk Nahe geworden und gehören in die Gemeinschaft, die in Christus gegründet ist. Für den Verfasser des Epheserbriefs ist diese Interpretation keine unangemessene Vereinnahmung des alttestamentlichen Textes. Der Verfasser geht von der göttlichen Wahrheit und darum ewigen Gültigkeit prophetischer Worte aus. Nach seinem Schriftverständnis hat ein prophetisches Wort deshalb über den ursprünglichen historischen Bezug bleibende Bedeutung. Und darum ist es für ihn nicht nur legitim, sondern geradezu geboten, das alte prophetische Wort auf die neue, in Christus angebrochene Situation zu übertragen.
Die neue Verkündigung des Friedens ist nun tatsächlich Evangelium! Denn der Begriff Evangelium hat sich aus Jes 52,7 entwickelt. Ursprünglich sind es die Freudenboten, die die weltgeschichtliche Wende unter Kyros verkünden. Im Neuen Testament ist es die Freudenbotschaft der Wende in Jesus Christus. Bei Paulus spielt die Stelle aus dem Jesajabuch ebenfalls eine entscheidende Rolle. Denn Paulus verstand sich selbst als der Freudenbote, dessen Aufgabe es war, die in Christus geschehene Versöhnung in alle Welt hinauszutragen (vgl. Röm 10,15). Für den Verfasser des Epheserbriefs ist nun Christus selbst der Freudenbote. Er geht in seinem Wort durch die Zeiten und teilt Frieden aus. Denn er selbst ist der Friede in der Gegenwart seiner Person.
V. 18: Mit V. 18 kommt nun das Ziel der Verkündigung in den Blick: *Denn durch ihn haben wir beide den Zutritt in einem (einzigen) Geist zum Vater.* Es geht um den Zugang zu Gott. Mit *Zutritt* gebraucht der Verfasser hier einen alten kultischen Begriff, der gerade in den Büchern der Tora eine wichtige Rolle spielte. Die Israeliten wussten um die Tatsache, dass dem Menschen der Zugang zu Gott versperrt ist. Die Unreinheit und Unheiligkeit des Menschen machen es unmöglich, vor Gottes Heiligkeit zu treten. Aus diesem Grund hing im alttestamentlichen Tempel der

Vorhang, der das Allerheiligste abtrennte und den Zugang zur heiligsten Gegenwart Gottes versperrte. Denn über der Bundeslade, die wie ein Schemel Gott zu Füßen war, stellte man sich Gott thronend vor. Doch diese Trennung ist jetzt in Christus aufgehoben: sowohl vertikal zwischen Mensch und Gott als auch horizontal zwischen Heiden und Juden. Das ist ja der zentrale Inhalt dieses Abschnitts, der hier nochmals kurz angedeutet wird: Jetzt *haben wir beide den Zutritt ... zum Vater*. Der Zutritt zu Gott steht mit Christus offen! Es lohnt sich, auf den sorgfältigen Gebrauch der Präpositionen in diesem Vers zu achten. Denn so werden Vater, Sohn und Geist bedeutungsvoll zueinander ins Verhältnis gesetzt: *Durch* den Sohn haben wir Zugang *in* einem Geist *zum* Vater. Hinter diesen Zuordnungen lassen sich bereits die Grundlagen der künftigen Trinitätslehre entdecken! Als Ziel wird bewusst Gott als *Vater* benannt, denn durch den Sohn eröffnet sich den Glaubenden Gott als liebender Vater, den sie im Gebet anrufen dürfen (vgl. 3,14). Das geschieht im Geist, jenem Raum der heilsamen Nähe Gottes, in dem uns bereits jetzt die Teilhabe eröffnet ist (Gegenwart: *haben wir den Zutritt ...*). Jesus Christus ist das Tor zum väterlichen Herzen Gottes, das offen steht, und durch das alle bisherigen Trennungen überwunden sind.

Durch den Weg Jesu Christi zum Kreuz, durch sein freiwilliges Todesleiden, das in die Auferstehung mündet, ist das universale Heil eröffnet. Die bisherigen Unterscheidungen, die das Wesen der Welt kennzeichneten, sind überwunden. Dazu gehört die Aufteilung der Menschheit in Heiden und Juden. Sie gilt jetzt nicht mehr, so lautet die eine grundlegende Feststellung. Die andere: Die Trennung zwischen Gott und Mensch ist generell aufgehoben. Nicht nur für Israel als dem geliebten Volk Gottes, sondern für alle Menschen steht der Zugang zu Gott offen. Und zwar in einer ganz neuen Weise: in der engen Verbundenheit mit Christus Jesus. Und diese Nähe der Verbundenheit mit Christus beschreibt der Verfasser räumlich: Es ist der Heilsraum der Kirche. Damit hebt sich das, was der Verfasser unter Kirche versteht, deutlich von unserem landläufigen Verständnis ab. Kirche ist hier keinesfalls als Institution gedacht, sondern als ein Raum, in dem sich die Gemeinschaft mit Christus vollzieht. Für jeden, Juden wie Heiden, steht dieser Raum offen.
Dieses Verständnis hat weitreichende Konsequenzen. Denn dem Verfasser geht es hierbei nicht nur um eine Eingliederung der Heiden in das bereits bestehende Gottesvolk Israel. Die neu geschaffene Einheit besteht vielmehr aus ehemaligen Heiden und Juden. Sie bedeutet darum für Heiden wie für Juden eine Verwandlung. Doch in ganz unterschiedlicher Weise. Denn im Gegensatz zu den Heiden lebten

die Juden ja nicht ohne Hoffnung und nicht ohne Gott. Sie waren das erwählte Volk, mit dem Gott seinen Bund geschlossen hatte. Gerade für das jüdisch-christliche Gespräch ist diese sorgfältige Unterscheidung wichtig. Hier begegnet keine Vereinnahmung jüdischen Glaubenslebens in christlicher Perspektive. Deutlich wird das an den sorgfältig ausgewogenen Formulierungen: Nicht die Fernen werden zu Nahen, sondern beide Gruppen – Nahe wie Ferne – werden gleichermaßen zu einer neuen Einheit in Christus. Es ist bedauerlich, dass diese Konzeption in der Geschichte der Kirche nicht weitergeführt wurde. Wie hilfreich hätte sie sein können für die Verhältnisbestimmung von Kirche und Synagoge!

Auch für den ökumenischen Dialog begegnen hier wertvolle Hinweise. Es geht um die Einheit, die in Christus bereits besteht, weil sie in der Heilstat am Kreuz geschaffen wurde. Die Einheit der Kirche muss also nicht erst im ökumenischen Dialog geschaffen werden. Sie ist schon da! Sie muss nur entdeckt und gelebt werden. Und dazu möchte der Verfasser ermuntern.

## 2,19–22
### 3. Der Bau der Kirche

¹⁹So seid ihr nun nicht mehr Fremde und Heimatlose,
    sondern Mitbürger der Heiligen und Hausgenossen Gottes,
²⁰erbaut auf dem Fundament der Apostel und Propheten,
    dessen Eckstein Christus Jesus ist,
²¹in welchem der ganze Bau zusammengehalten
    wächst zum heiligen Tempel im Herrn,
²²in welchem auch ihr mit auferbaut werdet
    zur Wohnung Gottes im Geist.

Mit V. 19–22 ist der Zielpunkt der langen und dichten Argumentationskette des Abschnitts 2,11–22 erreicht. Der Verfasser spricht den Briefempfängern zu, was sie durch das Versöhnungswerk Christi bereits geworden sind: *So seid ihr nun nicht mehr Fremde und Heimatlose, sondern Mitbürger der Heiligen und Hausgenossen Gottes.* Das sind große Prädikate. Sie gründen im Friedenswerk Christi. Fremdlinge und Heimatlose waren sie früher – so hatte es am Anfang in V. 11–12 geheißen. Jetzt ist das vorbei. Der Verfasser malt aus, wie sich die neue Gemeinschaft gestaltet. Er greift auf die alte Tempelvorstellung zurück, doch dabei wechselt das Bild. Zunächst geht es um die Hausgemeinschaft im Haus Gottes, dann um das Gebäude als solches. Die Bilder gehen ineinander über, die Bewohner sind zugleich Bausteine des Hauses.

Aber das entspricht ja der Wahrheit des Bildes. Denn in dem geistigen Tempel Gottes sind wir beides zugleich: Bewohner und Teil des Tempels. Es ist ein sehr lebendiges, im Wachstum begriffenes Bild – kein statisch abgeschlossenes, wie es die Vorstellung vom Haus zunächst nahelegen würde. »Ihr seid der Tempel Gottes«, das hatte schon Paulus in 1Kor 3,16 gesagt (vgl. auch 2Kor 6,16). Und auf diese Tempeldarstellung greift der Verfasser hier zurück.

V. 19:   Zunächst einmal sind die Empfänger als Bewohner im Blick: *So seid ihr nun nicht mehr Fremde und Heimatlose, sondern Mitbürger der Heiligen und Hausgenossen Gottes*. Während sich die Bezeichnung *Fremde und Heimatlose* auf die ehemalige Lebensweise der Heiden bezieht, kommt mit *Mitbürger der Heiligen und Gottes Hausgenossen*, das neue Sein in den Blick. *Mitbürger der Heiligen*, das greift zurück auf die Aussage des Paulus in Phil 3,20: »Unser Bürgerrecht aber ist im Himmel«. Mit den Heiligen könnten natürlich die Glaubenden gemeint sein – ganz nach dem Sprachgebrauch des Paulus, der bei der Eröffnung seiner Briefe die Christen gerne als Heilige anspricht: Sie sind Heilige, nicht weil sie so untadelig leben, sondern weil sie in Christus geheiligt sind (vgl. 1Kor 1,2). Doch vom Zusammenhang her erscheint es naheliegender, dass mit den Heiligen hier die Himmlischen, also die Engel, gemeint sind. Denn die durch Christus eröffnete Gemeinschaft bezieht ja bewusst den Himmel mit ein. In der Feier des Gottesdienstes stimmen die Menschen mit Psalmen, Hymnen und geistlichen Liedern (vgl. 5,19) in die himmlische Liturgie der Engel vor Gottes Thron ein (vgl. 1Thess 3,13; Kol 1,12). Ganz ähnlich wird auch in den Texten von Qumran von der Gemeinschaft der Engel und Menschen gesprochen (vgl. 1QS 11,7f; 1QH 3,22 sowie die Sabbatlieder von Qumran). Im Gottesdienst der Menschen sind die Engel sogar anwesend (vgl. 1Kor 11,10). Das zeigt, dass die Christen in die Gemeinschaft mit den Himmlischen aufgenommen sind. Wie die Engel haben sie im Gottesdienst im Geist den Zugang zum Vater (vgl. 2,18). Das wird auch mit dem zweiten Prädikat ausgedrückt: *Gottes Hausgenossen* zu sein betont ebenfalls, dass die Trennung zwischen Gott und Mensch überwunden ist. Die Bezeichnung nimmt den Gedanken der antiken Familie auf, die ja weniger durch verwandtschaftliche Beziehungen, sondern vielmehr als Hausgemeinschaft definiert war. Was jetzt für alle Christen gilt, war ja bereits von Mose gesagt worden, mit dem Gott gesprochen habe wie mit einem Freund (Ex 33,11; vgl. Dtn 34,10) und der vertraut gewesen sei mit dem Hauswesen Gottes (Num 12,7).

**V. 20:** In den Gedanken der neuen Gemeinschaft mischt sich nun das Bild vom Tempel, dem Haus Gottes: *erbaut auf dem Fundament der Apostel und Propheten, dessen Eckstein Christus Jesus ist, in welchem der ganze Bau zusammengehalten wächst zum heiligen Tempel im Herrn*. Die Anklänge an 1Kor 3,9–11 sind deutlich zu erkennen – allerdings auch die Veränderungen. Paulus verstand sich als »weiser Baumeister« und hatte »den Grund gelegt«, und dieser Grund, dieses Fundament, ist Jesus Christus (1Kor 3,10.11). Auf ihm soll weitergebaut werden. Das Bild erfährt im Epheserbrief eine charakteristische Veränderung, die von der nachapostolischen Perspektive des Verfassers herrührt: Die Apostel – und mit ihnen die neutestamentlichen Propheten – sind nun selbst zum Fundament geworden, auf dem die nächste Generation aufbaut: *erbaut auf dem Fundament der Apostel und Propheten*. Jesus Christus ist dagegen der *Eckstein*, der als erstes gesetzt wird und noch unter dem Fundament zu liegen kommt. Der Eckstein setzt fest, wo Länge und Breite eines Hauses zusammentreffen und bestimmt damit die ganze Ausrichtung des Gebäudes. In dem Bild ist die damalige Bauweise einfacher Häuser eingefangen, bei der kein Architekt vorher einen umfassenden Plan vorzeichnet, sondern bei der einfach vor Ort mit dem Bau begonnen wird. Dabei dient der Eckstein zur Orientierung für die Anlage des Fundaments und des darauf zu errichtenden Mauerwerks. Zugleich greift der Verfasser mit dem Motiv des Ecksteins auf ein alttestamentliches Zitat zurück, das messianisch verstanden worden war. In Jes 28,16 heißt es: »Siehe, ich lege in Zion einen Grundstein, einen bewährten Stein, einen kostbaren Eckstein, der fest gegründet ist. Wer glaubt, weicht nicht.« Dieses schon im antiken Judentum messianisch verstandene Wort erfährt in Ps 118, 22f eine Präzisierung: »Der Stein, den die Bauleute verworfen haben, ist zum Eckstein geworden. Das ist vom Herrn geschehen und ein Wunder vor unseren Augen«. Dass Gott dem von Menschen Verworfenen tragende Bedeutung verleiht, hat in der Geschichte Jesu von Nazareth grundlegende Bedeutung gewonnen und ist u.a. in der Passionsgeschichte aufgenommen worden (vgl. Mt 21,42 sowie Apg 4,11; 1Petr 2,4.7). War bei Paulus in 1Kor 3,9–11 das Bild noch zweigliedrig: Fundament – Bau, so ist es jetzt dreigliedrig geworden: Eckstein – Fundament – Bau. Die Dreistufigkeit des Bildes lässt sich als Hinweis darauf verstehen, dass nun die Zeit der dritten Generation angebrochen ist. Die nachapostolische Zeit hat damit einen neuen Blick auf den Bau der Kirche gewonnen.

Damit ist eine früher von J. Jeremias vertretene Variante abgelehnt, der statt Eckstein mit »Schlussstein« übersetzen wollte. Der

Schlussstein ist der letzte Stein im Gewölbe, der das Ganze trägt und hält, mit dessen Einbau jedoch der Bau vollendet ist. So ansprechend die Variante klingen mag, so wenig passt sie. Der Verfasser betont, dass der ganze Bau noch im Wachsen begriffen, also noch nicht vollendet ist: *in welchem der ganze Bau zusammengehalten wächst zum heiligen Tempel im Herrn.* Der Bau der Kirche ist noch nicht abgeschlossen, sondern wächst weiter auf seine endzeitliche Vollendung hin. In das auf zukünftige Vollendung hin offene Bild passt die Variante Schlussstein nicht. Viel organischer dagegen ist der mit dem Eckstein dreistufig gegliederte Bau, der im Wachstum begriffen ist und noch auf seine Vollendung harrt.

V. 21-22: Die Verse 21-22 sind konsequent parallel gebaut und runden das Bild ab: *in welchem der ganze Bau zusammengehalten wächst zum heiligen Tempel im Herrn, in welchem auch ihr mit auferbaut werdet zur Wohnung Gottes im Geist.* In beiden Versen ist nochmals das Wachstum bzw. der Aufbau zentral. Die Kirche ist kein abgeschlossenes Ganzes, sondern sie entwickelt sich, sie verändert sich. Die Einheit ist zwar schon gegeben in Christus als dem Eckstein und dem Fundament der Apostel und Propheten, das Ziel ist ebenfalls bestimmt: Dem *heiligen Tempel im Herrn* entspricht die *Wohnung Gottes im Geist.* Doch die Kirche ist noch auf dem Weg dorthin. Sie befindet sich damit in einem lebendigen Prozess des Wachstums und Aufbaus (vgl. 3,20), dessen Kräfte von Christus stammen, wie 4,12-16 zeigen wird.

Bei Kirche denken viele Menschen an ein Bauwerk. In diesem Abschnitt wird ein eindrückliches Bild von der Kirche als Haus Gottes gezeichnet: Das Gebäude mit Eckstein, Fundament und Bau ist dreigliedrig angelegt. Es erweist sich als Fortführung des ursprünglich zweigliedrigen Bildes – Fundament und Bau – wie es sich bei Paulus in 1Kor 3 findet. Aufgrund der fortgeschrittenen zeitgeschichtlichen Situation wurde das Bild erweitert und die neue Generation mit eingezeichnet. Der Bau ist noch nicht abgeschlossen, sondern wächst weiter. Jede Generation kann ein weiteres Stockwerk aufsetzen. Aber Jesus Christus bleibt der Eckstein, der dem ganzen Gebäude die Ausrichtung gibt. Und die Apostel sind das tragende Fundament. Wer an der Kirche weiterbaut, hat sich an dem Fundament der Apostel und Propheten zu orientieren. Ihr Zeugnis ist darum auch für die Zukunft wegweisend. Damit begegnet hier erstmals der Gedanke der Apostolizität. Er besagt, dass sich die Kirche am Zeugnis der Apostel auszurichten hat. Bis heute ist darum die Orientierung an der apostolischen Botschaft eines der vier grundlegenden Kennzeichen der Kirche, auf die gerade im ökumenischen Gespräch immer wieder Bezug genom-

men wird (siehe unten S. 109–113: »Das Wesen der Kirche nach dem Epheserbrief«).
Die Kirche als Haus Gottes wird aber nicht nur mit einem Gebäude verglichen, sondern besteht zugleich als Gemeinschaft derer, die es bewohnen. Das ist die Gemeinschaft der Heiligen über Raum und Zeit hinweg. Räumlich betrachtet umschließt die Kirche Himmel und Erde, denn es gehören Himmlische und Irdische, Engel und Menschen gleichermaßen dazu. Die Gemeinschaft umgreift aber auch die Zeit und schließt die bereits Verstorbenen wie die noch nicht Geborenen mit ein: Vergangene, gegenwärtige und künftige Generation gehören zusammen. So ist Kirche eine über Zeit und Raum hinausreichende Gemeinschaft mit Gott. Der Epheserbrief denkt hier in gewaltigen Dimensionen!

## 3,1–21
## 4. Die Bedeutung des Apostels

### 3,1–13
### a) Der Weg des Geheimnisses

¹Deshalb ich, Paulus, der Gefangene Christi Jesu für euch Heiden –
²ihr habt doch sicher von dem Heilsplan der Gnade Gottes gehört,
    die mir für euch verliehen wurde,
      ³dass mir nach der Offenbarung das Geheimnis bekannt gemacht wurde
        wie ich es in Kürze vorher beschrieben habe,
⁴damit ihr beim Lesen erkennen könnt meinen Einblick in das Geheimnis Christi,
    ⁵das in früheren Zeiten den Menschenkindern nicht bekannt gemacht wurde
    wie es jetzt seinen heiligen Aposteln und Propheten im Geist offenbart wurde,
      ⁶dass die Heiden Miterben sind
      und mit zum Leib gehören
      und mit teilhaben an der Verheißung
      in Christus Jesus durch das Evangelium,
        ⁷dessen Diener ich geworden bin
          nach dem Geschenk der Gnade Gottes,
           die mir verliehen wurde
             nach dem Wirken seiner Kraft.
⁸Mir, dem Allergeringsten von allen Heiligen, wurde diese Gnade verliehen,

den Heiden den unerforschlichen Reichtum Christi zu verkünden
⁹und alle zu erleuchten,
> was der Heilsplan des Geheimnisses ist,
> das verborgen ist vor den Äonen in Gott, dem Schöpfer des Alls,

¹⁰damit jetzt den Mächten und Gewalten in den Himmeln die vielfältige Weisheit Gottes durch die Kirche bekannt gemacht werde
¹¹nach dem ewigen Vorsatz,
> den er durchgeführt hat in Christus Jesus, unserem Herrn.

¹²In ihm haben wir den Freimut und den Zutritt voll Zuversicht
> durch den Glauben an ihn.

¹³Deshalb bitte ich darum,
> nicht zu verzagen an meinen Bedrängnissen für euch,
> dies ist eure Herrlichkeit!

V. 1: Nach der umfassenden Beschreibung des Heilsgeschehens im vorangehenden Abschnitt steht jetzt das Bild des Apostels im Mittelpunkt: *Deshalb ich, Paulus, der Gefangene Christi Jesu für euch Heiden*. Der Verfasser zeichnet vor den Augen seiner Leser das Bild des gefangenen Apostels. Auch wenn er von römischen Soldaten bewacht wird, ist er letztlich ein *Gefangener Christi Jesu*. Um seinetwillen erleidet Paulus die Gefangenschaft. Das geschieht *für euch Heiden*. Den Heiden das Evangelium zu bringen, das war die Lebensaufgabe des Apostels. Bewusst lässt der Verfasser hier schon anklingen, dass der Apostel im Gefängnis in die Fürbitte *für euch Heiden* vertieft ist. Doch hier in V. 1 stockt schon der Redefluss – nicht ohne Grund. Wesentliche Gedanken zum Amt des Apostels werden eingefügt. Erst in V. 14 wird das Bild weiter ausgeführt und dargestellt, wie Paulus für die Seinen die Knie beugt, um für sie im Gebet einzustehen. Die Unterbrechung ist bewusst. Denn damit umrahmt das Bild des für die Heiden betenden Apostels alle anderen Aussagen. Die betende Grundhaltung des Apostels soll unterstrichen werden. Denn das Gebet verbindet die Christen mit dem abwesenden Apostel. Seine Fürbitte schließt auch die gegenwärtigen Christen ein, selbst wenn Paulus schon tot ist.

V. 2-4: Doch nun zu den Gedanken über die Aufgaben des Apostels. Zunächst werden die Leser an ihr Vorverständnis erinnert: *ihr habt doch sicher von dem Heilsplan der Gnade Gottes gehört, die mir für euch verliehen wurde*. Der Verfasser erinnert sie daran, dass sie *doch sicher* etwas über Paulus gehört haben –

also wohl nicht ihn selbst gehört haben! Wie in 1,15ff kennen sie Paulus demnach nur vom Hörensagen. Deshalb holt der Verfasser hier aus und will seine Leser ganz grundsätzlich mit den Aufgaben des Apostels bekannt machen. Auf diese Weise sollen sie in seine Theologie eingeführt werden. Auch hier also ein wichtiges Indiz für die nachpaulinische Entstehung des Briefs! Der Verfasser erklärt seinen Lesern: Paulus bekam von Gott eine besondere Aufgabe zugeteilt. Ihm wurde das Geheimnis Christi offenbart mit dem Ziel, es in die Welt zu tragen. Der Apostel ist damit ein besonderes Werkzeug Gottes. Durch ihn geht das Evangelium an die Heiden. Und was nun eher nebenbei gestreift wird, sind für das Verständnis des Epheserbriefs sehr aufschlussreiche Zeilen: *wie ich es in Kürze vorher beschrieben habe*. Offenbar versteht der Verfasser die vorangehenden Kapitel seines Briefes als eine kurze Zusammenfassung der paulinischen Verkündigung. Zugleich lässt er erkennen, zu welchem Zweck er den Brief geschrieben hat: *damit ihr beim Lesen erkennen könnt meinen Einblick in das Geheimnis Christi*. Die dichte und mit zentralen theologischen Begriffen befrachtete Darstellungsweise, die uns in den vorangehenden Kapiteln auffiel, ist vom Verfasser durchaus beabsichtigt: *damit ihr beim Lesen erkennen könnt ...* In seiner kurzen zusammenfassenden Darstellung soll erkennbar werden, was das Charakteristische der paulinischen Theologie ist. Das berechtigt, den Epheserbrief als ein kurzes Kompendium paulinischer Theologie zu bezeichnen. Wohlgemerkt: *beim Lesen!* Die Briefempfänger können Paulus also nur noch beim Lesen bzw. beim Vorlesen im Gottesdienst begegnen – nicht mehr persönlich. Auch das ist ein Hinweis auf die nachpaulinische Entstehung des Briefes. Paulus ist zu einer literarischen Größe geworden.

V. 5: Leitwort des gesamten Abschnittes ist der Begriff *Geheimnis* (griech.: *mysterion*). Ein Geheimnis ist mehr als ein Rätsel. Ein Rätsel lässt sich mit der Vernunft und den Verstandeskräften lösen. Wenn es gelöst ist, ist es kein Rätsel mehr. Ein Geheimnis dagegen bleibt geheimnisvoll, weil es seiner Natur nach verborgen ist. Es lässt sich mit menschlichen Verstandeskräften nicht ergründen. Darum wird ein Geheimnis auch nicht gelöst; in ein Geheimnis wird man vielmehr eingeweiht, denn die Verborgenheit bleibt gewahrt. Hier ist vom Geheimnis Gottes bzw. *Christi* die Rede, das in Gottes Ratschluss verborgen ist. Dieses Geheimnis reicht in eine Tiefe hinab, die dem Menschen unzugänglich bleibt: *das in früheren Zeiten den Menschenkindern nicht bekannt gemacht wurde*. Es ist grundsätzlich verborgen. Kein Mensch kann von sich aus Einblick erhalten, wenn Gott es nicht offenbart. Mehrfach wird in den Paulusbriefen vom Geheimnis gesprochen, jeweils in der Gegenüberstellung: ›einst verborgen‹ – ›jetzt offenbar‹. Dem Heilsratschluss Gottes wohnt ein tiefes Geheimnis inne, so hatte der Verfasser schon in 1,9 betont. In den folgenden Versen wird weiter ausgeführt, was das Wesen dieses Geheimnisses ist.

Die Gegenüberstellung ›einst verborgen‹ – ›jetzt offenbar‹ ist charakteristisch für das sog. Revelationsschema. So hat man die Stellen in den Paulusbriefen bezeichnet, bei denen von der Offenbarung des bislang verborgenen göttlichen Geheimnisses die Rede ist: Röm 16,25f; Kol 1,26f und hier in Eph 3,4–7.8–11. Die Stellen weisen nämlich eine auffallende Ähnlichkeit auf und scheinen auf ein fest vorgeprägtes Schema zurückzugehen. Dazu gehört neben dem Element, dass das Geheimnis einst verborgen war, jetzt aber offenbar ist, als weiteres Charakteristikum, dass das Geheimnis von Seiten des Menschen nicht erkannt werden kann. Für wen es verborgen und wem es jetzt offenbart wird, das kann an den einzelnen Stellen wechseln. Immer haben dabei das Amt des Apostels und der Auftrag der Heidenmission einen wichtigen Stellenwert. Das sog. Revelationsschema hat auffallende Ähnlichkeiten mit der Weisheitsrede des Paulus in 1Kor 2,6–10. Die Thematik gründet in der alttestamentlich-jüdischen Vorstellung von der Weisheit. In Spr 8 wird sie als Person vorgestellt, die schon bei der Schöpfung bei Gott war und wie ein kleines Kind vor Gottes Thron spielt.

Hier in Eph 3,4ff bekommt das sog. Revelationsschema jedoch eine besondere Zuspitzung. Während nach Kol 1,26 das Geheimnis »allen seinen Heiligen« also allen Christen offenbart wird, wird es hier auf *seine heiligen Apostel und Propheten im Geist* eingeschränkt. Die Einschränkung hat besonderen Sinn. Sie macht auf die herausgehobene Stellung des Paulus aufmerksam. Paulus hat im Heilsplan Gottes eine wesentliche Rolle. Ihm wurde der *Einblick in das Geheimnis Christi* gewährt – wie V. 4 betont – damit durch ihn das Geheimnis weitervermittelt wird. Das macht die besondere Stellung der Apostel und Propheten aus, die nicht von ungefähr in 2,20 als Fundament bezeichnet wurden. Das Attribut *heilig* wird hierbei nur den Aposteln zugesprochen. Die Propheten sind als *Propheten im Geist* charakterisiert. Ehrfürchtiger Respekt klingt in dem Wörtchen *heilig* an, denn es meint an dieser Stelle eine besondere Ehrenstellung. So hätte Paulus bestimmt nicht von sich gesprochen! Um das Bild des Paulus wird bereits die Aura eines Heiligenscheins gemalt. Ein weiteres Indiz dafür, dass dieser Brief erst nach dem Tod des Paulus entstanden ist.
Die Zusammenstellung *Apostel und Propheten* taucht im Epheserbrief mehrfach auf (vgl. 2,20; 4,11). Klar ist, dass mit den Propheten nicht alttestamentliche Propheten, sondern Zeitgenossen der frühen Christenheit gemeint sind. Sie stehen den Aposteln direkt zur Seite. Könnte es sein, dass sich der Verfasser selbst als

Prophet bezeichnet hat? Auch er steht – wie der Brief zeigt – dem Apostel Paulus theologisch eng zur Seite. Eine Schwierigkeit bleibt jedoch: Nach 2,20 gehören die Propheten zum Fundament der Kirche und damit zur vergangenen Generation. Würde die Vermutung zutreffen, dann müsste sich der Verfasser noch der vorangehenden Generation zurechnen. Eindeutig lässt sich das nicht klären.

V. 6: Doch was ist nun das Geheimnis, das den Aposteln und Propheten offenbart wurde? Dazu müssen wir ein wenig ausholen. Wer dem Inhalt des Geheimnisses innerhalb der paulinischen Schriften nachspürt, wird unterschiedliche Aussagen finden. Paulus schreibt in 1Kor 2,7: »Wir reden von der Weisheit Gottes, die im Geheimnis verborgen ist, die Gott vorherbestimmt hat vor aller Zeit zu unserer Herrlichkeit«. Er denkt dabei an die verborgene Gegenwart Gottes im Gekreuzigten, wie sie im Wort vom Kreuz verkündet wird: »Denn das Wort vom Kreuz ist eine Torheit denen, die verloren werden, uns aber, die wir selig werden, ist's eine Gotteskraft« (1Kor 1,18). Diese göttliche Weisheit, als Geheimnis Gottes in Christus verborgen, konnte von Menschen nicht erkannt werden, »denn wenn sie die erkannt hätten, so hätten sie den Herrn der Herrlichkeit (= Christus) nicht gekreuzigt« (1Kor 2,8). Soweit Paulus im 1. Korintherbrief. Doch der Inhalt des Geheimnisses wandelt sich. Nach Kol 1,26 ist das »Geheimnis, das verborgen war seit ewigen Zeiten und Geschlechtern, nun aber offenbart ist« nichts anderes als »Christus in euch«. Sprachlich kann das »in euch« zweierlei heißen: Es ist der Christus, der *unter* euch verkündigt wird – oder: Es ist der Christus, der *in* euren Herzen wohnt. Man muss wohl beides zusammenhören. Wo Christus unter den Menschen verkündigt wird, nimmt er Wohnung in ihren Herzen. Jedenfalls ist die Veränderung vom 1. Korintherbrief zum Kolosserbrief deutlich: Vom Geheimnis der Gegenwart Gottes in Christus – insbesondere in seinem Leiden am Kreuz – verwandelt es sich zum Geheimnis der Gegenwart Christi unter bzw. in den Briefempfängern. Der Epheserbrief geht noch einen Schritt weiter. Er beschreibt als Inhalt des Geheimnisses: *dass die Heiden Miterben sind und mit zum Leib gehören und mit teilhaben an der Verheißung in Christus Jesus durch das Evangelium.* Was Inhalt des Geheimnisses sein soll, klingt hier zunächst völlig anders. Es geht um die Zugehörigkeit der Heiden zum Heil: Sie sind Miterben, sie haben Anteil am Leib Christi und sind Mitteilhaber der Verheißung.

Doch diese Veränderungen zeigen sich als konsequente Weiterentwicklung, wenn man bedenkt, dass der Grundgedanke durchgehend die geheimnisvolle Gegenwart Gottes in der Welt ist. In

Christus war Gottes Gegenwart leibhaftig in der Welt (so der 1. Korintherbrief). Durch Christus vermittelt sie sich an die Welt: Sie wohnt deshalb durch die Verkündigung in bzw. unter den Gläubigen (so der Kolosserbrief). Nun soll sich die Gegenwart Gottes mehr und mehr ausbreiten und Raum greifen in der Welt, sogar unter den Heiden (so der Epheserbrief). Das vollzieht sich, indem *die Heiden Miterben sind und mit zum Leib gehören und mit teilhaben an der Verheißung in Christus Jesus durch das Evangelium.* Die Wortwahl ist singulär, denn wörtlich wird hier vom ›Mitleib‹ gesprochen. Die Heiden haben damit teil am Leib Christi. Was in Kol 1,26 den Briefempfängern zugesprochen wurde, wird jetzt allgemein ausgedrückt.

Damit nimmt der Vers nochmals auf, was im vorangehenden Abschnitt 2,11–18 gesagt war. Dort hatte der Verfasser die beiden Versöhnungslinien von Heiden und Juden, von Gott und Mensch betont. Man könnte an 2,16 denken: Am Kreuz, im Gekreuzigten, ist der Leib Christi erschaffen, der nun wächst und die Heiden mit einschließt. So wird die gottferne Welt mehr und mehr vom wachsenden Leib Christi ergriffen. Das geschieht *in Christus Jesus durch das Evangelium.* Durch die Verkündigung des Evangeliums werden die Heiden bekehrt und so zu Gliedern am Leib Christi gemacht. In der weltweiten Verkündigung wird im Laufe der Zeiten dieser Leib immer größer und weiter. Das ist das Geheimnis auf dem Weg zur Verwirklichung der letzten Vollendung – wie es bereits in 1,10 dargestellt worden war, um *in Christus zusammenzufassen, was in den Himmeln und was auf der Erde ist in ihm.*

V. 7: Elegant führt der Verfasser die weit ausholenden Gedanken wieder zurück zum ursprünglichen Thema, dem Amt des Apostels: *dessen Diener ich geworden bin ...* Das Amt des Paulus war Ausgangspunkt für die Überlegungen über das Geheimnis Gottes gewesen. Paulus hat in der Verwirklichung des Geheimnisses seinen festen Platz. Er ist *Diener des Evangeliums.* Er ist das allein aus Gnade geworden, indem er vom Christenverfolger zum Apostel berufen wurde. Mit dem Lobpreis des *Geschenks der Gnade Gottes, die mir verliehen wurde* knüpfen die Ausführungen wörtlich an die Formulierung von V. 2 an. In dem reinen Gnadengeschenk gründet ja auch das Herzstück der paulinischen Botschaft, die Rechtfertigung allein aus Gnade. Sie hat ihren Ursprung in der Auferstehungskraft Christi: *nach dem Wirken seiner Kraft.* Paulus hatte das am eigenen Leib erlebt. Wo der Verfasser von der Kraft Gottes spricht, ist immer jene österliche Auferstehungskraft Christi im Blick (vgl. 1,20ff). Diese Auferstehungskraft hatte Paulus in seiner Berufung erfahren. So wurde er Diener des Evangeliums *nach dem Geschenk der Gnade Gottes, die mir verliehen wurde nach dem Wirken seiner Kraft.*

V. 8: Sprachlich spiegeln sich hier die Aussagen von V. 7. Wieder geht es um die verliehene Gnade: *Mir, dem Allergeringsten von allen Heiligen, wurde diese Gnade verliehen.* Eingefügt ist jetzt allerdings jener tief demütige Einschub: *dem Allergeringsten von allen Heiligen.* Der Apostel wird nicht nur als der Geringste bezeichnet, sondern der Superlativ wird sogar noch gesteigert, was im Deutschen am besten mit ›Allergeringsten‹ wiedergegeben wird. Im Vergleich zu den Selbstaussagen des Paulus in den echten Briefen wird deutlich: Was hier gesagt wird, nimmt die Selbstbeschreibung des Paulus aus 1Kor 15,9 auf. Dort hatte Paulus von sich gesagt: »Denn ich bin der geringste unter den Aposteln, der ich nicht wert bin, dass ich ein Apostel heiße, weil ich die Gemeinde Gottes verfolgt habe.« In diesem Zusammenhang hatte Paulus sich sogar als eine »Fehlgeburt« bezeichnet (1Kor 15,8). Das kann der Verfasser, den man sich als treuen Paulusschüler vorstellen muss, so nicht nachsprechen. Aber er greift das Motiv auf und fasst es in seiner Formulierung vom *Allergeringsten von allen Heiligen* zusammen.

Das Bild, das hier von Paulus gezeichnet wird, bleibt damit ganz innerhalb der Vorgaben von 1Kor 15,8.9. Hier begegnet kein Charakterzug, der nicht aus den Paulusbriefen schon bekannt wäre. Auch das ist ein Indiz für die nachpaulinische Entstehung des Briefes.

Die Aufgabe des Paulus ist, *den Heiden den unerforschlichen Reichtum Christi zu verkünden.* Bereits in Gal 1,16 (vgl. 2,7) hatte Paulus von seiner Aufgabe der Verkündigung unter den Heiden gesprochen. Hier wird das Evangelium als *unerforschlicher Reichtum Christi* bezeichnet. Wieder begegnet jene geheimnisvolle Sprache, mit der das Geheimnis des göttlichen Ratschlusses angedeutet wird. Das Evangelium ist ja nicht nur eine ›gute Nachricht‹ unter den vielen Nachrichten dieser Welt. Im Evangelium eröffnet sich ein für uns Menschen unergründbarer Reichtum (vgl. Röm 11,33), der seinen Ursprung im Geheimnis Gottes hat. Insofern trifft die Umschreibung des Evangeliums genau den Kern.

V. 9: *Und alle zu erleuchten, was der Heilsplan des Geheimnisses ist, das verborgen ist vor den Äonen in Gott, dem Schöpfer des Alls* ... Die geheimnisvolle Sprache setzt sich fort! Es geht um die Erleuchtung, *was der Heilsplan des Geheimnisses ist.* Wieder tauchen hier die wesentlichen Elemente des sog. Revelationsschemas auf: Die Gegenüberstellung ›einst verborgen‹ – ›jetzt offenbar‹ (V. 9.10) gehört dazu wie das Amt des Paulus und der Auftrag zur Heidenmission – das sind die wesentlichen Bestandteile des Schemas. Doch warum benutzt der Verfasser zweimal kurz hintereinander dieses Schema? Es mag zunächst irritieren, klärt sich aber auf, wenn man die jeweiligen Adressaten beachtet. In V. 3–6 waren die Adressaten eingeschränkt. Nur den heiligen Aposteln und Propheten im Geist war das Geheimnis offenbart worden. Jetzt ist keiner mehr ausgeschlossen. Alle sollen erleuchtet werden: *und alle zu erleuchten, was der Heilsplan des Geheimnisses ist.* Ja, die folgenden Verse werden zeigen, dass die Offenbarung des Geheimnisses über die Menschen sogar noch hinausgeht!

V. 10: Denn jetzt wird das Ziel der göttlichen Offenbarung des Mysteriums deutlich: *damit jetzt den Mächten und Gewalten in den Himmeln die vielfältige Weisheit Gottes durch die Kirche bekannt gemacht werde.* Indem Paulus das Evangelium an die Heiden weiterträgt und die Heiden nun zum Leib Christi gehören, also »Mitleib« werden (V. 6), wird den Mächten und Gewalten in den Himmeln die Weisheit Gottes bekannt gemacht. *Durch die Kirche,* also durch jene Versöhnungsgemeinschaft, die unter Heiden und Juden gestiftet ist, erkennen die himmlischen Mächte Gottes letztgültigen Ratschluss, seine *vielfältige Weisheit.* Welche Mächte und Gewalten sind gemeint? Sind es Engel oder Dämonen? Hilfreich ist 1Petr 1,12, wo in ähnlichem Zusammenhang von der Verkündigung des Evangeliums an die Menschen gesprochen wird, »was auch die Engel begehren zu schauen«. Es sind also sicher nicht widergöttliche Mächte gemeint, sondern Gottes hilfreiche Geister, denen wohl ebenfalls der Ratschluss Gottes verborgen ist. Der tiefe Blick ins Herzen Gottes war ihnen noch verwehrt. Er wurde erst durch die Menschwerdung Christi ermöglicht und hatte zur Folge, dass das Geheimnis Gottes auf Erden wohnt. Die Offenbarung des Geheimnisses hat sich damit auf der Erde abgespielt und reicht von da aus in den Himmel. Deshalb kann es erst danach zu den Engeln gelangen. Die Engel erkennen Gottes letzten Ratschluss, weil sie auf der Erde die versöhnte Gemeinschaft von Heiden und Juden erblicken. Das mag man sich ganz bildhaft vorstellen: Indem die Engel erkennen, dass auf Erden die Trennung von Heiden und Juden aufgehoben ist, wird ihnen deutlich, was das letzte Geheimnis der Weisheit Gottes ist, das ihnen bislang verborgen geblieben war.

*Vielfältig* nennt der Verfasser die Weisheit, weil sie unerschöpflich mannigfaltig ist. Man könnte auch von der »farbenprächtigen Weisheit« sprechen: Alle Farbschattierungen umschließt sie, wie der Weg Christi zeigt: Christus ist in seiner Person der Friede, der sich ausbreitet unter den Völkern in der neuen Versöhnungsgemeinschaft und schließlich auch die Mächte des Himmels mit einschließt. So durchwaltet der Friede mehr und mehr das Weltganze (vgl. 1,22). Jetzt lässt sich erkennen, was für ein umfassendes Bild der Verfasser von der Kirche hat. Die Kirche wächst als Leib Christi immer weiter – über die Gemeinschaft von Heiden und Juden hinaus bis zur Gemeinschaft mit den Engeln. Damit unterteilt der Verfasser nicht in eine sichtbare und unsichtbare Kirche, wie das in der Reformation wichtig wurde. Vielmehr sieht er die Kirche als einen umfassenden, ständig wachsenden Leib, der kosmische Dimensionen hat.

V. 11: Die Durchdringung des Kosmos durch den Frieden Christi ist deshalb nicht erst eine Reaktion auf die vielen Enttäuschungen, die die Menschen Gott bereitet haben, sondern war von vornherein von Gott als Ziel gesetzt. Das wird nun betont: *nach dem ewigen Vorsatz, den er durchgeführt hat in Christus Jesus, unserem Herrn.* Der Vorsatz Gottes bestand von Ewigkeit her und ist jetzt Wirklichkeit geworden in Jesus Christus. Das hatte der Verfasser bereits in der Darstellung des Heilsplans in der Briefeingangseulogie 1,3–14 deutlich gemacht. Wieder zeigt sich sein Grundanliegen: Gottes Plan gilt unverbrüchlich!

V. 12: Mit der Beifügung *unserem Herrn* hat der Verfasser im vorangehenden Vers die Blickrichtung wieder auf die Situation der Glaubenden zurückgelenkt. Trotz der kosmischen Weite, die diesen Brief durchzieht, werden die Briefempfänger nicht vergessen: *In ihm haben wir den Freimut und den Zutritt voll Zuversicht durch den Glauben an ihn.* Der freie Zutritt zu Gott durch den Glauben, das ist ja die zentrale paulinische Botschaft, die in 2,18 schon einmal betont worden war (vgl. Röm 5,2; 2Kor 3,4.12). Mit *Freimut und Zutritt* beschreibt der Verfasser zwei Seiten ein und desselben Vorgangs. Mit *Freimut* ist die persönliche, innere Freiheit gemeint, die den Christen in Christus geschenkt ist und die auch durch äußere Gefangenschaft nicht genommen werden kann (vgl. dazu die Auslegung von 6,19). Mit *Zutritt* benennt der Verfasser die objektive Seite. Denn Zutritt ist ein kultischer Begriff aus dem Alten Testament (vgl. 2,18 sowie Röm 5,2). Im alten Israel war den Menschen der Zutritt zum Tempel verwehrt. Sie durften nur den entsprechenden Vorhof (der Heiden, der Frauen, der Männer) betreten. Lediglich die Priester hatten Zutritt zum Inneren des Tempels. Doch auch ihnen war das Betreten des Allerheiligsten verboten, das durch einen Vorhang abgetrennt war. Nur einmal im Jahr am Großen Versöhnungstag trat der Hohepriester mit einer Schale Opferblut hinter den Vorhang vor Gottes heilige Gegenwart, die man sich über der Bundeslade thronend vorstellte. In Christus ist das anders geworden. Jetzt steht dieser Zutritt jedem offen, der *in ihm* (= Christus) ist. Darum ist es ein *Zutritt voll Zuversicht.* Er ist eröffnet *durch den Glauben an ihn* (= Christus).

In aller Freiheit ist uns der Zutritt gestattet – nicht etwa zum Allerheiligsten im Tempel –, sondern zu Gottes heiligem Angesicht. Damit dürfen wir vor den Schöpfer des Universums treten. In Christus ist die Gemeinschaft mit Gott Wirklichkeit geworden.

V. 13: Der Verfasser schließt nun mit einer ganz konkreten, auf die Hörer zugeschnittenen Bitte: *Deshalb bitte ich darum, nicht zu verzagen an meinen Bedrängnissen für euch, dies ist eure Herrlichkeit!* Er greift auf, was schon in V. 1 Thema war: Die Leiden des Paulus in der Gefangenschaft. Seine Bedrängnisse sind durch die Verkündigung verursacht. Wenn die Briefempfänger sein Leiden sehen, sollen sie nicht verzagen, sondern im Gegenteil erkennen, dass seine Leiden sie bestärken und ermutigen können. Denn was er durchmacht, dient ihnen zur Stärkung: *dies ist eure Herrlichkeit.* Durch sein Martyrium legt Paulus Zeugnis ab für die Wahrheit der Botschaft und ermutigt andere, furchtlos für den Glauben einzutreten. Aber nicht nur das. Wie im vorangehenden Abschnitt deutlich wurde, hat das Leiden des Paulus eine wichtige Stellung im Fortgang der Heilsgeschichte. Durch Paulus ist das Geheimnis Gottes, das Heilsmysterium, zu den Heiden gekommen. Sein Leiden, seine Bedrängnisse haben damit nochmals eine besondere Qualität. Der Verfasser greift einen Gedanken auf, der schon in Kol 1,24 formuliert worden war: »Nun freue ich mich in den Leiden, die ich für euch leide, und erstatte an meinem Fleisch, was an den Leiden Christi noch fehlt, für seinen Leib, das ist die Gemeinde.« Wer Kol 1,24 unbefangen liest, könnte sich fragen, ob das Leiden Christi etwa nicht vollkommen gewesen sei und der Apostel das nun durch sein Leiden vollenden müsse. So ist das in Kol 1,24 aber nicht gemeint! Das mögliche Missverständnis hat der Verfasser des Epheserbriefs durch seine Klarstellung ausgeräumt. Er streicht den Satz, dass an den Leiden Christi noch etwas fehlen könne, und macht deutlich, dass die Bedrängnisse des Paulus den Briefempfängern als ehemalige Heiden insofern zugutekommen, als durch das Wirken (und Leiden!) des Paulus das Evangelium seinen Weg auch zu ihnen gefunden hat.

Geheimnisträger haben eine besondere Bedeutung. Dem Apostel Paulus wurde das Geheimnis Gottes offenbart. Er hatte damit den besonderen Auftrag, das Geheimnis an die Heiden weiterzugeben. Nach dem Ratschluss Gottes sollten die Heiden mit dazugehören. Die bisherige Trennung zwischen Heiden und Juden ist damit überwunden. Sie sind eine Gemeinschaft, ein Leib in Christus. Wie der Verfasser in zwei Schritten darstellt, geht das Geheimnis Gottes einen besonderen Weg: Gottes geheimer Ratschluss, der von Uranfang an verborgen war, ist in Jesus Christus auf die Erde gekommen und wurde zunächst nur den Aposteln offenbart. Die Apostel sind darum ein besonderes Werkzeug im Plan Gottes. Denn durch die Verkündigung der Apostel hat sich der Heilsplan jetzt verwirklicht: In Christus gehören Heiden und Juden zu einer Gemeinschaft zusammen und haben freien Zutritt zu Gott. Wo diese Gemeinschaft Wirklichkeit wird, können nun auch die Engel im Himmel erblicken, was das tiefste Geheimnis Gottes ist.

Dem Verfasser liegt vor allem daran, vom Geheimnis zu reden. Damit stellt er heraus, dass die Erkenntnis von Gottes Handeln keine Leistung des menschlichen Intellekts ist, sondern eine Einsicht, die ausschließlich Gott durch seine Offenbarung verleiht. Diese Offenbarung soll immer mehr Menschen einschließen und zur Erkenntnis führen. Dafür hat Gott einen festen Plan, in dem der Apostel entscheidende Funktion hat. Zugleich stellt uns der Abschnitt die Frage, wie wir heute Menschen auf dieses Geheimnis hinweisen können.

Der Abschnitt lässt aber auch einige Rückschlüsse auf das Selbstverständnis des Verfassers zu. Wieder ist von den *Aposteln und Propheten* (3,5) die Rede, doch weiß man nichts Näheres über diese Propheten. Gemeint sind wohl neutestamentlichen Propheten. Sind sie Wegbegleiter der Apostel gewesen? Man kann fragen, ob der Verfasser sich selbst als einen dieser Propheten verstanden und den Apostel auf seinen Wegen begleitet hat, und ob er sich von daher beauftragt sah, die paulinische Botschaft durch die Abfassung dieses Briefes für die Nachwelt zu erhalten. Das lässt sich zwar nicht beweisen, ist aber eine naheliegende Vermutung. Deutlich erkennen kann man jedoch, dass der Verfasser die vorangehenden Kapitel seines Briefes als eine Art Zusammenfassung der paulinischen Botschaft verstanden hat (*wie ich es in Kürze vorher beschrieben habe*, 3,3). Er betont, dass die Briefempfänger beim Lesen Einblick in das Geheimnis erhalten, das Paulus auszurichten hatte. Daraus muss man schließen, dass die Briefempfänger Paulus offensichtlich nicht mehr persönlich kennen. So legt sich der Rückschluss nahe, dass Paulus zur Zeit der Abfassung des Briefes bereits tot war.

## 3,14–21
### b) Die Fürbitte des Apostels

¹⁴Deshalb beuge ich meine Knie vor dem Vater,
   ¹⁵von dem jede Vaterschaft im Himmel und auf Erden ihren Namen hat,
¹⁶dass er euch gebe nach dem Reichtum seiner Herrlichkeit,
   an Kraft stark zu werden durch seinen Geist am inneren Menschen

¹⁷und Christus durch den Glauben in euren Herzen Wohnung nehmen zu lassen
in Liebe eingewurzelt und gegründet,
¹⁸dass ihr im Stande seid
zu begreifen mit allen Heiligen,
was die Breite, die Länge, die Höhe und die Tiefe sei,
¹⁹und zu erkennen die alle Erkenntnis übertreffende Liebe Christi
dass ihr erfüllt werdet mit der ganzen Fülle Gottes.
²⁰Dem, der da über alles zu tun vermag
überschwänglich mehr als wir erbitten oder begreifen
nach der Kraft, die in uns wirkt,
²¹dem sei Herrlichkeit in der Kirche und in Christus Jesus
für alle Generationen des Äons der Äonen. Amen.

Das Gebet, mit dem der Verfasser den ersten großen Hauptteil abschließt, ist in sich kunstvoll gegliedert. Es ist sinnvoll, sich den Aufbau zu vergegenwärtigen. Nach der Gebetseröffnung (V. 14–15) folgen drei Fürbitten (V. 16–19), in denen der Apostel für die Briefempfänger bittet. In der ersten Bitte geht es um das Wachstum des Glaubens (V. 16–17), in der zweiten um das Wachstum der Erkenntnis (V. 18–19a), in der dritten um die vollkommene Erfüllung (V. 19b). In V. 20–21 wird das Gebet mit einem liturgischen Lobpreis abgeschlossen.
Damit ergibt sich folgende schematische Gliederung:

V. 14        Gebetseröffnung, Anrede Gottes als Vater
V. 15        Erweiterung: Die Bedeutung des Vaternamens

V. 16–19     Fürbitten
V. 16–17     Fürbitte 1: Wachstum des Glaubens
             a) Stark werden am inneren Menschen (individuell-anthropologisch)
             b) Einwohnung Christi und seiner Liebe (christologisch)
V. 18–19a    Fürbitte 2: Wachstum der Erkenntnis
             a) Begreifen der Ausmaße des Heils (universal-ekklesiologisch)
             b) Erkennen der Liebe Christi (christologisch)
V. 19b       Fürbitte 3: vollkommene Erfüllung mit der Fülle Gottes
V. 20/21     Doxologie
             a) ekklesiologisch und b) christologisch formuliert.

V. 14: Jetzt erst kommt der Verfasser dazu, den in V. 1 mit *Deshalb* begonnenen Satz weiterzuführen. Endlich lässt er Paulus niederknien, damit er Fürbitte halten kann für seine Briefempfänger: *Deshalb beuge ich meine Knie vor dem Vater.* Mit dem Beugen der Knie wird hier ganz konkret der Gebetsvollzug beschrieben. Es ist zugleich Ausdruck eines feierlich anbetenden Bekenntnisses (vgl. Phil 2,10). Schon im Alten Testament steht das Beugen der Knie für die Gottesverehrung schlechthin (vgl. 1Kön 19,18; Ps 22,30; Jes 45,23; sowie Röm 11,4; 14,11). Beim Beten gehören Leib und Seele zusammen. Es gehört zum alten Wissen, dass die äußere leibliche Gebärde den inneren Vollzug des Betens beeinflusst. Das Beugen der Knie ist somit Geste für das unterwerfende, sich ganz ausliefernde Gebet.

Betont herausgestellt ist die Anrufung Gottes als Vater. Während im Alten Testament der Vatertitel aus Scheu eher vermieden wird, wendet sich das christliche Gebet in seiner letzten Tiefe an den Vater. Durch Jesus Christus ist die Anrufung Gottes als Vater eröffnet (vgl. 1,3.17; 2,18; 4,6; 5,20; 6,23). Dem entspricht nicht nur das von Jesus gelehrte Vaterunser, sondern auch das geistgewirkte Abba-Rufen, das unter den ersten Christen geübt worden sein muss (vgl. Gal 4,6; Röm 8,15). Unbezweifelbar geht das Gebet zum Vater auf Jesus selbst zurück, wie es im Getsemanegebet überliefert ist (vgl. Mk 14,36 und Parallelen). In der Anrufung Gottes als Vater kommt die innige Beziehung und zugleich die heilige Verehrung zum Ausdruck. Menschen, die eine belastete Vaterbeziehung erlebt haben, könnte es schwer fallen, Gott als Vater anzurufen. Aber wer sich auf die tief im Menschen verankerte Ursehnsucht nach einem gütigen Vater besinnt – ohne an menschliche Vorbilder zu denken – kann neu einen Zugang zur Anrufung Gottes als Vater finden.

V. 15: Durch die Erweiterung *von dem jede Vaterschaft im Himmel und auf Erden ihren Namen hat* wird auf den Vatertitel besonderes Gewicht gelegt. *Vaterschaft* meint nicht ein abstraktes ›Vatersein‹, sondern eine Gemeinschaft, die auf einen erschaffenden Stammvater zurückgeht. So heißt *Vaterschaft* hier soviel wie Familie. Offenbar versteht der Verfasser das Weltganze (*im Himmel und auf Erden*) nach Art von Familien aufgebaut. Er sieht in den Familien jeweils einen Hinweis auf den einen Vater, der allein der wirkliche Vater sein kann – so hat es Ernst Gaugler in seiner Auslegung betont (S. 151). Sicherlich ist er mit davon beeinflusst, dass die *familia*, die Familie, die soziale Grundeinheit in der Antike war (vgl. dazu die Haustafel 5,21 – 6,9). Der Verfasser mag wohl an die Hierarchien der Engel im Himmel denken, an die verschiedenen Sippen, die auf ein Volksganzes hingeordnet sind, an den gegliederten Aufbau eines Staatswesens, an Tier- und Pflanzengemeinschaften. Es geht also um die Ur-Vaterschaft Gottes. In seiner Fürsorge als Schöpfer bringt er letztendlich alles hervor. Gott

als Vater steht über allem, und alles hat nur durch ihn und von ihm her Bestand (vgl. 4,6 sowie 1Kor 8,6). Zum Vater beten heißt deshalb, mit dem Weltenlenker selbst in Kontakt zu treten. *Ihren Namen haben* ist hebräische Ausdrucksweise und meint nichts anderes, als dass sie durch Gott ihr konkretes Dasein haben.
Damit hat der Vatertitel im Epheserbrief grundlegende Bedeutung. Ausgehend von 1,3, wo Gott eingeschränkt nur als »Vater unseres Herrn Jesus Christus« bezeichnet wird, öffnet sich im Verlauf des Briefes der Vaterbegriff. In 1,17 wird er als »Vater der Herrlichkeit« angerufen und in 4,6 als »Vater aller« bezeichnet. Es wird deutlich, wie sich der Vatertitel immer mehr weitet. Die Anrede Gottes als Vater ist also nicht nur die Übertragung eines irdischen und manchmal auch problematischen Bildes auf Gott. Vielmehr gilt umgekehrt: Wo im irdischen Bereich vom Vater die Rede ist, ist es ein Abbild der göttlichen Vaterschaft. Gerade das ermöglicht auch Menschen mit einer belasteten Vaterbeziehung, einen Zugang zur Anrufung Gottes als Vater zu finden.

V. 16-19: Die drei Fürbitten, die sich nun anschließen, bauen aufeinander auf. Im Hintergrund steht dabei das Bild vom Tempel. Wie der Tempel ein Gebäude ist, in dem Gott wohnt, so sollen die Glaubenden zum Tempel Gottes werden. Die Anklänge sind deutlich: V. 17 spricht von der Einwohnung Christi in den Herzen und greift auf die Vorstellung zurück, dass Gott im Tempel wohnt. Außerdem nimmt das *in Liebe gegründet* auf das alte Motiv der Gründung des Tempelfundaments Bezug. In V. 18 geht es um die Erkenntnis der Maße – eine zunächst fremd anmutende Formulierung. Doch erinnern die Worte an die prophetischen Texte bei Sach 2,6 und Ez 40,3ff; 41,13, wo es um die Abmessung des neuen Heiligtums geht. Schließlich ist in V. 19 davon die Rede, *dass ihr erfüllt werdet mit der ganzen Fülle Gottes.* Bereits in Ex 40,34f erfüllt die Herrlichkeit Gottes die Stiftshütte und in Jes 6,1 erfüllt der Saum des Königsmantels Gottes den Tempel. Von da aus wird die ganze Welt mit seiner Herrlichkeit erfüllt, wie es die Engel singen (Jes 6,3). Der Tempel auf dem Zion ist nicht nur der Ort, an dem die Heiligkeit des höchsten Herrn der himmlischen Heerscharen gegenwärtig ist (»Heilig, heilig, heilig«), sondern von dem aus die gesamte Welt mit seiner Herrlichkeit erfüllt wird: »alle Lande sind seiner Ehre voll!« Diese beiden Elemente sind auch für die Fürbitten V. 16–19 konstitutiv. Angebetet wird der Vater aller Vaterschaft, seine Einwohnung ist Thema der ersten Fürbitte. Die zweite und dritte Fürbitte dagegen zielen auf die universal kosmische Erfüllung *mit der ganzen Gottesfülle.* Es geht also auch hier um das Gegenwärtig-Werden der Jenseitigkeit Gottes. Der Tempel, von dem nach alttestamentlicher Erwartung die Erfüllung der Welt ausgehen soll, ist hier die Gemeinschaft der Glaubenden! »Ihr seid der Tempel Gottes!«, das hatte schon Paulus immer wieder betont (vgl. 1Kor 3,16; 2Kor 6,16). Die Bildsprache der alttestamentlichen Tempelvorstellung ist Grundlage für das hier vorliegende Fürbittengebet. Und nun zu den Fürbitten im Einzelnen.

V. 16–17: Die erste Fürbitte zielt auf den Einzelnen. Hier wird von der Geistbelebung des inneren Menschen gesprochen: *dass er euch gebe nach dem Reichtum seiner Herrlichkeit, an Kraft stark zu werden durch seinen Geist am inneren Menschen.* Das ist aus anthropologischer, aus menschlicher Perspektive gesprochen. Was das aber heißt, wird im zweiten Teil der Fürbitte (V. 17) aus christologischer Perspektive, also aus dem Blickwinkel Christi gesagt: *Christus durch den Glauben in euren Herzen Wohnung nehmen zu lassen in Liebe eingewurzelt und gegründet.*

Zwei parallele Begriffe interpretieren sich gegenseitig: innerer Mensch und Einwohnung Christi im Herzen. Was ist damit gemeint? Das Herz – nach biblischer Vorstellung das Personzentrum des (ganzen) Menschen – interpretiert damit auch den Begriff ›innerer Mensch‹. Innerer Mensch, das ist also nicht bloß ein Stückchen Innerlichkeit, die Seele, das Gute oder der unsterbliche Teil im Menschen. Der innere Mensch ist vielmehr der *ganze* Mensch hinsichtlich seiner Beziehung zu Gott (vgl. auch Röm 7,22; 2Kor 4,16). Der innere Mensch ist damit der eigentliche, wahre und glaubende Mensch, der neue, in Christus gegründete Mensch (vgl. 4,24). Im Gegensatz dazu steht der Mensch, wie er sich in der Welt ohne Gott vorfindet: mit seinen Brüchen, seiner Zerrissenheit und seinen Widersprüchen. Dass der innere Mensch wächst, stark wird durch die Kraft des Geistes, dass er sich mehr und mehr ausprägt und unser Leben formt, darum geht es im ersten Teil der Fürbitte. Dass diese Formung und Verwandlung jedoch ein unverfügbares Geschehen ist, betont der zweite Teil der Fürbitte. Es bleibt allein der Einwohnung Christi im Herzen vorbehalten, wo und wann immer das geschieht. Wo Christus in das Herz einzieht, da wird der Mensch von Grund auf verwandelt und erfüllt. In seiner Liebe sind wir *eingewurzelt und gegründet.* Christus als Eckstein des Tempels (vgl. 2,20) ist die Verankerung des neuen Seins.

So hat die doppelte Ausführung der ersten Fürbitte ein Ziel: Mit der Rede vom inneren Menschen betont sie, dass der Glaube nicht mit einem Mal fertig dasteht, sondern ein Prozess ist, zu dem notwendig Wachstum, Starkwerden und darum die Einübung gehört. Mit der Rede von der Einwohnung Christi dagegen wird hervorgehoben, dass der Glaube keine menschliche Leistung, sondern einzig und allein das Geschenk Christi ist.

**V. 18–19a:** Die zweite Fürbitte geht über die individuelle, persönliche Ebene hinaus auf die universale Ebene der Gemeinschaft der Christen. Wieder interpretieren sich die parallelen Infinitivsätze gegenseitig, und wieder drückt der erste allgemein aus, was der zweite aus dem Blickwinkel des Christusgeschehens beschreibt: *dass ihr im Stande seid zu begreifen mit allen Heiligen, was die Breite, die Länge, die Höhe und die Tiefe sei, und zu erkennen die alle Erkenntnis übertreffende Liebe Christi.*
Spricht die erste Fürbitte vom Glauben, so die zweite vom Erkennen. Glauben und Erkennen sind hier kein Gegensatz, wie man zunächst meinen könnte. Erkenntnis ist vielmehr eine Vertiefung des Glaubens. Denn es geht nicht bloß um intellektuelle Erkenntnis, sondern um ein Innewerden, um ein ganzheitliches Erkennen, um ein Vollziehen mit allen Sinnes- und Verstandeskräften. Die Glaubenserkenntnis ist nicht nur individualistische Erbauung, sondern Erfüllung mit Gottes Herrlichkeit – dies in zweierlei Hinsicht. Niemand glaubt für sich allein, sondern stimmt mit seinem Glauben ein in den Chor der Heiligen (*mit allen Heiligen* V. 18), in einen Raum der Gemeinschaft und Verbundenheit mit den anderen Christen über Zeit und Raum hinweg. Zugleich aber eröffnet sich eine kosmische Dimension. Die Glaubenserkenntnis lässt die Welt durchsichtig werden für die jenseitige Gegenwart Gottes und zeigt, wie die Welt von Gottes Liebe erfüllt wird. Der Raum der Liebe breitet sich aus in dieser Welt. Mit den Maßangaben *was die Breite, die Länge, die Höhe und die Tiefe sei,* wird nicht nur auf das alttestamentliche Motiv der Tempelvermessung Bezug genommen und die drei Dimensionen des Raumes umschrieben (vgl. dazu Sach 2,5–9; Ez 40,3 – 42,20; Jer 31,39; Apk 11,1; 21,15–17). Vielmehr wird zugleich der ins Unermessliche gehende Heilsraum von Gottes Liebe angedeutet: Die unermessliche Weite von Gottes Liebe, mit der er die Welt erfüllen will. Dieses Ziel ist kaum zu begreifen und sprengt darum die Grenzen menschlichen Erkennens: *zu erkennen die alle Erkenntnis übertreffende Liebe Christi.* Man spürt in der widersprüchlichen Formulierung (*Oxymoron!*) das Staunen über eine sich ins Unermessliche weitende Erkenntnis: Gottes Handeln ist größer, weiter und herrlicher als unser menschlicher Verstand es je erahnen könnte! Daraus resultiert nicht nur ein neues Wirklichkeitsverständnis, sondern zugleich auch eine hohe Weltverantwortung der Christen.
**V. 19b:** Die dritte Fürbitte ist die letzte Stufe im Dreischritt der Bitten. Sie bringt die vollkommene Erfüllung mit der Herrlichkeit Gottes zum Ausdruck, die Einswerdung mit Gott selbst: *dass ihr erfüllt werdet mit der ganzen Fülle Gottes.* Die Vollendung wird alles menschliche Maß des Erkennens hinter sich lassen. Die Er-

füllung mit der *ganzen Fülle Gottes* heißt: Gott wird sein alles in allem (1Kor 15,28; vgl. 1,23). Dahinter steht keine hellenistisch-pantheistische Spekulation wie sie damals im Römischen Reich durchaus beliebt war, sondern hier wird die alttestamentliche Tempelvorstellung konsequent bis ins Letzte weitergeführt: Es geht um die Erfüllung der Welt mit Gottes Herrlichkeit. Wie sie schon im Tempel Fuß gefasst hat, soll sie sich von da aus weiter ausbreiten. Der Gedanke ist hier auf die Glaubenden übertragen: Mehr und mehr sollen sie von Gott erfüllt werden bis sie ganz mit Gott eins werden. Damit ist hier im Epheserbrief der Grundstein der Kontemplation umschrieben. Kürzer und knapper kann kaum ausgedrückt werden, was letztendlich Ziel des Glaubens ist. Es geht um nichts weniger als um die mystische Erfahrung der *unio*, um das Einswerden mit Gott selbst.

V. 20-21: Der feierliche Abschluss nimmt die Aussagen der Fürbitten auf und betont die unermessliche Größe von Gottes Handeln: *Dem, der da über alles zu tun vermag überschwänglich mehr als wir erbitten oder begreifen nach der Kraft, die in uns wirkt*. In doppelter Übersteigerung wird von Gottes Handeln gesprochen: Es geht um die grenzenlose Macht Gottes, das Gebet in einer Weise zu erfüllen, die unser Bitten und Verstehen übersteigt. Schon in den Fürbitten hatte der Apostel für seine Leser um eine Erkenntnis gebeten, die alles Erkennen übersteigt und damit eigentlich etwas Unmögliches gefordert. Hier in diesem Lobpreis kommt die Überzeugung zum Ausdruck, dass Gott Gebete erhört weit über das Maß hinaus, das wir begreifen und erbitten können. In dieser Gebetstheologie begegnet eine grenzenlose Erhörungsgewissheit! Mit dem nachklappenden *nach der Kraft, die in uns wirkt* wird Gottes Auferstehungskraft angeführt: Sie ist es, durch die Gott über alles Verstehen und Begreifen wirkt und die schon in 1,20ff so beeindruckend geschildert worden war. Und hier heißt es nun: Gottes auferweckende Kraft ist in uns am Wirken! Hören wir den Zuspruch, der darin steckt? Dem kann von Seiten des Menschen nur noch der grenzenlose Jubel und Lobpreis entsprechen.

Von ihm ist darum in V. 21 die Rede: *dem sei Herrlichkeit in der Kirche und in Christus Jesus für alle Generationen des Äons der Äonen. Amen*. Ungewöhnlich ist die Aufteilung: *in der Kirche und in Christus Jesus*, wobei mit beiden eigentlich das Gleiche gesagt ist: Mit »Kirche« ist die Gemeinschaft gemeint, die in Christus Jesus ist. Sie soll einstehen für dieses Lob, das von der Erde zum Himmel wächst im Staunen über Gottes unermessliches Wirken. Indem es doppelt, gesteigert, gesagt ist, werden nochmals die beiden Blickwinkel angedeutet, unter denen die drei Fürbitten jeweils formuliert waren: aus dem Blickwinkel des Menschen und aus dem Blickwinkel Christi. Für dieses Gotteslob steht die Kirche, die Gemeinschaft in Christus (vgl. 1,6.12.14). Dass dies in alle Ewigkeit gilt, unterstreicht der Abschluss *für alle Generationen des Äons der Äonen. Amen.* Mit dem feierlichen, durch liturgisches Amen abgeschlossenen Lobpreis hat der Verfasser nicht nur das Fürbittengebet des Apostels, sondern auch die erste Briefhälfte abgeschlossen.

*Spirituelle Leitlinien nach Eph 3,14–21 – Acht Thesen*

Hinter dem Gebet Eph 3,14–21 steht eine umfassende Theologie des Gebets und der Spiritualität überhaupt. In acht Thesen sollen spirituelle Leitlinien für heute herausgearbeitet werden:
1. Ausgangspunkt des Betens ist die leibliche Dimension, die den Weg bereitet für die innere Haltung. Dem Beugen der Knie entsprechen Ehrfurcht und Hingabe an Gott. Dies einzuüben ist Voraussetzung für jedes Gebet.
2. Beten heißt, die vorfindliche Wirklichkeit überschreiten und sich an den wenden, von dem alles, was ist, sein Wesen hat. Jedes Gebet ist darum eine Heimkehr in den Ursprung. Entscheidend sind dabei zwei Elemente: der Bezug zur absoluten Transzendenz, die zugleich als tiefe personale Beziehung umschrieben wird: Es ist das Gebet zum Vater aller Vaterschaft.
3. Gott wirkt. Das geht allem Gebet voran. Darum heißt Beten auch nicht, Gott mit eigenen Wünschen und Vorstellungen beeinflussen zu wollen. Vielmehr ist Wesen und Ziel allen Betens, von Gottes Wirkmacht durchflossen zu werden. Gottes Kraft ist unverfügbar. Im Gebet ergreift und verwandelt sie den ganzen Menschen und strömt durch ihn in die Welt.
4. Es fällt auf, dass in diesem Gebet nichts erbeten wird, was im Brief nicht bereits als theologische Zusage vorkommt. Beten heißt also, sich dem zu öffnen, was bereits gilt. Beten ist Verinnerlichung. Damit das, was ich als wahr erkannt habe, auch mir wahr werde, sich mir als wahr erweise.
5. Wertvoll, aber für uns eher ungewohnt, ist die Vorstellung vom »inneren Menschen«. Er ist der eigentliche, der wahrhafte, der glaubende Mensch – im Unterschied zum äußeren, vorfindlichen Menschen. Damit wird Spiritualität nicht auf Innerlichkeit eingegrenzt, sondern umfasst den ganzen Menschen. Es handelt sich um einen Prozess der Verwandlung, in dem der innere Mensch durch das Wirken des Geistes mehr und mehr wächst und sich ausprägt, während der äußere Mensch im Abnehmen begriffen ist. Dieser Verwandlungsprozess ist in diesem Leben nie abgeschlossen. Vielmehr zielt er auf eine Vollendung in der jenseitigen Welt.

6. In der Gegenüberstellung »innerer Mensch« und dem »Christus in uns« zeigt der Epheserbrief einen differenzierten Sprachgebrauch. Es geht um die Frage, in wieweit Glaubenspraxis erlernbar ist und in wieweit sie dem Wirken Christi vorbehalten bleibt. Beide Elemente sind konstitutiv: Aus menschlicher Perspektive spielt beim inneren Menschen das Motiv des Wachstums die entscheidende Rolle. Der Glaube bedarf der Einübung. So kann er wachsen, stark werden und an Kraft zunehmen – eben nach dem Maß und Wirken des Geistes. Aus göttlicher Perspektive ist es jedoch die Einwohnung Christi im Herzen und darum ein unverfügbares Geschenk! Damit werden im Epheserbrief zwei Aspekte differenziert, deren Vermischung in der Geschichte der Christenheit immer wieder zu heftigen Auseinandersetzungen geführt hat.

7. Neben der individuellen Seite hat die Spiritualität aber auch eine universal-kosmische Seite. Sie ist in der protestantischen Frömmigkeit leider weitgehend vernachlässigt worden. Es geht beim Beten nicht nur um individualistische Erbauung, sondern um ein Eintreten in den Chor der Heiligen. Die Fürbitte des Apostels für »alle, die den Herrn Jesus Christus lieben« (6,24) gilt auch für uns Heutigen! Das Gebet eröffnet einen Raum der Gemeinschaft und Verbundenheit der einen Kirche; einen Raum, der vorzeitliche, ewige Dimension hat. Daraus resultiert nicht nur ein neues Wirklichkeitsverständnis, das mit der Gegenwart einer jenseitigen Welt rechnet, sondern zugleich auch eine hohe Weltverantwortung der Christen.

Deshalb sucht das Gebet nicht nur den Rückzug, sondern dringt vom »stillen Kämmerlein« hinaus in die Welt. Die Übung des Betens öffnet die Sinne für die jenseitige Welt. Sie schenkt »erleuchtete Augen des Herzens« (1,18), durch die sich eine neue Wahrnehmung der Gegenwart Gottes in der Welt erschließt. Wer betet erkennt, dass nicht der Zufall regiert, sondern Gottes Liebe. Trotz allem Schrecklichen in der Welt versinkt die Schöpfung nicht im Chaos, sondern ist getragen vom liebenden und planvollen Wirken eines Schöpfers. Damit kann der Glaube aus einer abgekapselten Privatfrömmigkeit heraustreten und eine neue Weltsicht, ein neues Wirklichkeitsverständnis entwickeln.

8. Beten mündet in die Erkenntnis, dass all unser Bitten und Verstehen überstiegen wird von der überschwänglichen Kraft Gottes. Das gesprochene Gebet wandelt sich darum in schweigende Anbetung des Geheimnisses Gottes. Der Mensch sehnt sich danach, erfüllt und verwandelt zu werden von Gottes Herrlichkeit. Damit ist im Epheserbrief der Grundstein der Kontemplation umschrieben. Höchstes Ziel ist die nach späterer Tradition so genannte *unio mystica*, die hier als Ziel benannt wird: »damit ihr erfüllt werdet mit der ganzen Fülle Gottes«.

## 4,1 – 6,24
## Zweiter Briefteil

Im ersten Briefteil hatte der Verfasser die Wahrheit des Glaubens dargelegt. Wie aber sieht das Leben aus, das von dieser Wahrheit geprägt ist? Wie kann sich konkret auswirken, was der Verfasser im ersten Teil seinen Lesern ans Herz gelegt hatte? Dazu dient der zweite Briefteil. Er soll zeigen, wie die Wahrheit im eigenen Leben umgesetzt werden kann. Bereits Paulus hatte seine Briefe gerne in zwei Teile eingeteilt und im ersten Teil seine inhaltlichen Gedanken ausgeführt, im zweiten Teil nach der konkreten Umsetzung gefragt – so etwa im Römerbrief, im Galaterbrief und im 1. Thessalonicherbrief. Der Verfasser des Epheserbriefs orientiert sich an dieser klassischen Einteilung. Im zweiten Briefteil will er seine Leser dazu ermuntern, die Verheißungen des Glaubens im Alltag Gestalt werden zu lassen. Die frohe Botschaft soll ausstrahlen in alle Lebensbezüge hinein. Wie aber kann das aussehen?
Drei unterschiedliche Bereiche sind es, in die der Epheserbrief das Leben der Christen eingeteilt sieht: Wer Christ ist, gehört zur Gemeinschaft der Glaubenden. Darum beschäftigt sich der erste Abschnitt mit dem Leben und Wesen der Kirche (Eph 4,1-16). Jeder Christ ist aber auch für sich ein Individuum, das seine bisherige Existenz abgelegt hat und jetzt den Weg des Glaubens geht. Darum handelt der zweite Abschnitt vom Leben und Verhalten des Einzelnen (Eph 4,17 – 5,21). Christen finden sich in ihrem Leben aber auch in ihren natürlichen Beziehungen vor. Für die Antike ist das die *familia*, die Gemeinschaft der Familie, zu der neben Mann und Frau, Eltern und Kinder auch Herren und Sklaven gehören. Daher geht es im dritten Teil um das Leben und die Ordnung des christlichen Hauses, die sog. Haustafel (Eph 5,22 – 6,9). Noch ein weiterer Bereich folgt als abschließende Ermutigung. Es geht darum, dass Christen im Alltag vielen Anfeindungen ausgesetzt sind. Viele der damaligen Adressaten mussten für ihre Glaubensüberzeugung ihr Leben lassen. Worauf es bei diesen Auseinandersetzungen ankommt und was Christen in solchen Situationen des Kampfes Mut und Kraft gibt, um für die Wahrheit mit Leib und Leben einzutreten, davon handelt der letzte Teil (Eph 6,10–20).

## 4,1-16
## I. Leben und Wesen der Kirche

## 4,1-6
## 1. Die Einheit des Leibes

¹Ich ermahne euch nun, ich, der Gefangene im Herrn,
würdig zu wandeln der Berufung,
   zu der ihr berufen wurdet,
²mit aller Demut und Sanftmut
mit Langmut,
   indem ihr einander annehmt in Liebe
   ³und euch darum bemüht, die Einheit des Geistes zu wahren im Band des Friedens:
⁴Ein Leib und ein Geist,
   wie ihr auch berufen seid zu einer Hoffnung eurer Berufung,
⁵ein Herr, ein Glaube, eine Taufe,
⁶ein Gott und Vater aller,
   der über allen und durch alle und in allen ist.

V. 1: Mit einem gewichtigen »*Ich ermahne euch nun*« wird der zweite Hauptteil eröffnet. Diese Wendung ist ein direktes Zitat aus Röm 12,1. Mit diesen Worten hatte Paulus im Römerbrief seine Ausführungen über das Leben der Christen eingeleitet. Durch das Zitat hebt der Verfasser des Epheserbriefs bewusst den Neueinsatz hervor. Doch das deutsche Wort »ermahnen« verengt den Blick zu sehr auf die Moral. Es geht dem Verfasser nicht um Reglementierung, sondern generell um Fragen der Lebensgestaltung: Wie kann das konkrete Leben der Christen aussehen? Das griechische Wort, das hier für »ermahnen« steht, muss viel weiter und umfassender verstanden werden. Nach seiner ursprünglichen Wortbedeutung heißt es »herbeirufen, zurufen« und kann dann auch die Bedeutung von ermutigen oder sogar trösten annehmen. Der zweite Hauptteil ist also viel umfassender als nur als Ermahnung zu verstehen. In einer Art Wortspiel (sog. *figura etymologica*) lässt der Verfasser anklingen, wie er seine Ausführungen grundsätzlich verstanden wissen will. Dabei greift er auf die ursprüngliche Wortbedeutung des Zurufens zurück. Man könnte den Einstieg deshalb auch so übersetzen: *Ich rufe euch nun zu, ich, der Gefangene im Herrn, würdig zu wandeln der Berufung, zu der ihr berufen wurdet.* Der Aspekt des Zurufens spiegelt sich im Begriff der Berufung. Denn darum geht es in allen ethischen Weisungen: gemäß der Berufung zu leben, durch die man zum Glauben berufen wurde. Mit diesem kunstvollen Wortspiel macht der Verfasser deutlich, dass es hier um grundlegend wichtige Aussagen geht. Die Einleitung soll zugleich eine Zusammenfassung der zentralen Anliegen sein.

Wie in 3,1 wird Paulus als Gefangener bezeichnet. Der Apostel ist nicht nur ein Gefangener der Römer, sondern ein Gefangener für Christus (s. o. zu 3,1) bzw. ein *Gefangener im Herrn*. Damit hebt der Verfasser die Autorität des Apostels hervor, der für die Wahrheit seiner Verkündigung mit dem ganzen Leben einsteht. Wenn man die nachpaulinische Entstehung des Briefes annimmt, werden beim Autor und bei den Lesern sicherlich Assoziationen mitspielen, dass Paulus aus der Gefangenschaft nicht mehr frei kam, sondern den Märtyrertod erlitt. Das verleiht den nun folgenden Ermahnungen ein besonderes Gewicht. Wenn in 6,19f die Ermahnungen mit der Aufforderung zur Fürbitte für Paulus und seine freimütige Verkündigung schließen und er dort als »Gesandter in Ketten« bezeichnet wird (vgl. Phil 1,13f), rahmt das Bild des für seinen Herrn gefangenen Apostels den zweiten Hauptteil.

Damit ist das Thema des zweiten Hauptteils gut eingeleitet. Denn wie Paulus sich seiner Berufung würdig erwies, so sollen nun auch die Briefempfänger für einen Lebenswandel gestärkt werden, der der Berufung entspricht. Zweierlei betont der Brief:

a) Die Berufung geht allem voraus. Das rechte Verhalten, zu dem nun ermahnt wird, ist nicht die Voraussetzung, sondern die Konsequenz aus der Tatsache der Berufung. Der Mensch wird durch den Ruf Gottes von jeder Art Selbstgerechtigkeit befreit. Nicht eigener Ruhm oder die Geltung vor anderen bzw. vor Gott sind jetzt Motivation für das Handeln, sondern der Wunsch, der Berufung in allen Lebensbezügen zu entsprechen. Unter dem Stichwort der Berufung wird der paulinische Grundgedanke der Rechtfertigung ohne Werke auch der Ethik vorangestellt.

b) Mit dem Hinweis auf die Berufung hebt der Verfasser außerdem die Zuverlässigkeit und Unverbrüchlichkeit der Heilsaussagen hervor. Der rettende Ruf Gottes gilt jedem einzelnen. Der Rückgriff auf die Berufung dient der Bestärkung und dem persönlichen Zuspruch. Der Verfasser will damit sagen, dass die apostellose Generation nicht verwaist ist, sondern fest zur Gemeinschaft der Glaubenden gehört. Dieser Zuspruch soll als Vertrauensvorschuss die Leser dazu anspornen, der Berufung in ihrem Verhalten zu entsprechen. Sie sollen sich der Berufung *würdig* erweisen. Denn *würdig zu wandeln* heißt nichts anderes als: sich angemessen zu verhalten. Wie ein solches Verhalten nun aussehen kann, wird in den folgenden Versen dargestellt.

V. 2: Der Verfasser reiht verschiedene Eigenschaften aneinander: *mit aller Demut und Sanftmut mit Langmut, indem ihr einander annehmt in Liebe.* Entscheidend ist die Demut. Sie ist die Grundlage des Lebenswandels und gilt in umfassendem Sinn: *mit aller Demut.* Viele Menschen von heute haben mit dem Wort Demut ihre Schwierigkeiten. Sie denken an Unterwürfigkeit und Duckmäusertum oder an erzwungene Zerknirschung und Entwürdigung. In der griechischen Antike hatte das Wort ebenfalls einen negativen Beigeschmack. Man dachte an sklavisches Verhalten. Ganz anders wird Demut in der biblischen Tradition verstanden. Demut meint hier ein heilsames Erkennen und Akzeptieren der eigenen Grenzen. In der Weisheitslehre des Alten Testaments ist die Demut das grundlegende Prinzip. Wer in Demut seine Abhängigkeit von Gott erkennt und anerkennt, wer sich seiner Begrenztheit bewusst ist und sich in die Schöpfungsordnung dienend einfügt, wird Gottes Gnade erfahren. So schreibt etwa Jesus Sirach: »Liebes Kind, tu deine Arbeit in Demut; das ist besser als alles, wonach die Welt trachtet. Je größer du bist, desto mehr demütige dich; so wirst du beim Herrn Gnade finden« (vgl. Sir 3,19f).

Demut befreit vom Zwang, nur um sich selbst kreisen zu müssen. Sie schenkt innere Größe, sich nicht mehr wichtig nehmen zu müssen und öffnet die Augen für die anderen. Sie führt zur Haltung der Selbstlosigkeit und kann anderen Achtung und Wertschätzung entgegenbringen. Auch im Neuen Testament wird die Demut als die grundlegende Verhaltensweise betont. Jesus ruft im sog. Heilandsruf die Demütigen zu sich (Mt 11,29). In der urchristlichen Gemeinde wird die Demut mit dem Vorbild Christi in Verbindung gebracht. Im Philipperbrief ruft Paulus zur Demut auf, die in Entsprechung zur Selbsterniedrigung und Selbstentäußerung Christi gelebt werden soll (Phil 2,3–5). Demut ist also die Pforte auf dem Weg zur Christusförmigkeit. Sie weist die Richtung, wie Christus im eigenen Leben Gestalt gewinnen kann. Sie gelingt, wo man sich ganz von Christus getragen weiß. Wenn hier an erster Stelle *mit aller Demut* genannt wird, dann ist Demut *das* grundlegende und umfassende Prinzip im Leben der Nachfolge.

Demut wird ergänzt durch *Sanftmut* bzw. *Milde*. Mit ihr ist die alte Königstugend angesprochen. Beim Propheten Sacharja etwa wird sie dem kommenden Messiaskönig zugesprochen: »Siehe, dein König kommt zu dir sanftmütig und reitet auf einem Esel« (Sach 9,9). Die Sanftmut wird allgemein zum Kennzeichen der Frommen im Alten Testament. Gemeint ist eine innerlich vollzogene Armut, die man auch mit Einfachheit oder Schlichtheit wiedergeben könnte. Wenn Jesus als Messiaskönig in Jerusalem einzieht, wird ihm in den Evangelien genau diese Eigenschaft bestätigt (Mt 21,5). In den Seligpreisungen (Mt 5,3.5) rühmt Jesus die Sanftmütigen und die geistlich Armen und spricht damit die Königstugend auch denen zu, die ihm nachfolgen. Nach Mt 11,29 nimmt er für sich selbst Demut und Sanftmut in Anspruch.

Demut und Sanftmut also sind die beiden Grundtugenden. Sie werden im ersten *mit* zu einem Paar zusammengefasst. Durch ein zweites *mit* wird ergänzend die *Langmut* angefügt, für die man auch *Geduld* oder *Großherzigkeit* wählen könnte. Damit sind die drei Tugenden genannt, die bereits in Kol 3,12 an zentraler Stelle stehen. Während sich Demut und Sanftmut stärker auf das eigene Sein vor Gott beziehen, hat die Langmut mehr die anderen Menschen im Blick. Sie erweist sich darin, dass man *sich einander annimmt in Liebe* (vgl. 1Kor 13,4). Die Mahnung, einander in Liebe zu ertragen, zeigt, wie realistisch der Verfasser die Gemeinden wahrnimmt. Denn die Gemeinschaft der Kirche beruht nicht auf Zuneigung und Sympathie, sondern benötigt Verständnis füreinander und Entgegenkommen. Dazu braucht es Liebe, die in der erwählenden Liebe Gottes schon vor Schöpfung der Welt (1,4) sowie in der liebenden Selbsthingabe Christi gründet (5,2.25).

V. 3: Der angefügte Satzteil *(indem ihr) euch darum bemüht, die Einheit des Geistes zu wahren im Band des Friedens* bezieht sich schließlich auf die beiden zuerst genannten Tugenden Demut und Sanftmut. Deutlich unterstreicht der Verfasser die Dringlichkeit seiner Ermahnung: Alle Bemühung muss darauf zielen, die bestehende Einheit der Kirche zu wahren. Das ist seine inständige Bitte. *Einheit* wird für ihn zum zentralen Begriff und ist hier wie auch in V. 13 erstmals innerhalb des Neuen Testaments als abstrakter Begriff gebraucht. Paulus dagegen hatte die Einheit immer umschrieben. In der weiteren Kirchengeschichte wird dieser Begriff jedoch von entscheidender Bedeutung sein.

Die Einheit der Kirche liegt dem Verfasser also in besonderer Weise am Herzen. Er spricht von der *Einheit des Geistes im Band des Friedens*. Wie der Verfasser schon in 2,14 dargestellt hatte, ist Jesus Christus dieser Friede in Person und Werk. Christus hat die Einheit in der Versöhnungstat am Kreuz geschaffen. Durch ihn haben alle Menschen den Zugang zum Vater im Geist (2,17). Damit wird deutlich: Die Einheit muss nicht erst von uns Menschen hergestellt werden, sondern ist bereits in Christus gestiftet. Alles liegt daran, die bestehende Einheit zu wahren. Als *Einheit des Geistes* wird sie im Geist geschenkt. Dieser Gedanke ist wertvoll für alle ökumenischen Gespräche bis heute. Denn er besagt, dass die Einheit der Kirche bereits besteht und nicht erst hergestellt werden muss. Konfessionelle Streitigkeiten widersprechen zwar der Einheit, können sie jedoch nicht aufheben. Aufgabe heutiger ökumenischer Bestrebungen muss darum sein, der Einheit auch äußerlich zu entsprechen, sie mehr und mehr sichtbar werden zu lassen.

Mit Einheit meint der Epheserbrief jedoch keine Einheitlichkeit, die keine Unterschiede mehr zuließe. Es geht also nicht um Uniformität, das haben die Reformatoren betont und diese Stelle als Begründung angeführt (so das Augsburgische Bekenntnis CA 7; siehe auch unten S. 110–111: »Das Wesen der Kirche nach dem Epheserbrief«). Vielmehr geht es darum, die vorgegebene Einheit zu bewahren. Wie die folgenden Verse zeigen, ist die Einheit der

Kirche in der Einheit des Glaubens und damit letztlich in der Einheit Gottes begründet (vgl. auch V. 13).

Für den Verfasser hat die Frage nach der Einheit der Kirche dringliche Aktualität. Denn nach dem Tod des Paulus muss neu beantwortet werden, was die Gemeinden verbindet. Was hält sie zusammen seit der Apostel nicht mehr lebt? Paulus hatte durch seine Besuche, durch Mitarbeiter und Briefe Kontakt gehalten. Er hatte sie bei Fragen und Problemen beraten, sie ermutigt und ermahnt. Seit der Apostel verstorben ist, fehlt das einigende Band. Wer konnte jetzt die im Mittelmeerraum verstreuten Gemeinden zusammenhalten? Diese Frage muss die nachkommende Generation bedrängt haben. Deshalb ist der Gedanke der vorgegebenen Einheit so wichtig. Um die Einheit geht es auch in den Versen 4–6.

V. 4-6: *Ein Leib und ein Geist, wie ihr auch berufen seid zu einer Hoffnung eurer Berufung, ein Herr, ein Glaube, eine Taufe, ein Gott und Vater aller, der über allen und durch alle und in allen ist.* Die einzelnen Worte wirken zunächst wie eine Aufzählung. Siebenmal taucht dabei das Zahlwort eins auf. Die Begriffe lassen sich in drei Reihen gliedern, die man unter- bzw. übereinander schreiben kann:

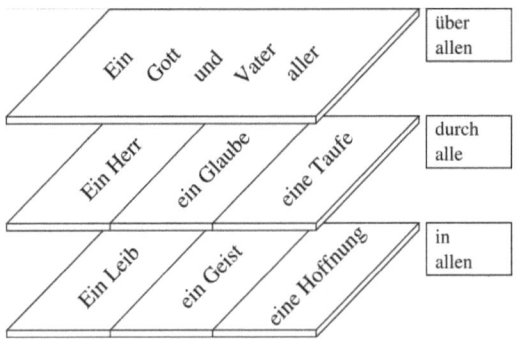

Die Begriffe sind überlegt angeordnet und beziehen sich horizontal wie vertikal aufeinander. Damit bilden sie eine Art ›magisches Quadrat‹, wie es in der Antike sehr beliebt war. Ähnlich kunstvolle Zusammenstellungen finden sich etwa in 1Tim 3,16 oder 1Tim 2,5f. Vorbild für unseren Autor war sicherlich die gottesdienstliche Bekenntnisformel, die Paulus in 1Kor 8,6 zitiert. Doch die Begriffe hat der Autor nochmals neu geordnet und erweitert. Hier liegt kein Bekenntnis vor, sondern eine Reihung, deren innerer Zusammenhang sich erst der (stillen) Meditation erschließt.

Jede der drei Reihen benennt jeweils eine Ebene. Die Ebenen bauen aufeinander auf. Mit dem Grundbegriff *ein Leib* wird die erste Ebene eröffnet, die das Wesen der Kirche beschreibt. Mit *ein Herr* beginnt die Christusebene. Die letzte Ebene ist die Ebene Gottes, die in eine weitere dreifache Reihe mündet: *über allen und durch alle und in allen.*

In der ersten Reihe wird die Einheit im *Leib,* im *Geist* sowie in der *Hoffnung* beschrieben. Damit wird das Wesen der Kirche an sich benannt. Die drei Elemente zeigen auf, was Kirche ausmacht: Sie ist ein Leib. Sie erschließt sich in dem einen Geist. Und ihre Glieder wissen sich in der einen Hoffnung verbunden. Es ist die Hoffnung, die ihnen in der Berufung zugesprochen wurde (vgl. 1,18; 4,1). Damit ist die niedrigste Ebene der Einheit beschrieben.

Die zweite Reihe ist eine Steigerung gegenüber der ersten und benennt mit *ein Herr, ein Glaube, eine Taufe* die Christusebene. Sie ist die Wirkursache der Kirche. Denn die drei Elemente zeigen auf, wodurch das Heil der Kirche erschlossen ist: Das Heil ereignet sich durch den auferstandenen *Herrn.* Es erschließt sich im *Glauben* an den Auferstandenen und teilt sich für den einzelnen in der *Taufe* als Geschenk des neuen Lebens mit.

Halten wir kurz inne: Wie strukturieren sich die beiden Reihen? Der jeweils erste Begriff benennt gewissermaßen die Ebene: die Ebene des *Leibes* der Kirche bzw. die Ebene des auferstandenen *Herrn.* Der jeweils zweite Begriff umschreibt, wodurch sich diese Ebene erschließt. So eröffnet der *Geist* die Einheit des Leibes. Auf der Christusebene ist es der *Glaube,* denn er erschließt die Wahrnehmung des Auferstandenen. Der jeweils letzte Begriff stellt das Ziel dar: Die *Hoffnung,* die in der Berufung verbürgt ist, weist auf die künftige Gemeinschaft im Gottesreich hin. Die *Taufe* ist das sakramentale Zeichen, das Anteil gibt an der Auferstehungswirklichkeit Christi im Mitsterben und Mitauferstehen (vgl. auch 2,5).

Diese beiden Reihen werden durch die letzte Reihe V. 6 nochmals gesteigert. Sie benennt die Gottesebene. Gott wird betont als *Vater aller* herausgehoben (vgl. 3,14f) und damit über alles gestellt. Gott steht allein in seiner Hoheit und Majestät. Daran sind nun drei Bestimmungen angefügt. Es geht um die Art seines Wirkens: *der über allen und durch alle und in allen ist.* So sagt die erste Präposition (*über allen*) die Transzendenz Gottes aus, mit der er alles übersteigt. Die zweite Präposition (*durch alle*) benennt sein Wirken, was der zweiten Zeile, also der Christusebene (V. 5), entspricht. Die dritte Präposition (*in allen*) benennt das Sein Gottes in allen, was der ersten Zeile (V. 4) der Wesens- oder Seinsbestimmung der Kirche entspricht: In ihr ist Gott im Geist gegenwärtig. Die Schlusszeile mit ihren Präpositionen umfasst damit die beiden vorausgehenden. In ihr werden bereits erste Gedanken vorbereitet, die für die Trinitätslehre bedeutsam werden. Denn hier sind schon die Präpositionen gebraucht, die später in der got-

tesdienstlichen Doxologie auftauchen werden: »Ehre sei dem Vater *durch* den Sohn *im* Heiligen Geist« (ähnliche präpositionale Zusammenstellungen finden sich in 2,18 und 3,12).
Die Einheit, wie sie in V. 4–6 betont herausgestellt wird, ist damit keine Gleichförmigkeit. Vielmehr handelt es sich um eine organische Ganzheit, um eine dynamische Einheit. Durch die verschiedenen Ebenen wird ein reiches Beziehungsgefüge deutlich. Einheit ist damit nicht bloß ein Abstraktum, sondern ein lebendiges Ineinander. Dieses Verständnis von Einheit ist zugleich eine wesentliche Grundlage für die spätere Trinitätslehre, denn auch da geht es nicht um Gleichförmigkeit, sondern um das Beziehungsgefüge einer lebendigen, sich einander durchdringenden Einheit der drei Personen Vater, Sohn und Geist. Schon hier in dieser Reihung durchdringen sich die Ebenen gegenseitig und verbinden sich auf diese Weise miteinander. Das wird im Folgenden auf das Bild des Leibes Christi übertragen. Die einzelnen Teile des Leibes haben organische Funktionen und darum unterschiedliche Gaben. Das ist nun Thema von 4,7–16.

Der Verfasser will seine Leser zu einem christlichen Lebenswandel ermutigen. Für das Zusammenleben in der Gemeinde stellt er als Motto voran: der Berufung würdig leben. Damit will er deutlich machen, dass wir von Gott angenommen und berufen sind ohne irgendeine Voraussetzung, auch nicht auf Grund eines vorbildlichen Lebenswandels. Aber zugleich setzt dieses große Geschenk in uns Menschen den Wunsch frei, dieser Berufung im Leben zu entsprechen. Dazu gehören drei Elemente als Grundlage: Demut, Sanftmut und Geduld. Das geschieht, indem man sich gegenseitig in Liebe annimmt und den Frieden wahrt. Damit macht der Verfasser deutlich, dass der Zusammenhalt in der Gemeinde nicht auf gegenseitiger Sympathie beruht, sondern in der Liebe Gottes zu uns Menschen gründet. Darum können in der Gemeinde ganz unterschiedliche, ja sogar gegensätzliche Menschen sein. Die Herausforderung ist, sich in der Liebe Gottes gegenseitig anzunehmen.
Deshalb ist dem Verfasser die Einheit so wichtig. Er stellt sie in einzeln gesetzten, aufeinander abgestimmten Begriffen dar. Einheit ist für ihn keine Gleichförmigkeit, sondern ein vielfältiges Beziehungsgefüge, ein organisches und dynamisches Ganzes. So können sich auch die einzelnen Gemeindeglieder in ihrer Unterschiedlichkeit gegenseitig ergänzen und stärken. Gerade das sind wesentliche Grundlagen für die Ökumene heute. Die Einheit besteht bereits. Die Unterschiede der Konfessionen tragen zur gegenseitigen Bereicherung bei, weil sie jeweils ergänzend die Vielfalt des Glaubens zum Ausdruck bringen (vgl. auch »Das Wesen der Kirche nach dem Epheserbrief«).

## 4,7–16
## 2. Der Aufbau des Leibes

⁷Einem jeden von uns wurde die Gnade gegeben
   nach dem Maß des Geschenkes Christi.
⁸Deshalb heißt es:
»Hinaufgestiegen zur Höhe erbeutete er Gefangene,
er gab Geschenke den Menschen.« (Ps 68,19)
⁹Das (Wort) »Hinaufgestiegen«, was heißt das anderes,
   als dass er auch hinabstieg in die unteren Teile der Erde?
¹⁰Der hinabgestiegen ist, ist derselbe,
   der auch »hinaufgestiegen« ist über alle Himmel,
      damit er das All erfülle.
¹¹Und er selbst »gab« die einen als Apostel,
   die anderen als Propheten,
   die anderen als Evangelisten,
   die anderen als Hirten und Lehrer
¹²zur Zurüstung der Heiligen
      für das Werk des Dienstes,
      für die Auferbauung des Leibes Christi
¹³bis wir alle gelangen
   zur Einheit des Glaubens und der Erkenntnis des Sohnes Gottes,
   zum vollkommenen Menschen,
   zum Maß der Reife der Fülle Christi,
      ¹⁴damit wir nicht mehr Unmündige seien,
      umhergeworfen und herumgewirbelt von jedem (neuen) Wind der Lehre
         im Würfelspiel der Menschen,
         in der Verschlagenheit trügerischer Methoden des Irrtums.
¹⁵Lasst uns vielmehr die Wahrheit in Liebe bezeugend
wachsen in allem zu dem hin,
   der das Haupt ist, Christus,
      ¹⁶von dem der ganze Leib
         – zusammengehalten und zusammengefügt durch jede Versorgungsverbindung nach der Kraft im Maß eines jeden Teiles –
      das Wachstum des Leibes vollbringt
      zur Auferbauung seiner selbst in Liebe.

In diesem Abschnitt schildert der Verfasser seinen Lesern den Aufbau des Leibes Christi. Auffällig dabei ist, wie sehr sich die Leibvorstellung des Epheserbriefs gegenüber den echten Paulusbriefen weiterentwickelt hat. Ein kurzer Abriss mag das verdeutlichen.

In den Paulusbriefen macht die Vorstellung vom Leib Christi eine Entwicklung durch. Paulus hatte in Gal 3,28 davon gesprochen, »dass ihr alle einer seid in Christus«. Da war noch nicht vom Leib, sondern von einer Einheit die Rede, die in Christus vorgegeben ist. Diese Einheit besteht in Christus und verbindet alle Christen trotz ihrer Unterschiede, egal ob Jude oder Grieche, Sklave oder Freier, Mann oder Frau. Ähnliches macht Paulus auch in 1. Kor. 12,13 deutlich: »Denn wir sind durch einen Geist alle zu einem Leib getauft, wir seien Juden oder Griechen, Sklaven oder Freie«. Hier wird diese Einheit erstmals im Bild vom Leib ausgedrückt. Durch die Taufe sind sie zu einem Leib getauft worden. Paulus gebraucht dabei das Bild vom Leib als Vergleich, um die Gemeinde vor Ort darzustellen: »Denn gleichwie der Leib einer ist und viele Glieder hat, alle Glieder des Leibes aber, obwohl sie viele sind, doch ein Leib sind, so auch Christus« (1Kor 12,12). Die Unterschiede zwischen den Menschen sind damit nicht aufgehoben, aber sie spielen in Christus keine Rolle mehr. In Röm 12,5 wiederholt Paulus die Aussage. Hier ist ebenfalls vom Leib als Bild die Rede: »so sind wir viele ein Leib in Christus«. Die Einheit der Gemeinde vor Ort wird also im Bild vom Leib und den vielen Gliedern dargestellt.

Das Bild vom Leib war in der Antike sehr beliebt. Bekannt ist die Fabel des Menenius Agrippa vom Aufstand der Glieder gegen den Bauch. Damit brachte Menenius 494 v.Chr. die Unterschicht von Rom von ihrem Vorhaben ab, sich gegen die Oberschicht aufzulehnen. Er benutzte das Bild um zu verdeutlichen, wie sehr in einer Gesellschaft die verschiedenen Schichten aufeinander angewiesen sind. Die Rede muss so überzeugend gewesen sein, dass die Unterschicht friedlich einlenkte und nach Rom zurückkehrte (Livius, ab urbe condita II, 32f). Doch es gibt einen entscheidenden Unterschied: Während in der Fabel des Menenius die verschiedenen Volksschichten durch ihr Zusammenspiel die Einheit der Gesellschaft erst hervorbringen, ist im paulinischen Bild die Einheit in Christus vorgegeben: Durch die Taufe bekommen die Christen Anteil an der in Christus gestifteten Einheit des Leibes. Es handelt sich darum um den Leib *Christi*. In der Taufe wie im Abendmahl ist die Einheit des Leibes Christi gestiftet (vgl. 1Kor 10,16).

Daran knüpft der Epheserbrief an und entwickelt die Gedanken weiter. Bei ihm ist die Rede vom Leib nicht mehr bloß Bild oder Vergleich, sondern direkte Bezeichnung der in Christus gestifteten Gemeinschaft. Damit ist die Rede vom Leib Christi *die* entscheidende Darstellung der Kirche. Und zwar im umfassenden Sinn. Denn mit dem Leib ist nicht bloß die einzelne Gemeinde vor Ort gemeint. Als Leib Christi wird die universale Kirche dargestellt, die über den ganzen Erdkreis verstreut ist.

Aber es gibt im Epheserbrief noch weitere Entwicklungen über die echten Paulusbriefe hinaus. Der Leib ist in sich klar gegliedert: Da gibt es Christus als Haupt. Und zwischen dem Haupt und den Gliedern gibt es Verbindungsorgane. Der Leib ist ein lebendiger Organismus. Zu dieser Lebendigkeit gehört auch, dass er wächst. Damit wird das Bild vom Leib gerade in

4,7–16 über Paulus weitergeführt und ausgestaltet. Wie die Verse erkennen lassen, hat sich der Verfasser eingehend mit 1Kor 12 beschäftigt. An vielen Stellen spürt man den direkten Einfluss. Eine wichtige Zwischenstufe stellt dabei aber auch der Kolosserbrief dar.

V. 7: *Einem jeden von uns wurde die Gnade gegeben nach dem Maß des Geschenkes Christi.* Die unterschiedlich verteilten Gaben sind der Ausgangspunkt der Gedanken in diesem Abschnitt. Jedem einzelnen sind sie zugeteilt *nach dem Maß des Geschenkes Christi*. Damit ist deutlich: Die Gaben sind kein Verdienst, sondern jedem von Christus verliehen worden. Dass die Unterschiedlichkeit gerade zur Auferbauung beiträgt, ist Ziel des nun folgenden Gedankengangs. Denn am Ende in V. 16 geht der Verfasser wieder auf das unterschiedlich verteilte Maß ein, durch das sich das Wachstum des Leibes vollzieht. So ist der gesamte Abschnitt kunstvoll gerahmt.

V. 8: Ausgangspunkt der Darstellung vom Leib Christi ist ein Zitat aus Ps 68,19. Mit einer ausdrücklichen Zitationsformel leitet der Verfasser sein Zitat ein: *Deshalb heißt es: »Hinaufgestiegen zur Höhe erbeutete er Gefangene, er gab Geschenke den Menschen.«*
Ps 68,19 besingt eigentlich den siegreichen Aufstieg Gottes zum Berg Zion. Im hebräischen Text heißt der Psalm nach der Lutherübersetzung: »Du bist aufgefahren zur Höhe und führtest Gefangene gefangen; du hast Gaben empfangen unter den Menschen.« Wer den Psalmvers mit dem Zitat vergleicht, wird sich über die Änderung des ursprünglichen Wortlauts wundern. Statt ›empfangen‹ schreibt der Verfasser ›geben‹: *er gab Geschenke den Menschen*. Zunächst stutzt man: Was hier steht, ist ja einfach das Gegenteil! Dennoch ist es keine sinnentstellende Zitierweise wie oft kritisiert wird. Hier liegt vielmehr eine Kombination von zwei Versen desselben Psalms vor. Das war für die damalige Schriftauslegung nicht ungewöhnlich: Man fügte zwei Verse zusammen, die sich gegenseitig interpretieren sollten. Der Verfasser hat aus Ps 68 den V. 19 mit V. 12 verbunden. Aus Ps 68,12 stammt das Geben: »Der Herr *gibt* ein Wort – der Freudenbotinnen ist eine große Schar.« Es geht dem Verfasser um die Gabe des Wortes.
Ganz ähnlich wird im Judentum in der rabbinischen Auslegung der Ps 68 verstanden. Der Wechsel von Geben zu Nehmen findet sich auch dort und wird interpretiert als ein ›Empfangen, um (weiter) zu geben‹. Die jüdische Exegese benutzt den Psalm als Beleg dafür, dass Mose auf den Berg Sinai gestiegen war, um die Gesetze der Tora zu empfangen und sie beim Abstieg den Menschen weiterzugeben. In der aramäischen Bibelübertragung, dem Targum, heißt es: »Du bist zum Himmel emporgestiegen: Das ist Mo-

se, der Prophet. Du hast Gefangenschaft gefangen genommen: Du (Mose) hast die Worte der Tora gelernt. Du hast sie den Menschenkindern als Gaben gegeben.« Die Ähnlichkeiten legen die Vermutung nahe, dass der Verfasser des Epheserbriefs wohl mit der rabbinischen Auslegung vertraut war.

V. 9 überträgt den Psalmvers auf Christus: *Das (Wort) »Hinaufgestiegen«, was heißt das anderes, als dass er auch hinabstieg in die unteren Teile der Erde?* Der Verfasser sieht in diesem Vers keine Aussage über Mose wie die rabbinische Schriftauslegung, sondern eine Weissagung auf Christus. Christus ist in die tiefsten Tiefen der Erde hinabgestiegen. Gedacht ist dabei sicherlich nicht an eine Art Höllenfahrt – das ist erst die spätere Auslegung der Kirchenväter – sondern an ein Hinabsteigen Jesu in die Tiefen menschlichen Leids bis zum Tod am Kreuz. Der Gedanke erinnert an den Christushymnus im Philipperbrief, wo auch vom Abstieg Jesu und dem Aufstieg die Rede ist (vgl. Phil 2,5–11). Der Abstieg ins Leiden, ja bis zum Tod, führt wieder empor bis zum Himmel. Gerade in der Überwindung von Leiden und Tod liegt auch der Schlüssel für das Aufsteigen über alle Himmel. Gemeint sind Auferstehung und Himmelfahrt. Beides wird hier noch als ein in sich zusammenhängender Vorgang verstanden. Das führt der Verfasser im folgenden Vers aus.

V. 10: *Der hinabgestiegen ist, ist derselbe, der auch »hinaufgestiegen« ist über alle Himmel, damit er das All erfülle.* Dem Verfasser ist es wichtig, dass Abstieg und Aufstieg zusammengehören: Leiden und Tod Jesu sind der Durchgang zu der Herrlichkeit, die sich in Auferstehung und Himmelfahrt zeigt. Der Weg Jesu führt sogar *über alle Himmel, damit er das All erfülle.* Schon in 1,20–23 sowie in 2,5.6 war deutlich geworden, dass Jesus Christus mit Auferstehung und Himmelfahrt alle widergöttlichen Mächte besiegt hat. Er ist darum nicht nur über den Luftbereich der Dämonen (2,2), sondern *über alle Himmel* in die Jenseitigkeit Gottes aufgestiegen und hat damit seinen gesamten Herrschaftsbereich durchmessen. Gerade das hebt der Verfasser hervor, denn so umfasst Christus das Weltall und erfüllt es mit herrschaftlicher Macht. Nichts gibt es, über das Christus nicht Herr ist. Wie in 1,20–22 ist damit die kosmische Dimension des Erlösungsgeschehens angesprochen: Christi Tod und Auferstehung bedeuten Erlösung nicht nur für die Menschheit, sondern für die gesamte Schöpfung. Paulus hatte das in Röm 8,20–22 deutlich gemacht: Die gesamte Kreatur harrt darauf, von der Vergänglichkeit erlöst zu werden. Diese kosmische Dimension der Erlösung ist in evangelischer Tradition leider oft vernachlässigt worden. Erlösung wurde meist auf die sündige Menschheit eingeschränkt. Andere

Konfessionen haben sich den Blick auf die Erlösung des Kosmos bewahrt. In den Gewölbekuppeln orthodoxer Kirchen wird Christus als Pantokrator dargestellt. Mit gütigen und wachen Augen schaut er auf die Betrachter herab und hält die rechte Hand segnend über die Welt. So kommt in der orthodoxen Tradition die kosmische Dimension bildhaft zur Darstellung.

V. 11: *Und er selbst »gab« die einen als Apostel, die anderen als Propheten, die anderen als Evangelisten, die anderen als Hirten und Lehrer.* Ein letztes Wort wird aus dem Psalmzitat herausgegriffen und ausgedeutet: *er gab.* War die Gabe des Mose das Gesetz, so ist hier von der Gabe Christi die Rede. Es ist das Wort, also die im Evangelium sich ereignende vollendete Christusoffenbarung. Hier wird deutlich, dass der Verfasser neben Ps 68,19 auch Ps 68,12 im Blick hat. Denn nach dem Wortlaut von Ps 68,12 gab Gott das Wort den Freudenbotinnen in großer Zahl. Die Septuaginta, die griechische Übersetzung des Alten Testaments, spricht von Evangelistinnen. Der Verfasser des Epheserbriefs sah darin das Amt der Evangelisten vorgeprägt: Die Gabe des Wortes ergeht an die Boten, die es ausrichten sollen. Folgerichtig zählt der Verfasser hier die Ämter auf, die mit der Verkündigung und Lehre des Wortes zu tun haben: *Apostel, Propheten, Evangelisten, Hirten und Lehrer.* Die Charismenliste aus 1Kor 12,28 steht dem Verfasser als Vorbild vor Augen, wo Paulus die Gaben aufzählt, die Gott in der Gemeinde eingesetzt hat: »erstens Apostel, zweitens Propheten, drittens Lehrer …« Die weiteren Charismen lässt der Verfasser weg und fügt stattdessen Evangelisten und Hirten ein. Nur die Ämter werden genannt, die es mit der Weitergabe des Wortes zu tun haben.

Die Apostel stehen zusammen mit den (neutestamentlichen) Propheten als Auferstehungszeugen an erster Stelle. Wie 2,20 und 3,5 zeigen, stellen diese beiden Ämter miteinander das Fundament dar, auf dem der Bau der Kirche ruht. Offensichtlich gehören sie der vergangenen Generation an, während Evangelisten, Hirten und Lehrer wohl der nachfolgenden Generation zuzuordnen sind.

Auffällig ist, warum Presbyter, Episkopen und Diakone nicht erwähnt werden. Denn das waren die Ämter, die in den paulinischen Gemeinden bekannt waren (vgl. Apg 20,17.28; Phil 1,1; 1Tim 3,1f; 5,17.19; Tit 1,5.7; vgl. 1Petr 5,1f). Evangelisten, Hirten und Lehrer dagegen sind keine fest umrissenen Ämter. Das scheint Absicht zu sein. Bewusst übergeht der Epheserbrief die konkreten Ämter. Offenbar will er sich nicht mit Details in der Ämterfrage befassen, sondern die grundlegenden Aufgaben umschreiben, die aus der Gabe Christi erwachsen. *Evangelisten, Hirten* und *Lehrer* bezeichnen die drei Dimensionen des von Christus gestifteten

Wortes in Verkündigung, Seelsorge und Lehre. Konkret wurden diese Aufgaben von Presbytern und Episkopen erfüllt. So erklärt sich auch, dass im Neuen Testament an keiner Stelle sonst Hirten und Lehrer als Ämter erwähnt werden. Wenn in 2Tim 4,5 vom Evangelisten gesprochen wird, dann ist es dort als Ermutigung an den Schüler Timotheus gemeint: »Tu das Werk eines Evangelisten!« Gedacht ist nicht an ein Amt, sondern ganz grundsätzlich an die Aufgabe der Verkündigung. Erst eine Generation später – so erzählt der Kirchenvater Eusebius in seiner Kirchengeschichte – gab es das Amt der Evangelisten, die auf dem Werk der Apostel aufbauend als Wanderprediger unterwegs waren (vgl. Eusebius, Kirchengeschichte, Buch 3,37). So legt es sich nahe, dass mit *Hirten* eher die (seelsorgerliche) Verantwortung für die Gemeinde vor Ort gemeint ist und dass mit *Lehrer* an die Vertiefung des Wortes durch Unterricht gedacht ist. Genauer werden die Aufgaben hier nicht beschrieben. Deutlich ist jedenfalls, dass der Epheserbrief die von Christus gestifteten Ämter in idealer Gestalt zeichnet, aus der dann die jeweilige konkrete historische Ausformung erwächst. Erst die Pastoralbriefe, die nach dem Epheserbrief entstanden sind, füllen diese Lücke aus. Sie beschreiben sehr konkret, welche Aufgaben und Voraussetzungen die Amtsträger zu erfüllen haben. Dem Verfasser des Epheserbriefes ist es dagegen wichtig, dass die Ämter von dem erhöhten Christus eingesetzt sind und dass er sie (zu allen Zeiten) der Kirche gibt.

V. 12: Die Aufgaben der von Christus gegebenen Ämter werden nun genauer ausgeführt. Apostel, Propheten, Evangelisten, Hirten und Lehrer sollen beitragen *zur Zurüstung der Heiligen für das Werk des Dienstes, für die Auferbauung des Leibes Christi.* Diese Aufzählung von Aufgaben kann man verschieden verstehen. Entweder sollen die Heiligen, also die Gemeindeglieder, zugerüstet, d.h. befähigt werden, damit sie das Werk des Dienstes vollbringen können, oder die Heiligen werden zugerüstet, indem an ihnen das Werk des Dienstes vollbracht wird. Entscheiden lässt sich die Alternative am ehesten, indem man die einzelnen Aufgaben näher bedenkt. Eindeutig ist dabei, dass der Verfasser *das Werk des Dienstes* mit der *Auferbauung des Leibes Christi* gleichsetzt, denn er hat beides parallel formuliert.

Meist wird das *Werk des Dienstes* als Dienst der Nächstenliebe interpretiert. Im Urtext steht für Dienst das Wort *diakonia*. Doch das ist nicht automatisch mit Diakonie gleichzusetzen.

Unter *diakonia* wird im klassischen Griechisch zunächst einmal der Tischdienst verstanden, im weiteren Sinn jede Art von Dienst. Dabei klingt weniger das Element der Unterordnung an als vielmehr das Element der Zuwendung im Dienst für jemanden. Deshalb kann *diakonia* auch Hilfestellung oder Unterstützung heißen. Paulus kann sogar die Kollekte so nennen, die er für die Urgemeinde in Jerusalem sammelt (2Kor 8,4; 9,1.12.13). Aus den unterschiedlichen Diensten (1Kor 12,5) hat sich aber auch die Vorstellung der verschiedenen Ämter gebildet. Bei Paulus wird *diakonia* darum im Speziellen für den Dienst des Wortes, für den Verkündigungsdienst verwendet. In 2Kor 3 stellt er die *diakonia* des Mose der des Apostels gegenüber und versteht sich selbst als Diener des Neuen Bundes, nicht des Buchstabens, sondern des Geistes (2Kor 3,6). So kann er von seinem Apostelamt insgesamt als *diakonia* sprechen (2Kor 4,1). Ihm ist die *diakonia* der Versöhnung geben. Denn er hat das Wort von der Versöhnung zu predigen (2Kor 5,18.19). Damit wird deutlich: *diakonia* ist mehr als tätige Nächstenliebe. Es kann über den karitativ-unterstützenden Dienst hinaus den Dienst an der Ausbreitung des Gottesworts, ja den Dienst des Zuspruchs der Versöhnung meinen. Deshalb ist Paulus auch der »Diener des Evangeliums« (3,6f vgl. Kol 1,23.25). Gerade im Epheser- und Kolosserbrief begegnet *diakonia* »nur noch im Verkündigungszusammenhang« (A. Weiser, Exegetisches Wörterbuch, Bd. 1, S. 731).

Damit wird deutlich, dass *diakonia* hier nicht einfach nur als tätige Nächstenliebe verstanden werden darf, sondern in den Zusammenhang mit der Wortverkündigung gestellt werden muss. Bereits in den vorangehenden Versen war von den Wortämtern die Rede, die das von Christus gegebene Wort weiterreichen. In der Gabe des Wortes vollzieht sich der Aufbau des Leibes Christi. So ist das *Werk des Dienstes* hier als der Verkündigungsdienst des Wortes zu verstehen, der *die Auferbauung des Leibes Christi* bewirkt.
Wo ereignet sich die Verkündigung des Wortes anders als in der Feier des Gottesdienstes? Gerade darin werden die Heiligen zugerüstet und somit befähigt, an der Auferbauung des Leibes Christi mitzuwirken. Im Dienst der vor Gott versammelten Gemeinde vollzieht sich damit der Aufbau des Leibes Christi. Bereits Paulus hatte betont, dass im Gottesdienst alles zur Auferbauung geschehen soll (1Kor 14,26). Der Verkündigungsdienst ist also die Kraftquelle, durch die die Christenheit innerlich wie äußerlich gestärkt und aufgebaut wird. Das zeigt auch der folgende V. 13, der als Ziel die Stärkung und Vertiefung des Glaubens und der Erkenntnis nennt. Der Epheserbrief ist ja nicht zuletzt dazu geschrieben worden, um im Gottesdienst vorgelesen zu werden. So kann geschehen, was hier beschrieben wird: dass das Verkündigungswort des (bereits verstorbenen) Apostels erklingt und die Auferbauung des Leibes Christi bewirkt.
**V. 13:** Dass der Dienst der Heiligen zur Auferbauung des Leibes geschieht, wird nun betont: *bis wir alle gelangen zur Einheit des*

*Glaubens und der Erkenntnis des Sohnes Gottes zum vollkommenen Menschen zum Maß der Reife der Fülle Christi.* Die (Weiter-)Gabe des Wortes hat das Ziel, dass *alle* (!) zur Glaubenseinheit, zum Glaubensganzen finden. Das greift weit voraus auf eine künftige Einheit aller im Glauben. Wieder steht der Gedanke der Einheit betont im Zentrum. Jetzt handelt es sich um die Einheit des Glaubens. Glaube wird hier als *Erkenntnis des Sohnes Gottes* umschrieben. Glaube und Erkennen stehen also nicht im Widerspruch. Vielmehr geht es beim Glauben um ein Erkennen. Damit ist nicht bloß ein Für-wahr-Halten von Glaubenssätzen gemeint. Glaube ist auch nicht nur eine menschliche Willensentscheidung. Glaube ist nichts Statisches, wie die Formulierung *bis wir gelangen* verdeutlicht. Glaube ist vielmehr ein Erkenntnis*prozess*, bei dem sich die Wahrheit des Christusweges immer tiefer erschließt. Sein Ziel ist die vollkommene *Erkenntnis des Sohnes Gottes*, d.h. es geht darum, Jesus Christus als den Sohn Gottes zu erkennen. Denn das ist das Kriterium, das, was den christlichen Glauben inhaltlich ausmacht: Wer in Jesus Christus den Sohn Gottes erkennt, dem erschließt sich das Geheimnis des Glaubens. In ihm sind Juden und Heiden zur Einheit des Friedens geworden (vgl. 2,14 und 3,6). Dass Glaube damit nicht nur eine Art intellektuelle Zustimmung ist, sondern ein den ganzen Menschen umfassendes Geschehen, das machen die angefügten Wendungen deutlich: Sie beschreiben, dass die Adressaten zum *vollkommenen Menschen* und zum *Maß der Reife der Fülle Christi* gelangen sollen. Die Formulierungen erinnern an das Vollkommenheitsideal der alttestamentlichen Weisheit. Doch der Weg des Reifens darf nicht individualistisch verengt werden. Es geht vielmehr um einen Wachstumsprozess der Gemeinschaft aller Glaubenden, es geht um die *Einheit des Glaubens*. Es ist das gemeinsame Ziel, zu dem sich der Verfasser mit den Briefempfängern zusammenschließt (*wir!*). So geschieht die Auferbauung des Christusleibes als Ganzes. Dabei wird deutlich, dass sich die drei Wendungen jeweils ergänzen, um so die Vollendung des Christusleibes in den Blick zu nehmen.
Aus diesen geballten, dicht aneinander gereihten Wendungen ergeben sich wichtige Kriterien für die Verkündigung überhaupt: In der christlichen Verkündigung kann es nicht nur darum gehen, dogmatische Sätze weiterzugeben, die zu glauben sind. Christliche Verkündigung darf auch nicht bloß auf die Bekehrung des menschlichen Willens setzen, sondern muss sich darum bemühen, die Christuserkenntnis zu vertiefen. Sie muss versuchen, die Gegenwart des Auferstandenen in den Lebensvollzügen der Menschen zu erschließen. Nur so kann Glaube immer tiefer in der Lebenserfahrung verankert werden. Denn das Wachstum im Glauben be-

ginnt mit der Bekehrung und hört nicht damit auf. Die Vertiefung des Glaubens in der Erkenntnis Christi liegt dem Verfasser darum besonders am Herzen.

V. 14: Offensichtlich ist sich der Verfasser über die bedeutungsschweren Begriffe des vorangehenden Verses selber im Klaren. Um zu verdeutlichen, was gemeint ist, formuliert er nun, was die Glaubenden hinter sich lassen sollen. Hilfreich sind die Akzente, die er setzt, um deutlich vor den Gefahren zu warnen. Die Glaubenden sollen frei werden von den allgemein verbreiteten törichten und unreifen philosophischen Anschauungen. Er bezeichnet die Haltung, die sich von den neuesten Trends beeinflussen lässt, als *Unmündigkeit*. Sie steht im Gegensatz zu dem in V. 13 gezeichneten Vollkommenheitsideal und ist dadurch gekennzeichnet, dass man sich von *jedem Wind der Lehre* durcheinander bringen lässt. Das Bild steht der Beschreibung der Gottlosen in Ps 1 nahe: »Sie sind wie Spreu, die der Wind verweht« (Ps 1,4). Der Verfasser fügt hier noch weitere Bilder an: Er spricht vom *Würfelspiel*, das nicht nur als Sinnbild für Zufälligkeit und Unbeständigkeit steht, sondern bei dem oft leichtfertig das Wertvollste aufs Spiel gesetzt wird. Ja, er steigert seine negativen Ausführungen noch und redet von der *Verschlagenheit trügerischer Methoden des Irrtums*. Hier ist nicht nur ahnungslose Leichtfertigkeit, sondern Gerissenheit und bewusste Täuschung im Spiel! Warnend lässt er die Gefahr der zerstörerischen Absicht widergöttlicher Mächte anklingen. Damit legt der Verfasser sehr deutlich den Finger auf die Gefahren, die zu jeder Zeit lauern. Besonders in einer schnelllebigen Zeit wie der unseren besteht die Gefahr, *jedem Wind der Lehre* zu folgen und sich von ständig neuen Trends durcheinander bringen zu lassen. Wie stark haben Modeströmungen Einfluss auf unser Denken!

V. 15–16: Dem Verwirrspiel böser Einflüsse stellt der Verfasser die Kraft der Wahrheit entgegen. Die Glaubenden sollen *die Wahrheit in Liebe bezeugen*. Im Alltag können Wahrheit und Liebe leicht gegeneinander stehen. In Liebe die Wahrheit sagen, das wäre ein unerreichbares Ideal, wenn es nicht Christus wäre, der es in uns erfüllt. Doch die Wortwahl weist noch darüber hinaus. Es geht nicht nur darum, in Liebe die Wahrheit zu sagen, denn das entscheidende Wort heißt hier im Urtext: »wahr sein«. Es geht vielmehr darum, in Liebe die Wahrheit zu leben und zunehmend mehr von der Wahrheit durchdrungen zu sein. Das ist nur möglich, wo Christus immer mehr in den Menschen Raum gewinnt. Genau das ist das Wachstumsgesetz des Leibes Christi. Denn so wachsen wir mit Christus immer mehr auf Christus zu – ja vielmehr: wächst der Leib seinem Haupt entgegen. Das ist kein

eigener Verdienst, sondern alles in allem das Wachstum Gottes, das sich in uns und durch uns vollzieht: So geht es in allem um die immer stärkere Christuserfüllung. Es soll ein Wachsen sein *in allem*, in jeglichen Bezügen des Lebens, im persönlichen Leben wie im Berufsleben, als einzelner wie in der Gemeinschaft des Glaubens.
Christus ist das Haupt, auf das alles zuwächst. Und er ist zugleich der, der alles zusammenfasst und zusammenhält, der das Wachstum bewirkt und alle zu sich zieht. Wie das geschieht, schildert V. 16 eindrücklich: *von dem der ganze Leib – zusammengehalten und zusammengefügt durch jede Versorgungsverbindung nach der Kraft im Maß eines jeden Gliedes – das Wachstum des Leibes vollbringt zur Auferbauung seiner selbst in Liebe.*
Nach antiker medizinischer Vorstellung münden alle Gefäße im Kopf. Der Kopf, das Haupt, ist das Zentrum, von dem aus alles gesteuert wird, von dem aus alle Glieder mit den notwendigen Lebenssäften und Wachstumskräften versorgt werden. Deshalb spielen hier die Versorgungsverbindungen eine so große Rolle. Durch sie leitet das Haupt die Wachstumskräfte in die einzelnen Glieder. So wird das Wachstum ermöglicht. Auf den Leib Christi übertragen heißt das: Es gibt Versorgungsstränge, die von Christus, dem Haupt, das Wort Christi den einzelnen Gliedern übermitteln. Prüft man die vorangehenden Verse auf diese Vorstellung hin ab, wird deutlich, dass mit den Versorgungsverbindungen die Ämter gemeint sein müssen, die das Wort Christi an die gegenwärtige Generation vermitteln: Apostel und Propheten, Evangelisten, Hirten und Lehrer. Indem sie das Wort Christi weiterleiten an die Glieder, kann der Leib das Wachstum seiner selbst vollziehen und somit auf das Haupt Christus zuwachsen. Diese Vorstellung hat leicht zu Missverständnissen Anlass gegeben. Als habe hier das Amt Mittlerfunktion gewonnen, die ihm nicht zustehe. Doch das Bild ist eindeutig: Im Leib Christi haben die Ämter die Funktion von Blutbahnen oder anderen Versorgungsverbindungen im Körper: Sie haben keine andere Funktion als die, die Wachstumskräfte weiterzuleiten, also Gefäße zu sein, die den freien Durchlauf ermöglichen. Deutlich ist, wie hier das Bild vom Leib weiter ausgestaltet wird. Der Leib ist ein lebendiger Organismus, der von Versorgungsbahnen durchzogen wird und somit wächst. Dabei wird mit den Wendungen gerade der innere Zusammenhalt betont: *Zusammengehalten und zusammengefügt* wird der Leib durch diese Verbindungen. Dieser Zusammenhalt scheint dem Verfasser sehr wichtig zu sein. Denn mit dem Tod des Apostels ist der Zusammenhalt gefährdet. Darum wird er gerade hier ins Zentrum gestellt.

Die Versorgungsbahnen vermitteln das Wachstum Christi, das sich in den Gliedern vollzieht: von Christus her auf Christus zu – ein sehr dynamisches Bild. Und zugleich ein Bild, in dem das Wachstum noch nicht abgeschlossen ist: Der Leib wächst seiner künftigen Vollendung entgegen: ein atemberaubendes und zugleich sehr ungewohntes Bild für das, was Kirche sein soll. Kirche ist ständigen Veränderungsprozessen ausgesetzt. In dieser Gemeinschaft soll mehr und mehr die Wahrheit zum Ausdruck kommen bis einmal Christus alles in allem sein wird. Christus allein ist der Ausgangspunkt und das Wachstumsziel der weltumspannenden Einheit des Glaubens.
Doch bei diesen weit ausholenden Gedanken verliert der Verfasser nicht den Blick für den Einzelnen: Das Wachstum geschieht *nach der Kraft* Gottes, aber zugleich *im Maß jedes einzelnen Teiles*. Keiner wird überfordert, denn das Wachstum ereignet sich in dem jeweils persönlichen Maß, in welchem der Glaube des Einzelnen reift. Damit schlägt der Verfasser den Bogen zum Beginn der Ausführungen in V. 7. Und er betont: Das Wachstum hat ein Grundprinzip: Es geschieht *in Liebe*.

Das Bild vom Leib Christi, das aus den anderen Paulusbriefen gut bekannt ist, wird hier bis in die Einzelheiten ausgestaltet. Der Leib Christi umfasst die Universalkirche und nicht mehr nur die jeweiligen Einzelgemeinden. Christus selbst ist das Haupt, die Menschen sind die Glieder. Aber dazwischen gibt es noch die Versorgungsstränge, die die Lebenskräfte vom Haupt her den einzelnen Gliedern zuleiten. Das sind die Wortämter: Apostel und Propheten, Evangelisten, Hirten und Lehrer. Diese Ämter sind nicht genauer beschrieben. Wichtig ist, dass sie das Wort Christi weiterreichen. Wo das geschieht, ereignet sich die Auferbauung des Leibes. Entscheidend ist, dass der Leib kein abgeschlossenes Ganzes darstellt, sondern im Wachstum begriffen ist. Der Leib wächst auf sein Haupt zu. Christus ist das Haupt und damit das Zentrum dieses Leibes: Von ihm stammen die Wachstumskräfte, von ihm wird alles zusammengehalten, auf ihn wächst der Leib zu. Damit ist der Blick auf die künftige Vollendung in Christus offengehalten. Kirche ist damit nicht bloß eine »Körperschaft«, sondern ein lebendiger Leib, eine Gemeinschaft des Glaubens, erfüllt von den Wachstumskräften Christi!

## *Das Wesen der Kirche nach dem Epheserbrief – Zusammenfassung*

In keinem Schriftstück des Neuen Testaments wird so intensiv über das Wesen der Kirche nachgedacht wie im Epheserbrief. Was ist der

Grund dafür, dass der Kirche hier so eine hohe Aufmerksamkeit zukommt? Offensichtlich ist es der Ausdruck für den Anbruch einer neuen geschichtlichen Situation. Denn mit Paulus ist die Gründergeneration gestorben. Damit fehlen die Augenzeugen der ersten Stunde. Die drängende Frage ist, wer jetzt als Garant für die Wahrheit einsteht. Paulus hatte durch seine Briefe, Besuche und Mitarbeiter Kontakt mit den von ihm gegründeten Gemeinden gehalten. Er war das einigende Band zwischen den im Mittelmeerraum verstreuten Gemeinden. Mit seinem Tod fällt das schlagartig weg. Worin besteht jetzt die Verbindung, der Zusammenhalt? Gerade deshalb wird für den Verfasser der Gedanke der Einheit so wichtig. Die Vorstellung von der *einen* Kirche bekommt fundamentale Bedeutung. Das zeigt sich schon am Sprachgebrauch: Wo der Epheserbrief von Kirche spricht, meint er nicht die Ortsgemeinde, sondern die eine, universale Kirche.

Diese _Einheit_ muss nicht erst hergestellt werden. Denn nicht die Mitglieder konstituieren die Kirche. Kirche besteht bereits, sie ist durch die Versöhnungstat Christi gestiftet (vgl. 2,14–18). Am Kreuz hat Jesus Gott und Mensch miteinander versöhnt (vertikale Linie der Versöhnung). Er hat aber auch die Menschen untereinander versöhnt und damit die Trennung zwischen Heiden und Juden aufgehoben (horizontale Linie der Versöhnung). Beide Linien der Versöhnung finden hier zusammen, damit er sie *versöhne mit Gott in einem Leib durch das Kreuz* (2,16 LÜ). So haben alle *den Zugang zum Vater* (2,18). Kirche ist darum nicht bloß eine Organisation oder eine Institution, auch nicht nur die Summe aller Mitglieder. Kirche ist die in Christus gestiftete Gemeinschaft der Versöhnung. Kirche ist der in Christus eröffnete Raum des Heils. Mit der Formel *in Christus* ist kurz und bündig umschrieben, was Kirche ist. Wer *in Christus* ist, für den sind Versöhnung und Frieden Wirklichkeit geworden: *Denn Christus ist unser Friede* (2,14). Letztlich besteht die Einheit der Kirche in der Gemeinschaft aller Gläubigen weltweit und zu allen Zeiten.

Zentrales Anliegen des Briefes ist es darum, die bestehende Einheit *im Band des Friedens zu wahren* (4,2). Konfessionelle Streitigkeiten widersprechen der Einheit, doch sie können sie nicht aufheben. Aufgabe heutiger ökumenischer Bestrebungen muss darum sein, der Einheit auch äußerlich zu entsprechen, sie mehr und mehr sichtbar werden zu lassen. Das meint keinesfalls einen Zwang zur Einheitlichkeit oder Uniformität. Das haben die Reformatoren im Rückgriff auf den Epheserbrief betont: Zur wahren Einheit der Kirche ist keine Gleichförmigkeit in allen Dingen nötig (vgl. Augsburgische Konfession Artikel 7: »Denn dies ist genug zu wahrer Einheit der christlichen Kirchen, dass da einträchtiglich nach reinem Verstand das Evangelium gepredigt und die Sakramente dem göttlichen Wort gemäß gereicht werden. Und ist nicht Not zur wahren Einigkeit der christlichen Kirche, dass allenthalben gleichförmige Zeremonien, von den Menschen eingesetzt, gehalten werden, wie Paulus spricht zu den Ephesern Kap. 4: Ein Leib, ein Geist ...«). Vielmehr geht es darum, die vorgegebene Einheit zu bewahren. Wie Eph 4,4–6 zeigt, ist die Einheit der Kirche in der Einheit des Glaubens und damit letztlich in der Einheit Gottes begründet. Die sieben Kennzeichen der Einheit, die dort genannt werden, sind bis heute wichtige Kriterien für die ökumenische Diskussion. Die Gemeinschaft der Kirche beruht also nicht auf Zuneigung und Sympathie. Der Epheserbrief hebt die Unterschiedlichkeit der Gaben hervor. Daraus resultiert die Aufgabe gegenseitiger Unterstützung (4,16; vgl. 4,7). Demut, Sanftmut und Geduld sind gefordert im Umgang miteinander, insbesondere aber, sich bei aller Unterschiedlichkeit gegenseitig in Liebe zu ertragen (4,2). Mit einem modernen Stichwort könnte man diese Konzeption als »Einheit in versöhnter Verschiedenheit« bezeichnen.

Aus der Einheit folgt zwangsläufig die _Universalität_. Im Unterschied zu Paulus vermeidet der Epheserbrief, die einzelnen Gemeinden als Kirche anzusprechen. Kirche ist für ihn immer Universalkirche. Über den ganzen damals bekannten Weltkreis ist sie verstreut, die eine Kirche – natürlich in einzelnen Gemeinden. Aber nur zusammen bilden sie die eine Kirche. Hier begegnet der Gedanke des umfassenden Heilsraums, dessen _Breite, Höhe, Länge und Tiefe_ nur im Gebet zu erahnen ist (3,18), weil er alle irdischen Maße übersteigt. Für evangelische Ohren klingen diese Worte ungewohnt. Vorschnelle Kritik, hier werde Kirche zum Selbstzweck, ist unangebracht. Es geht um den in Christus eröffneten Raum der Versöhnung, der sich immer weiter ausbreitet. Im Bild vom Leib Christi verdeutlicht der Verfasser sein Anliegen. Der Leib _wächst_ auf sein Haupt zu (4,15). Und dieses Haupt ist Christus. Von Christus, dem Haupt, stammt zugleich die Kraft, die das Wachstum ermöglicht: das Wort des Evangeliums, das – wie beim Leib durch Blutbahnen und Gefäße (4,16) – durch die Wortämter zu den einzelnen Gliedern gelenkt wird: _Apostel und Propheten, Evangelisten, Hirten und Lehrer_ (4,11) haben die Aufgabe, das Wort zu den einzelnen Christen zu leiten und so das Wachstum des Leibes zu fördern. Von Christus her auf Christus zu, so könnte man die ekklesiologische Konzeption des Briefs bezeichnen. Nicht das Amt, sondern Christus allein setzt Anfang und Ziel der Kirche.

Einheit und Universalität sind wichtige Kennzeichen der Kirche nach dem Epheserbrief. Aber der Tod des Paulus weist nicht nur auf die bedrohte Einheit hin. Es geht zugleich um die Frage, wer jetzt als Garant für die Wahrheit einsteht. Betont hebt der Epheserbrief hervor, dass die Kirche auf dem Fundament der Apostel und (neutestamentlichen) Propheten ruht, also auf den Zeugen der ersten Generation.

Ihnen wurde das Mysterium, das Geheimnis des Glaubens, offenbart (3,5). Auf der Wahrheit ihres Zeugnisses baut die Kirche auf. Das ist die apostolische Norm, die *Apostolizität*. Eindrücklich führt der Schüler das Bild des Kirchenbaus über Paulus hinaus. Paulus hatte davon gesprochen, dass niemand einen anderen Grund legen kann »als den, der gelegt ist: welcher ist Jesus Christus« (1Kor 3,11). Das zweigliedrige Bild von Fundament und Bau wird im Epheserbrief dreigliedrig: Eckstein – Fundament – Bauwerk. Unter dem Fundament der Apostel und Propheten gibt Christus als Eckstein die Maße vor: *erbaut auf dem Fundament der Apostel und Propheten, dessen Eckstein Jesus Christus ist, in welchem der ganze Bau zusammengehalten wächst zum heiligen Tempel im Herrn* (2,20f). Im dreigliedrigen Bild wird die spätere Entstehungszeit sichtbar.

Ein viertes Merkmal charakterisiert die Kirche: die *Heiligkeit*. Auch sie liegt nicht in den einzelnen Mitgliedern begründet, sondern allein in Christus. Im Bild der Ehe hebt der Verfasser die liebevolle Gemeinschaft von Christus und Kirche hervor: *gleichwie Christus die Kirche geliebt und sich für sie dahingegeben hat, damit er sie heilige* (5,25f). Das hochzeitliche Brautbad ist Bild für die Taufe, durch die die Kirche als Braut Christi gereinigt und geheiligt wird: *Er hat sie gereinigt durch das Wasserbad im Wort, damit er sie vor sich stelle als eine Kirche, die herrlich sei* (5,26f LÜ). Heilig ist die Kirche also nicht, weil sich ihre Mitglieder durch besondere Qualitäten auszeichnen, sondern weil sie durch Christus gerechtfertigt und geheiligt sind.

Vier Merkmale bestimmen damit die Kirche: *Einheit, Universalität, Apostolizität* und *Heiligkeit*. Genau diese vier Attribute führt auch das sog. nizänische Glaubensbekenntnis auf, das wohl im Jahre 381 n.Chr. in Konstantinopel entstanden und von den Konzilsvätern in Chalcedon 451 n.Chr. schriftlich notiert worden ist. Mit den vier Attributen sollte das Glaubensbekenntnis die Wesensmerkmale (sog. *notae ecclesiae*) festhalten, um zu charakterisieren, was die wahre Kirche ausmacht: »*die eine, heilige, allgemeine (= universale) und apostolische Kirche*«. Die vier Kennzeichen sind die Merkmale der wahren Kirche. In den jeweils vorfindlichen Kirchen wird sich jedoch immer nur ein gewisser Anteil davon wiederfinden lassen. Gerade darum bilden diese Merkmale wichtige Orientierungspunkte, an denen sich die Gemeinschaft der Christen immer wieder auszurichten hat und von denen her die jeweilige Kirche immer neu zu überprüfen ist. Sicher wird man an vielem in den Kirchen Kritik üben können: an der äußeren Organisation und Institution, an verkrusteten Strukturen, an äußerlichem Pomp und Machtgebaren, an Oberflächlichkeit und Einseitigkeit der Verkündigung usw. Die vier Wesensmerkmale schärfen den Blick für das, was an den vorfindlichen Kirchen entscheidend ist. Zugleich öffnen sie den Blick dafür, was die wahre Gemeinschaft der Glaubenden ausmacht. Es ist ein verheißungsvolles Zeichen der Ökumene, dass trotz aller Unterschiede und Spaltungen dieses Glaubensbekenntnis aus dem 4. Jahrhundert bis heute nahezu alle Konfessionen miteinander verbindet.

4,17 – 5,21
## II. Leben und Verhalten des Einzelnen

4,17–24
### 1. Der Wandel des alten Menschen

4,17–19
#### a) Der Wandel in der Nichtigkeit des Sinnes

<sup>17</sup>Dies sage ich nun und bezeuge es im Herrn,
dass ihr nicht mehr wandelt
wie auch die Heiden wandeln
in der Nichtigkeit ihres Denkens,
<sup>18</sup>verfinstert in ihrem Verstand,
entfremdet vom Leben Gottes
wegen der Unwissenheit, die in ihnen vorherrscht,
wegen der Verhärtung ihres Herzens;
<sup>19</sup>sie sind abgestumpft und haben sich der Ausschweifung hingegeben,
indem sie völlig Unreines treiben in der Gier nach mehr.

Das Individuelle nach seinem jeweiligen Maß – wie es bereits in 4,16 angeklungen ist – ist nun auch das Thema des folgenden Teils: das Leben und Verhalten des Einzelnen (4,17 – 5,21). Es geht um die persönliche Entwicklung im Leben des Glaubens und den daraus folgenden Konsequenzen. Dabei wird in einem ersten Abschnitt der Wandel des alten Menschen thematisiert (4,17–24), bevor der Wandel des neuen Menschen dargestellt wird (4,25 – 5,21).

V. 17-18: In einem grundsätzlichen und mit gewichtigen Worten eingeleiteten Zeugnis (sakralrechtliche Terminologie!) legt der Autor den Lesern seine Gedanken betont ans Herz: *Dies sage ich nun und bezeuge es im Herrn.* Er verlangt, den alten Lebenswandel abzulegen, *dass ihr nicht mehr wandelt wie die Heiden wandeln.* Zunächst mag das wie ein Pauschalurteil klingen. Denn den Lebenswandel der Heiden überschreibt er mit einer kurzen Wendung und spricht von der *Nichtigkeit ihres Denkens*. Mit Nichtigkeit meint er die Selbstherrlichkeit und Eitelkeit ebenso wie die Hinfälligkeit und Vergänglichkeit der heidnischen Lebenseinstellung. Denn was hier mit *Denken* wiedergegeben ist, heißt wörtlich Vernunft, gemeint ist damit der Ort der Gedanken und Vorstellungen. So umschreibt dieser Begriff hier als Leitwort die gesamte Denkweise, die Gesinnung, die Lebenseinstellung eines Menschen. In den nachfolgenden zweimal zwei einander korrespondierenden Elementen führt er aus, worin die Nichtigkeit dieser Lebenseinstellung besteht: Die Heiden sind *in ihrem Verstand verfinstert // wegen der Unwissenheit, die in ihnen vorherrscht.* Sie sind *entfremdet vom Leben Gottes // wegen der Verhärtung ihres Herzens.* Die verschiedenen geistigen Bereiche des Menschen sind damit angesprochen: Während oben vom Denken, also von der Lebenseinstellung insgesamt die Rede war, ist jetzt mit *Verstand* das Erkenntnisvermögen gemeint, das in seiner Wahrnehmung verdunkelt ist. Mit *Herz* wird das geistige Zentrum der Person, das Wünschen und Wollen, das »Dichten und Trachten« umschrieben. In der Fülle dieser Begriffe macht der Verfasser deutlich, dass die heidnische Gesinnung von Grund auf verdorben ist. Auf den ersten Blick könnte man diese Sätze als plumpe Heidenpolemik abtun. Es geht aber nicht darum, andere Menschengruppen zu diffamieren. Vielmehr ist das Ziel, die Lebenseinstellung des »alten Menschen« im Gegensatz zum »neuen Menschen« pointiert darzustellen. Der Verfasser weist auf die Wurzel allen Übels hin. Sie liegt in der Entfremdung von der ihr eigentlich zugänglichen Gotteserkenntnis: *entfremdet vom Leben Gottes.* Das hatte Paulus bereits in Röm 1,19–23 betont. Da spricht Paulus auch davon, dass die Heiden »in ihren Gedanken Nichtigem verfallen (sind) und ihr unverständiges Herz verfinstert« wurde (Röm 1,21; Übersetzung W. Klaiber; vgl. Röm 1,28). Die Ähnlichkeit der beiden Passagen ist deutlich. Hier wie dort zeigt sich die Nichtigkeit des Denkens in einer Verdunklung der Verstandeskräfte, der geistigen Wahrnehmungsfähigkeit, die an den äußeren Dingen kleben bleibt und deren Blick von den geschaffenen Dingen nicht bis zum Schöpfer vordringt. Es zeigt sich an der *Verhärtung des Herzens,* das sich vor jeder inneren Berührung abgeschottet hat. Wie anders wird dagegen die Denkweise des neuen Menschen in V. 23 beschrieben! Der Verfasser ist dabei deutlich von jüdischen Vorstellungen geprägt, wie sie etwa in Weish 13,1ff begegnen. Dort wird die Nichtigkeit des heidnischen Denkens damit begründet, dass die Menschen in ihren Gedanken nicht über das Geschaffene hinaus zum Schöpfer vordringen.

V. 19: Die Verdunkelung der geistigen Wahrnehmung führt zur Abstumpfung. Ganz negativ beschreibt der Verfasser diesen Lebenswandel: *Sie sind abgestumpft und haben sich der Ausschweifung hingegeben, indem sie völlig Unreines treiben in der Gier nach mehr.* Wo dem Leben der Bezug zur Jenseitigkeit fehlt, wo der menschliche Geist die Transzendenz leugnet und sich sein Denken im Innerweltlichen erschöpft, wird der Mensch unersättlich und gibt sich der Ausschweifung hin. Typisches Kennzeichen dafür ist die *Gier.* Sie kann nie genug bekommen, weil es für sie nichts Erfüllendes gibt! Wo der Mensch in seiner Lebensauffassung keinen Anteil am Jenseitigen hat, kann er in seinem Tun keinen Sinn erkennen und somit zu keiner Erfüllung gelangen. Damit verfällt der Mensch dem Götzendienst, wie 5,5 zeigen wird, wo der Doppelausdruck *Unreinheit* und *Gier* mit dem Götzendienst gleichgesetzt wird.

Der Verfasser stellt die Nichtigkeit des Denkens als die Grundlage heidnischer Gesinnung heraus. Selbstherrlichkeit und Eitelkeit gehören genauso dazu wie Hinfälligkeit und Vergänglichkeit. Entscheidendes Kriterium ist für ihn, in wieweit das Denken sich nur im rein Innerweltlichen erschöpft bzw. Anteil hat an der Jenseitigkeit. Denn nur eine Lebensauffassung, die über die vorfindliche Welt hinausgeht, kann von der Sinnhaftigkeit des eigenen Lebens überzeugt sein. Wer nur die vorfindliche Welt der Dinge für existent hält und das Dasein einer geistigen Welt leugnet, für den kann das Leben nur in diesseitiger Erfüllung bestehen; der kann also von diesseitigem Lebensgenuss nicht genug bekommen. Das ist nach Aussage des Verfassers das Kennzeichen heidnischer Lebensweise: Gier und Unersättlichkeit sind die unausweichliche Folge. Es ist erstaunlich, wie aktuell diese Zeilen auch in die heutige Zeit sprechen. Sind nicht Gier und Unersättlichkeit die Kennzeichen auch unserer Zeit? Führt das nicht dazu, dass manche Menschen nie genug bekommen und die Schere zwischen arm und reich immer weiter aufgeht? Ist es nicht auffällig, dass die Werbebranche gerade mit den negativen Stichworten wie Geiz, Gier oder Versuchung lockt, um die Unersättlichkeit im Menschen anzustacheln und ihn zum Kauf anzureizen? So wird dem Besitz bzw. dem Konsum eine überhöhte Wertigkeit zugesprochen.

## 4,20–24
### b) Das Ablegen des alten und Anziehen des neuen Menschen

[20]Ihr aber habt den Christus so nicht gelernt;
[21]wenn ihr ihn doch gehört habt

und in ihm belehrt worden seid, wie es Wahrheit ist in Jesus,
²²dass ihr ablegt den alten Menschen mit seinem früheren Lebenswandel,
der sich durch Begierden des Trugs zugrunde richtet,
²³euch aber erneuern lasst durch den Geist in eurem Denken
²⁴und anzieht den neuen Menschen,
der geschaffen ist nach Gott
in Gerechtigkeit und Heiligkeit der Wahrheit.

V. 20-21: Im Gegensatz zur heidnischen Existenz beschreibt der Verfasser nun die christliche Lebensweise: *Ihr aber habt den Christus so nicht gelernt*. Hier gilt es, genau auf die Formulierungen zu achten! Bewusst durchbrechen sie die herkömmliche Grammatik. Die drei parallelen Aussagen vom Lernen, Hören und Belehrtwerden sprechen nicht nur von einer intellektuellen Christuserkenntnis, sondern gehen darüber hinaus. *Den Christus lernen* heißt nicht bloß, etwas von ihm lernen, auch nicht nur: ihn kennenlernen, sondern: die Christuswahrheit innerlich vollziehen. *Ihn hören* meint nicht bloß, von ihm hören, sondern: ihn selbst hören. Und *in ihm belehrt werden* bedeutet nicht, darin unterrichtet werden, sondern: von ihm geprägt und geformt werden. Es geht dem Verfasser nicht um Belehrung in einer Sache und sei sie noch so christlich, sondern um die Verbindung zu einer Person: zu Christus. Das wird durch den angehängten Satzteil *wie es Wahrheit ist in Jesus* noch unterstrichen: Es geht um die Verbindung zu Jesus, dem Menschgewordenen.

Der Verfasser greift dabei auf charakteristische Formulierungen zurück, wie er sie vom Erlernen der Tora kannte. In der griechischen Übersetzung des Alten Testaments, der Septuaginta, tauchen insbesondere im Buch Deuteronomium die gleichen Verben auf für das Erlernen der Tora: lernen, hören, belehrt werden (vgl. Dtn 5,1ff; 6,1-9 u.ö.). Auch da geht es nicht um ein rein intellektuelles Lernen, sondern um ein Lernen »mit ganzem Herzen, mit ganzer Seele und mit all deinen Kräften« (Dtn 6,5). Wie für die Juden die Tora, so ist für die Christen Christus die Leben schenkende und prägende Norm: Es geht hier um das Erlernen der Christustora.

Bis zum heutigen Tag bleiben diese Worte eine Herausforderung. Glaube meint nicht bloß eine theoretische Zustimmung zu bestimmten Wahrheitsaussagen, sondern hat Leben verändernde und den Lebensvollzug prägende Kraft. Es geht um eine intensive, innere Verbundenheit mit der Person Jesu. *Den Christus lernen* heißt dann: im eigenen Lebenswandel die Verbundenheit mit Christus vollziehen. *Den Christus hören* meint: die Stimme des erhöhten Herrn vernehmen. Damit ist Christus nicht nur Gegenstand der Verkündigung, sondern zugleich der, der in der Verkündigung letztlich selbst zu uns spricht. Hier begegnet ein Grundgedanke, der den Reformatoren ebenfalls am Herzen lag: dass in der Wortverkündigung Christus selbst das Herz bewegt und die Seele berührt. Auch bei den Worten *in ihm gelehrt werden* überrascht die Art der Formulierung. Denn belehrt werden kann man nur in einer Sache und nicht in einer Person. Hier hat das »in ihm« eine besondere Bedeutung: Es umschreibt das »In-Christus-Sein« und weist darauf hin, dass die eigene Existenz durch den Christusbezug ein neues Fundament erhalten hat. Dadurch dass jemand in Christus gegründet ist, wird er in seinem Sein neu geprägt und geformt.

Eine ganz ähnliche Beschreibung, die uns im Deutschen ebenfalls Schwierigkeiten bereitet, findet sich bei Paulus in Phil 2,5: »Seid so unter euch gesinnt, wie es auch der Gemeinschaft in Christus Jesus entspricht«. Wie der angehängte Christushymnus zeigt, geht es auch hier nicht bloß um äußerliche Belehrung, sondern um den eigenen Lebensvollzug in der Christusnachfolge.

Damit weist der Verfasser des Epheserbriefs auf einen wichtigen Sachverhalt hin: Religiöses Lernen ist nicht bloß Erlernen eines Lernstoffes, sondern meint Herzensbildung, meint Formung der Seelen- und Glaubenskräfte und umschreibt darum ein inneres Wachstum! Es umfasst das ganze Leben. Gerade das wird auch in den folgenden Versen verdeutlicht.

V. 22–24: Im griechischen Original werden nun drei Infinitive angehängt. Sie sprechen vom Ausziehen des alten und dem Anziehen des neuen Menschen und der damit geschehenden Erneuerung des Geistes. Aus- und Anziehen hat in der Bildersprache der Bibel weitreichende Bedeutung. Es geht dabei nicht lediglich um einen äußerlichen Kleiderwechsel, sondern umschreibt ein umfassendes Neuwerden. Die Kleidung wurde mühsam von Hand gefertigt. Kleider waren individuell zugeschnittene Einzelstücke. Nur selten konnte man sich ein zweites Stück zum Wechseln leisten. Darum gehörte die Kleidung zur eigenen Person, war ein Stück von einem selbst, sozusagen die äußere Haut. Die Kleider waren mit dem eigenen Leben aufs engste verbunden. Das zeigt sich auch in der Vorstellung, dass der Leib das Kleid der Seele sei. So wie die Seele bei der Geburt sich in einen Körper kleidet, so legt sie beim Sterben das Kleid des Leibes wieder ab (vgl. 2Kor 5). Deshalb kann das Wort vom Aus- und Anziehen den gleichen Aussagegehalt wie Sterben und Neugeborenwerden haben. Wenn beide Bilder wechselweise für den Vorgang der Taufe verwendet werden, ist damit kein Bedeutungsunterschied gemeint. Paulus beschreibt den Vorgang der Taufe genau mit diesen Bildern: »Denn ihr alle, die ihr auf Christus getauft seid, habt Christus angezogen« (Gal 3,27).

Der einmalige Vorgang des Aus- und Anziehens, der sich in der Taufe bereits ereignet hat, muss aber immer wieder neu vollzogen werden. Nicht weil er sonst nicht gültig wäre, sondern weil er immer wieder neu im Lebensvollzug eingeübt werden soll. So stehen in Kol 3,8–12 der einmal erfolgte Wechsel des Aus- und Anziehens in der Taufe und der immer wieder neu zu vollziehende und im täglichen Leben umzusetzende Kleiderwechsel nebeneinander: »Nun aber legt alles ab von euch: Zorn, Grimm, Bosheit, Lästerung ..., denn ihr habt den alten Menschen mit seinen Werken ausgezogen und den neuen angezogen«. Wie im Kolosserbrief geht es auch hier um das Ausziehen des alten, vergänglichen Menschen, der von den Begierden der Selbsttäuschung gesteuert wird und das Anziehen des neuen, von Gott erschaffenen Menschen *in Gerechtigkeit und Heiligkeit der Wahrheit*.

Dabei ist mit dem Ausziehen des alten und dem Anziehen des neuen Menschen das mit Christus Sterben und mit ihm wieder Lebendig-Werden gemeint. Es geht also hier genauso um Neuschöpfung wie in der Wendung: *dass ihr euch aber erneuern lasst durch den Geist in eurem Denken*. Bewusst formuliert der Verfasser präsentisch, denn es ist ein Vorgang, der im tagtäglichen Leben immer neu vollzogen werden muss. Der Nichtigkeit des Denkens, wie es in V. 17 dargestellt wurde, steht jetzt die Erneuerung gegenüber. Die Wortwahl erinnert an Röm 12,2: »lasst euch umgestalten durch die Erneuerung eures Denkens«.

Im Folgenden wird die Erneuerung noch genauer beschrieben: Der neue Mensch ist der nach Gottes Ebenbild geschaffene. Damit wird auf Gen 1,27 angespielt: »Gott schuf den Menschen zu seinem Bilde, zum Bilde Gottes schuf er ihn«. Bereits im Kolosserbrief wird darauf hingewiesen: »ihr habt den alten Menschen mit seinen Werken ausgezogen und den neuen angezogen, der erneu-ert wird zur Erkenntnis nach dem Ebenbild dessen, der ihn geschaffen hat« (Kol 3,10), nämlich Christus, dem Ebenbild Gottes (Kol 1,15). Was Gott nach seinem Ebenbild in uns eingeprägt hat, das soll sich nun in unserem Leben ausprägen – »nach dem Bild seines Sohnes« (Röm 8,29).

In allem geht es dabei um ein Leben in der Wahrheit, die in zwei grundlegende Kategorien eingeteilt wird: Es ist die Wahrheit, die sich *in Gerechtigkeit und Heiligkeit* zeigt. Damit sind die beiden Grunddimensionen menschlichen Daseins angesprochen: Mit *Gerechtigkeit* ist die Beziehung zu den Mitmenschen und mit *Heiligkeit* die Beziehung zu Gott umschrieben. Nach diesen beiden Kategorien ist auch die folgende Darstellung gegliedert. In 4,25–32 geht es um das Verhältnis zum Mitmenschen (*Gerechtigkeit*) und in 5, 1–21 um das Verhältnis zu Gott (*Heiligkeit*).

Religiöses Lernen ist nicht nur das Erlernen eines Stoffes, sondern das Einüben eines inneren Vollzuges. Es will nicht nur mit dem Intellekt angeeignet, sondern mit ganzem Herzen durchlebt werden. Das möchte der Verfasser seinen Lesern besonders wichtigmachen. Er erinnert sie an die Taufe, in der die Glaubenden den alten Menschen abgelegt und den neuen Menschen angezogen haben. Dieser Kleiderwechsel ist nicht nur eine äußerliche Angelegenheit wie für uns heute, sondern etwas, das die neue Identität eines Menschen zum Ausdruck bringt. Im Bild des Kleiderwechsel ist also das Gleiche ausgesprochen wie im Gedanken vom Absterben und Neu-geboren-Werden. Ist die Taufe ein einmaliger und unwiederholbarer Wechsel, so kommt es jetzt jedoch darauf an, dass die Christen diesen Wechsel tagtäglich neu vergegenwärtigen, so dass sich in ihrem ganzen Wesen ausprägt, was ihnen in der Taufe eingeprägt wurde: Als Ebenbild Gottes sollen sie in Gerechtigkeit und Heiligkeit, also in einem ausgewogenen Verhältnis zum Mitmenschen und zu Gott leben.

## 4,25 – 5,21
## 2. Der Wandel des neuen Menschen

### 4,25–32
### a) Das Verhältnis zum Mitmenschen

²⁵Darum legt die Lüge ab
»redet Wahrheit, ein jeder mit seinem Nächsten« (Sach 8,16),
    weil wir untereinander Glieder sind.
²⁶»Zürnt ihr, so sündigt nicht« (Ps 4,5);
die Sonne soll nicht über eurem Zorn untergehen
²⁷und gebt nicht Raum dem Teufel.
²⁸Wer stiehlt, der stehle nicht mehr (Ex 20,15),
    vielmehr mühe er sich, mit eigenen Händen das Gute zu erarbeiten,
        damit er etwas hat, um es dem Bedürftigen zu geben.
²⁹Kein übles Wort soll aus eurem Mund kommen,
    sondern wenn eins, dann ein gutes zur Erbauung, wo es nötig ist,
        damit es Gnade gebe denen, die es hören.

³⁰Und betrübt nicht den heiligen Geist Gottes,
in dem ihr versiegelt seid für den Tag der Erlösung.
³¹Alle Verbitterung, Erregung und Zorn, Geschrei und Schmähung sei von euch genommen, überhaupt alle Bosheit.
³²Seid vielmehr gütig zueinander, barmherzig und vergebt einander, wie auch Gott in Christus euch vergeben hat!

V. 25: In diesen Versen wird das Aus- und Anziehen konkretisiert: Es geht um das Ablegen der Lüge, des Trugs, der Falschheit im Gegenüber zur Wahrheit. Denn Wahrheit ist das entscheidende Stichwort, das sich wie ein roter Faden durch die Verse zieht (vgl. V. 15.21.24 und weiter: 5,9; 6,14). Von der Wahrheit soll nun auch das konkrete Handeln der Christen bestimmt sein.
Der Verfasser baut seine Darstellung auf Zitaten auf, die er bewusst aus den drei Kanonteilen des Alten Testaments gewählt hat: Aus dem Teil der Propheten zitiert er Sach 8,16 in V. 25. Aus dem Teil der sog. Schriften wählt er Ps 4,5 in V. 26. Auf die Tora bezieht sich die Anspielung Ex 20,15 in V. 28. Durch die Auswahl aus den drei Kanonteilen soll das gesamte Erbe des Alten Testaments für das christliche Leben fruchtbar gemacht werden. Deshalb entwickelt er im Anschluss daran seine Gedanken weiter. Man könnte das eine Art »Christustora« nennen, die den Lesern konkrete Anweisungen für ihr Verhalten geben soll.
Wichtig ist dabei die Unterscheidung von Wort und Tat. Denn beim richtigen Verhalten geht es nicht nur um das Handeln, das Tun, sondern auch um die Worte und Gedanken. Reden und Denken gehören jedoch eng zusammen. Denn Denken ist nach antiker Vorstellung immer ein stilles Reden. Spricht man über das Reden, beschreibt man damit zugleich das entsprechende Denken. Der Aspekt des Wortes beschreibt damit insgesamt den geistigen Bereich. Er wird mit den Zitaten aus Sach 8,16 und Ps 4,5 angesprochen.
Zum ersten Zitat: »*Redet Wahrheit, ein jeder mit seinem Nächsten*«. Die Worte Sach 8,16 stammen aus den abschließenden Mahnungen des 1. Hauptteils des Sacharjabuches. Dort beschreibt der Prophet, wie die Menschen sich verhalten sollen, wenn Gott unter ihnen wohnen und der universale Friede anbrechen wird: »Das ist's aber, was ihr tun sollt: Rede einer mit dem anderen Wahrheit und richtet recht, schafft Frieden in euren Toren.« Der Epheserbrief greift das auf und sagt damit: Hier im Leib Christi ist Wirklichkeit geworden, dass Gott unter ihnen wohnt. Darum hat das Leben aus der Wahrheit so fundamentale Bedeutung. Mit dem Zitat will er das hervorheben. Das Ablegen des alten Menschen ist das Ablegen der Lüge. Entsprechend muss das Anziehen des neuen

Menschen als Reden (und Denken!) der Wahrheit verstanden werden. In der Gemeinschaft des Leibes ist solches Verhalten grundlegend: *weil wir untereinander Glieder* (des Leibes, d.h. der Kirche) *sind.*

V. 26: Um die Wahrheit geht es auch im zweiten Zitat: *Zürnt ihr, so sündigt nicht (Ps 4,5).* Würde man Ps 4,5 »wörtlich« übersetzen, hieße es: »Zürnet, doch sündigt nicht!« Das ist keine Aufforderung zum Zürnen, sondern formuliert eine Bedingung: »Wenn ihr in Erregung seid, versündigt euch nicht!« Damit soll betont werden, auch beim Einsatz für die Wahrheit friedfertig zu bleiben, also die Wahrheit in Liebe zu sagen, wie das bereits in 4,15 angeklungen ist: »Eifert ihr euch (für die Wahrheit), so sündigt nicht« umschreibt, was der Verfasser meint. Damit warnt er vor jeder Art von Fanatismus.

In der Art, wie der Verfasser die Zitate einarbeitet, zeigt er, dass er – wie Paulus – mit den Grundlagen rabbinischer Schriftauslegung bestens vertraut ist. Mit der Anspielung auf eine alttestamentliche Stelle hat er – wie Paulus – nie nur den zitierten Vers im Blick, sondern immer auch das Umfeld. Der Ps 4 ist ein Abendgebet, wie die Fortsetzung des zitierten Verses zeigt: »redet in eurem Herzen auf eurem Lager und werdet stille« (Ps 4,5; vgl. auch V. 9: »Ich liege und schlafe ganz mit Frieden«). Das Stillwerden des Herzens auf dem Nachtlager nimmt der Verfasser in der Mahnung auf, *die Sonne ... nicht über eurem Zorn untergehen* zu lassen. Noch am gleichen Tag soll also der innere Zorn überwunden werden. Das entspricht ebenfalls dem nachfolgenden Vers in Sach 8,17: »und keiner ersinne Arges in seinem Herzen gegen seinen Nächsten.« Es galt als hohe Schule rabbinischer Schriftauslegung, zwei Bibelstellen so aneinander zu fügen, dass sie sich gegenseitig auslegen – ganz nach dem Grundsatz: »Aus zweier Zeugen Mund wird die Wahrheit kund«. Diese Kunst hat Paulus als Schüler von Rabbi Gamaliel bestens beherrscht und in seinen Briefen angewendet. Der Verfasser des Epheserbriefs steht ihm in nichts nach.

V. 27: Der zeitlichen Begrenzung des Zorns folgt eine räumliche: *und gebt nicht Raum dem Teufel.* Nach dem Weltbild des Epheserbriefs sind hier auf der Erde widergöttliche Mächte am Werk. Doch ihre Macht ist begrenzt, weil sie durch die Auferstehung Christi bereits überwunden sind (vgl. 2,1–3). Ihr Herrschaftsbereich nimmt immer weiter ab, da Christus mit der Macht seiner Auferstehung mehr und mehr die Welt erfüllt. An diesem eingrenzenden Wirken haben die Christen Anteil. Sie sollen den bösen Mächten keine Angriffsfläche bieten. Bis heute können diese Hinweise wertvoll für die eigene Psychohygiene sein. Wer sich vor

Wahrheitsfanatismus hütet und dem Verfestigen zürnender Gedanken vorbeugt, indem er den Zorn nicht in das Unterbewusstsein des Schlafs mitnimmt, bietet tatsächlich negativen Kräften weniger Angriffsfläche. So können diese Hinweise als Richtschnur für das Leben der endzeitlichen christlichen Gemeinde gelten. (Dass an dieser Stelle vom Teufel und nicht wie bei Paulus vom Satan gesprochen wird, kann als Hinweis auf die nachpaulinische Entstehung des Briefes gelten; inhaltlich besteht jedoch kein Unterschied.)

V. 28-29: Vom Wortaspekt wechselt der Verfasser jetzt zum Tataspekt mit einer Anspielung an eine prominente Stelle der Tora, an die zehn Gebote. Es geht um das Verbot des Stehlens (Ex 20,15): *Wer stiehlt, der stehle nicht mehr.* Die Formulierung mag auf den ersten Blick verwundern. Dass ein Dieb nicht mehr stehlen soll, versteht sich in christlicher Ethik eigentlich von selbst. Und man fragt sich, warum das eigens benannt wird. Genauso verwunderlich ist die Weiterführung durch den Verfasser, dass *kein übles Wort*, kein faules Geschwätz *aus eurem Mund kommen* soll. Denn das ist doch ebenfalls selbstverständlich. Offensichtlich geht es dem Verfasser um mehr. Er zeigt minutiös die Schritte auf, die die Verwandlung des Glaubens mit sich bringt. Er zeigt auf, wie sich das Ausziehen des alten und das Anziehen des neuen Menschen vollzieht. Er beschreibt es an den Beispielen von Stehlen und übler Nachrede. Beide Male handelt es sich jeweils um den Eingriff in die Privatsphäre des anderen – in Tat und Wort. Wer stiehlt, soll nicht mehr stehlen, sondern *sich darum mühen, mit eigenen Händen Gutes zu vollbringen.* Das ist der erste Schritt des Ausziehens. Paulus hatte in seinen Briefen bereits mehrfach den Wert eigenständigen Arbeitens betont (1Thess 2,9; 4,11; 1Kor 4,12; 2Thess 3,8–10). Doch dabei bleibt der Verfasser nicht stehen. Das Ziel des Aus- und Anziehens ist, freigebig zu werden und dem, der etwas braucht, zu schenken: *damit er etwas hat, um es dem Bedürftigen zu geben.* So wird die Verwandlung vom Dieb in den selbstlos Schenkenden aufgezeigt. Auch für den Bereich des Wortes werden die Schritte des Aus- und Anziehens minutiös beschrieben: *Kein übles Wort soll mehr aus eurem Mund kommen, sondern wenn eins, dann ein gutes zur Erbauung, wo es nötig ist.* Ja, die Worte sollen wohl abgewogen und zu einem wertvollen Zuspruch werden für den, der danach verlangt. Auch hier steht die Verwandlung im Zentrum: die Verwandlung von übler Nachrede zum segnenden Zuspruch: *damit es Gnade gebe denen, die es hören.*

V. 30: Wieder mündet der Unterabschnitt in eine Ermahnung mit Blick auf die endzeitliche Situation. Schloss der vorige Satz mit dem Gedanken, dem Teufel keinen Raum zu geben (V. 27), so geht es jetzt darum, *den heiligen Geist Gottes nicht zu betrüben, in dem ihr versiegelt seid bis zum Tag der Erlösung.* Deutlich wird gewarnt, durch ein Verhalten, das dem in der Taufe geschenkten Geist nicht entspricht, den heiligen Geist Gottes zu beleidigen oder zu kränken. So wird die persönliche Verantwortung ins Gedächtnis gerufen. Wie die Anspielung auf Jes 63,10 deutlich macht, wäre das eine Beleidigung von Gott selbst, der sie mit seinem Geist vor den Angriffen des Bösen versiegelt hat. Im gesamten Abschnitt spielt der Aspekt des Wortes eine wesentliche Rolle. Der geistige Bereich ist entscheidend. Denn dem Geist ist der Mensch seit der Taufe verpflichtet. In der Taufe ist der Mensch versiegelt worden mit dem heiligen Geist Gottes (vgl. Eph 1,13. 14). Ein Siegel ist ein Abdruck, der den wahren Absender bezeichnet und damit den Urheber und Eigentümer verbürgt. Ein Siegel ist aber auch ein Schutzzeichen, durch das man in Gefahren bewahrt bleibt. Im Geist Gottes versiegelt sein heißt als Eigentum Gottes verbürgt sein. Der Geist Gottes ist zugleich ein Schutzzeichen. Durch ihn wacht Gott selbst (und nicht nur ein Engel! vgl. Jes 63,9.10) über die von ihm Bezeichneten. Denn der Geist ist das Unterpfand Gottes bis zum Anbruch der endgültigen Erlösung.

**V. 31:** Die in einem Lasterkatalog zum Abschluss aufgezählten Stimmungen und Haltungen verdeutlichen, wodurch der Geist Gottes konkret beleidigt werden kann: *Alle Verbitterung, Erregung und Zorn, Geschrei und Schmähung sei von euch genommen, überhaupt alle Bosheit. Seid vielmehr gütig zueinander, barmherzig und vergebt einander, wie auch Gott in Christus euch vergeben hat!* Dass den fünf Gliedern des Lasterkataloges nur drei Glieder des Tugendkatalogs gegenüberstehen, liegt daran, dass die Fehlhaltungen genauer beschrieben werden. Wer die Laster und Tugenden einander zuordnet, merkt, dass jeweils drei Bereiche angesprochen sind, die sich von innen nach außen wenden. Als erstes wird als grundsätzliche Haltung jede Art von *Verbitterung* genannt. Ihr stellt der Tugendkatalog die *Güte* gegenüber. Es geht also um die innere Haltung des Herzens. Der zweite Bereich umschreibt die Emotionen. Hier wird von *Erregung* gesprochen, in gesteigerter Form vom *Zorn*. Als Tugend wird dem gegenüber die Barmherzigkeit genannt. Der dritte Bereich umschreibt die Äußerungen anderen gegenüber. Hier wird vom *Geschrei* gesprochen, welches im Begriff der *Schmähung* gesteigert ist. Ihr steht im Tugendkatalog die Vergebungsbereitschaft gegenüber. Die Fehlhaltungen sind aus den vorangegangenen Versen ersichtlich, denn Erregung und Zorn waren das Thema in V. 26. Geschrei und

Schmähung nehmen V. 29 auf. Der Umgang mit solchen Lasterkatalogen fällt uns oftmals schwer. Solche Aufzählungen rufen eher Unbehagen in uns hervor. Doch als Tafel, durch die man sich die Bereiche deutlich machen kann, an denen sich Fehlhaltungen einschleichen, mag ein solcher Katalog hilfreich sein – gewissermaßen als Spiegel, vor dem ich mein eigenes Verhalten überprüfen kann: Wo gibt es in mir eine verbitterte Haltung, wo gibt es emotionale Erregungen bis hin zum Zorn, wo gibt es übles Geschwätz, ja sogar schmähende oder fluchende Rede, von der ich mich abwenden sollte? Der Zuspruch, dass alle diese Haltungen *von euch genommen* seien, ermutigt, sich von der befreienden Kraft des Geistes verwandeln zu lassen.

V. 32: Während die Laster in einer Aufzählung ganz allgemein aneinandergereiht werden, spricht der Verfasser die positiven Seelenzustände den Briefempfängern direkt zu: *Seid vielmehr gütig zueinander, barmherzig und vergebt einander, wie auch Gott in Christus euch vergeben hat!* Dabei rückt die Vergebungsbereitschaft in eine besondere Nähe zum Verhalten Christi, der nicht nur als Vorbild, sondern als Ursprung der Vergebung dargestellt wird. Die Vergebung durch Jesus und die Vergebungsbereitschaft untereinander werden im Neuen Testament immer wieder aneinandergeknüpft, etwa im Vaterunser Mt 6,12; Lk 11,4) oder in Röm 15,7: »Darum nehmt einander an, wie Christus euch angenommen hat«. Sprachlich beeinflusst ist die Formulierung von Kol 3,13, nur dass hier die Vergebung nicht allgemein vom Herrn empfangen, sondern explizit auf *Gott in Christus* zurückgeführt wird. Der Gedanke der Orientierung an Christus weist dabei bereits auf den neuen Absatz 5,1–21 hin.

Das Verhältnis zum Mitmenschen wird in diesen wenigen Versen umfassend dargestellt. Der Verfasser fächert die verschiedenen Bereiche nacheinander auf: den geistigen Bereich des Redens und Denkens wie den Bereich des Tuns. Er fügt dabei – nach guter rabbinischer Auslegungstradition – Zitate aus den drei verschiedenen Teilen des Alten Testaments als Belege ein und macht deutlich, dass das neue Verhalten auf den alttestamentlichen Geboten aufbaut, zugleich aber nochmals einen Schritt weitergeht: Es wird nicht nur die Vermeidung des Bösen gefordert (»Du sollst nicht ...«), sondern die Verwandlung in ein gutes, dem Nächsten wohltuendes Verhalten aufgezeigt. Für den Bereich der Tat macht er dies an der Verwandlung vom Dieb in einen Wohltäter deutlich, für den Bereich des Wortes an der Verwandlung von übler Nachrede in segnenden Zuspruch. So kann die Verwandlung vom alten in den neuen Menschen sehr konkret nachgezeichnet werden. Abgeschlossen werden die Ausführungen mit einem sog. Laster- und Tugendkatalog. Er soll die Leser auf die verschiedenen Bereiche aufmerksam machen, in denen sich Fehlhaltungen einschleichen können. So sind Christen aufgefordert, ihr eigenes Verhalten immer neu zu bedenken und zu korrigieren. Wichtiger Zuspruch ist dabei die Vergebung, die in Christus bereits verbürgt ist.

### 5,1–20
#### b) Das Verhältnis zu Gott

Der letzte Vers des vorausgehenden Abschnittes hatte schon zum neuen Thema übergeleitet. Er hatte die Christen dazu aufgefordert, zur Vergebung bereit zu sein. Diese Vergebungsbereitschaft ruht in der Vergebung, die in Christus schon erfolgt ist. Damit ist der neue Gesichtspunkt, um den es jetzt geht, gut vorbereitet. Das Verhalten der Christen wird nämlich jetzt in der Beziehung zu Gott näher betrachtet, einmal im Blick auf Gott selbst (5,1–5), einmal im Blick auf Christus (5,6–14). Daran schließt sich eine Zusammenfassung, die auf die praktischen Konsequenzen zielt (5,15–21).
Auffällig ist, wie eng sich der Verfasser in diesen Abschnitten an Kol 3,5–17 orientiert. Seine Ausführungen wirken wie eine Überarbeitung des Kolosserbriefes. Die zentralen Begriffe sind übernommen, nur ein wenig anders angeordnet. Das rechtfertigt nicht zu der Annahme, der Verfasser des Epheserbriefes habe durch seine Überarbeitungen den Kolosserbrief verdrängen wollen. Im Gegenteil – ganz offensichtlich bringt der Verfasser dem Kolosserbrief besondere Wertschätzung entgegen und lehnt sich in seinen Formulierungen ganz bewusst an ihn als Vorbild an. Wer beide Texte miteinander vergleicht, wird feststellen, wie der Verfasser des Epheserbriefs die Vorlage des Kolosserbriefs stärker differenziert und die Gedanken neu ordnet. Während Kol 3,5–15 die Gegenbegriffe einst und jetzt, Absterben und Neuwerden sowie Aus- und Anziehen sehr dicht und eng einander gegenüberstellt, nimmt der Verfasser des Epheserbriefs jeweils ein Gegensatzpaar heraus und baut daraus seine Abschnitte neu. Darin zeigt sich seine Gabe, die paulinischen Gedanken zu ordnen und in ein theologisches System einzubauen. Wichtig ist ihm außerdem, die Ausführungen in die alttestamentliche Tradition einzugliedern. Denn für die ersten Christen war das Alte Testament ihre Heilige Schrift. Der Verfasser des Epheserbriefs will damit zeigen, dass die paulinischen Aussagen aus der alttestamentlichen Tradition stammen und in ihr verankert sind.

## 5,1–5
### α) Leben als geliebte Kinder Gottes

¹Werdet nun Nachahmer Gottes als (seine) geliebten Kinder
²und wandelt in Liebe
    wie Christus uns geliebt hat
    und sich für uns dahingegeben hat
    als Gabe und Opfer für Gott zu köstlichem Duft.
³Unzucht und alle Unreinheit oder Habgier
soll bei euch noch nicht einmal genannt werden
    wie es sich für Heilige geziemt,
⁴auch anzügliches, dummes und ironisches Reden (und Denken),
was sich nicht gehört,
sondern vielmehr Danksagung.
⁵Denn das sollt ihr wissen und einsehen,
    dass kein Unzüchtiger oder Unreiner oder Habgieriger
    – das ist ein Götzendiener –
    Erbteil hat am Reich Christi und Gottes.

V. 1: Kinder lernen durch Nachahmung. In diesem Abschnitt werden wir deshalb als Kinder Gottes angesprochen, die in ihrem Verhalten Gott nachahmen können und sollen. Das ist ganz grundlegend gemeint. In der rabbinischen Tradition spielte das Vater-Sohn-Verhältnis eine wichtige Rolle. Für die Schüler war der Rabbi der väterliche Lehrmeister, der nicht nur in seiner Lehre prägend wirkte, sondern dessen ganze Lebensweise durch Nachahmung erlernt werden sollte. Paulus hatte als Schüler von Rabbi Gamaliel eine ähnliche Auffassung. Immer wieder hatte er seinen Gemeinden empfohlen: »Werdet meine Nachahmer!« (1Kor 4,16; 11,1; Phil 3,17; 4,9; 1Thess 1,6). Er verstand sich als Vater der Gemeinde (»ich habe euch gezeugt« 1Kor 4,15), der sich in seinen Briefen an seine »geliebten Kinder« wandte.
Der Epheserbrief übernimmt diese Gedanken, überträgt sie aber – nach dem Tod des Apostels – ganz bewusst auf Gott. Er spricht ganz grundsätzlich von der Nachahmung Gottes, denn sie ist das Urbild allen nachahmenden Verhaltens und gründet darin, dass wir alle Gottes geliebte Kinder sind. Wie aber kann Gott nachgeahmt werden? Hier zeigt der Epheserbrief erneut, wie er seine theologischen Gedanken bis ins Grundsätzliche zu Ende denkt und dabei zugleich seinen Lesern konkrete Leitlinien an die Hand zu geben vermag.
V. 2: Zunächst verdeutlicht er, worin die Liebe Gottes gründet. Es ist das Christusopfer, die einmalige Opfertat Christi am Kreuz, in der sich Gottes Liebe verbürgt: *wie Christus uns geliebt hat und*

*sich für uns dahingegeben hat.* In dieser geschichtlich einmaligen Tat gründet der neue Bund Gottes. Um besser zu verstehen, was das bedeutet, nimmt der Verfasser nun Formulierungen aus der alttestamentlicher Bundestheologie auf: Der Heilstod Christi ist *Gabe und Opfer für Gott zu köstlichem Duft.* Mit Gabe und Opfer wurden im Alten Testament die beiden grundlegenden Opferarten angesprochen: die Erstlingsgaben und Speisopfer einerseits und die Brandopfer der geschlachteten Tiere andererseits. Sie galten als von Gott angenommen, wenn sie ihm ein Wohlgeruch geworden waren (vgl. Gen 8,21; Ex 29,18; Lev 1,9.13.17 u.ö.). Christi Tat umfasst das gesamte Opfer und ist *für Gott zu köstlichem Duft* geworden. Seine Lebenshingabe ist darum das neutestamentliche Bundesopfer, das einmalig und ein für alle Mal geschehen ist. Mit ihm sind die Christen zu erwählten und geliebten Kindern Gottes geworden.
Hier liegt die einzige Stelle im Neuen Testament vor, an der Jesu Tod als *Opfer für Gott* bezeichnet wird. Viele Menschen haben mit dem Opfer ihre Schwierigkeiten. Sie verbinden damit die Vorstellung, als habe Gott ein blutiges Opfer gefordert, damit sein Zorn besänftigt würde. Doch das ist ein Missverständnis, das dem biblischen Verständnis des Opfers völlig zuwider läuft. Auch wenn hier von einem *Opfer für Gott* gesprochen wird, so ist damit keinesfalls gemeint, dass die Menschen Gott ein Opfer darbringen müssten, um ihn zu besänftigen. Vielmehr hat der Verfasser hier den alttestamentlichen Bundesschluss vor Augen. Der Bundesschluss wird mit der Darbringung eines Opfers gestiftet und in der Feier eines gemeinsamen Bundesmahles vollzogen. So eröffnet sich eine heilvolle Gemeinschaft von Gott und Mensch.
V. 3: Wie im Alten Testament für die Israeliten aus dem Bundesschluss ein entsprechendes Verhalten folgte, so gilt das auch für die Stiftung des neuen Bundes. Deshalb wundert es nicht, dass der Verfasser nun in enger Anlehnung an die zehn Gebote formuliert: vor *Unzucht, Unreinheit* und *Habgier* warnt er und fordert damit nichts anderes als die Reinheit des Gottesverhältnisses, wie es im ersten und zweiten Gebot herausgestellt wird. Denn alles andere wäre Götzendienst, wie er die drei Begriffe in V. 5 zusammenfasst. Auch die zehn Gebote sind ja nichts anderes als die Ausformung des ersten Gebotes: »Ich bin der Herr, dein Gott, du sollst keine anderen Götter haben neben mir.« *Unzucht* ist für die Bibel immer ein Bild für den Abfall von Gott, denn die Gottesbeziehung entspricht nach biblischem Verständnis in ihrer Ausschließlichkeit der Ehe. *Unreinheit* unterstreicht diesen Grundgedanken. Und *Habgier* wird als Liebe zum Mammon ebenfalls dem Götzendienst zugerechnet (vgl. die ähnlichen Begriffe in 4,19).

Unter den mit Gott verbundenen *Heiligen* sollen solche Dinge *noch nicht einmal genannt werden*. Denn bereits die Erwähnung könnte ja als subtile Form der Verehrung verstanden werden. Und das hat in der Gottesbeziehung keinen Platz (vgl. dazu Ps 16,3.4).

V. 4: Unzucht, Unreinheit und Habgier sind dem Verfasser für Christen völlig unvorstellbar. In ihrer abgeschwächten Form aber möchte er sie den Lesern ebenfalls aufdecken. Deshalb folgt dem Tataspekt nun der Wortaspekt: *auch anzügliches, dummes und ironisches Reden (und Denken), was sich nicht gehört.* Die drei Erscheinungsformen des Redens und Denkens zeichnen sich durch Lieblosigkeit aus. Und der Abfall von der Liebe ist für den Verfasser zugleich Abfall von Gott. Auffällig ist dabei der letzte Begriff, das *ironische Reden*, das als »Schlagfertigkeit« in der Antike beliebt und geschätzt war. Doch diese Form gewitzten Antwortens, bei der man die Lacher auf seiner Seite hat, geziemt sich genauso wenig. Stattdessen legt der Verfasser seinen Lesern die *Danksagung* ans Herz. Denn sie ist von der Liebe geprägt und öffnet den Menschen wieder für die Beziehung zu Gott (vgl. dazu 5,20!). Gerade in unserer von der Inflation der Worte gekennzeichneten Zeit ist das Kriterium der Liebe bzw. Lieblosigkeit hilfreich, unser Reden und Denken zu prüfen, in wieweit es durchlässig ist für Gottes Gegenwart.

V. 5: Dem Verfasser ist die Grundhaltung der Liebe so wichtig, dass er seine Aussagen nochmals zusammenfassend wiederholt: *Denn das sollt ihr wissen und einsehen, dass kein Unzüchtiger oder Unreiner oder Habgieriger – das ist ein Götzendiener – Erbteil hat am Reich Christi und Gottes.* Dabei werden die drei Fehlhaltungen aus V. 3 persönlich zugespitzt und als Götzendienst gebrandmarkt: *kein Unzüchtiger oder Unreiner oder Habgieriger – das ist ein Götzendiener.* Der Verfasser greift auf eine Redewendung zurück, die Paulus öfters gebraucht: Es ist die Rede vom Ausschluss vom Reich Gottes, etwa in 1Kor 6,9f und Gal 5,19–21. Bei seinen Lesern setzt er als grundlegende Lebenseinstellung voraus, dass solches nicht vorkommt: *Denn das sollt ihr wissen und einsehen ...* Jede Sünde kann durch Liebe korrigiert werden, aber Götzendienst ist prinzipiell Ausschluss vom Gottesreich. Denn Götzendienst zerstört die Gottesbeziehung und damit die Verbundenheit mit Christus und Gott und somit die Gemeinschaft im *Reich Christi und Gottes.*

**Als Gottes geliebte Kinder sollen Christen die Liebe Gottes nachahmen. Seine Liebe hat sich in der Selbsthingabe Jesu am Kreuz gezeigt. Das ist das Opfer des neuen Bundes, durch das sich Gottes Liebe ver-**

bürgt. In dieser Liebe sollen nun auch die Christen leben. Der Verfasser warnt vor Unzucht, Unreinheit und Habgier, denn das zerstört die Beziehung d.h. den Bund mit Gott. Doch genauso wird von ihm anzügliches, dummes und ironisches Reden verurteilt. Es wird den großen Sünden zur Seite gestellt, denn es geschieht ebenfalls aus Lieblosigkeit. Die Hinweise können auch für uns heute hilfreich sein: Was prägt unser Reden und Denken? Wo werden Witze auf Kosten anderer gemacht? Wo prägt Lieblosigkeit unseren Umgang miteinander? Entscheidendes Kriterium ist die Dankbarkeit. Wo ein Mensch in der Haltung der Dankbarkeit lebt, ist er vor solch einer abschätzigen Art des Redens und Denkens gefeit.

## 5,6–14
### β) Leben als Kinder des Lichts Christi

⁶Keiner soll euch täuschen mit leeren Worten.
Deshalb kommt nämlich der Zorn Gottes über die Söhne des Ungehorsams.
⁷Habt nichts mit ihnen zu tun!
⁸Denn ihr wart einst Finsternis;
jetzt aber seid ihr Licht im Herrn.
Wandelt als Kinder des Lichts –
⁹die Frucht des Lichts nämlich (besteht)
in lauter Güte und Gerechtigkeit und Wahrheit –,
¹⁰indem ihr prüft, was dem Herrn gefällt!
¹¹Und habt nicht Gemeinschaft mit den unfruchtbaren Werken der Finsternis;
deckt sie vielmehr auf.
¹²Denn was heimlich von ihnen getan wird,
davon auch nur zu reden ist schändlich.
¹³Das alles aber,
wenn es aufgedeckt wird,
wird vom Licht offenbar gemacht;
¹⁴denn alles, was offenbar wird, ist selbst Licht.
Darum heißt es:
Wach auf, der du schläfst,
und steh auf von den Toten,
und Christus wird dir erstrahlen.

V. 6–7: In klarem Gegensatz zwischen Licht und Finsternis ist dieser Abschnitt aufgebaut. Nachdem in den Versen vorher die Beziehung zu Gott in der Sprache der alttestamentlichen Bundestheologie deutlich gemacht wurde, kommt hier die Beziehung zu

Christus ganz in der Sprache weisheitlicher Ermahnungen zu Wort, wie sie in den späten Schriften des Alten Testaments begegnet. Der Abschnitt ist eng mit dem Vorangehenden verbunden. Darum lassen sich die Verse 6–7 gewissermaßen als Überleitung zum neuen Gesichtspunkt ansehen. Entscheidend ist der veränderte Blickwinkel: War in 5,1–5 von den geliebten Kinder Gottes die Rede, werden sie in 5,6–14 als *Kinder des Lichts* dargestellt. Im Gegensatz dazu sind in V. 6–7 die *Söhne des Ungehorsams* benannt, die – wie 2,2 zeigte – dem Herrscher des Machtbereichs der Luft unterliegen. Denn die *euch täuschen mit leeren Worten*, das sind Menschen, die die in 5,5 angesprochenen Warnungen nicht ernst nehmen. Ihre Worte sind leer, weil dahinter keine Wirklichkeit steht, sondern ein Denken, das ins Leere greift. In 4,13 hatte der Verfasser vor der »Nichtigkeit ihres Denkens« gewarnt. Über sie *kommt der Zorn Gottes*. Der göttliche Zorn ist nicht als Emotion, sondern als göttliches Zorngericht zu verstehen. Es wird nicht bloß irgendwann in der Zukunft stattfinden. Es wirkt sich jetzt schon aus, indem die Menschen ihrer Täuschung erliegen und ihren Begierden verfallen (vgl. 2,2.3; 4,17–19 sowie Röm 1,18ff). Der Verfasser fordert eine ganz scharfe Trennung: *Habt nichts mit ihnen zu tun!* Deutlicher könnte man nicht warnen.

V. 8: Die Trennung wird noch deutlicher durch den Gegensatz von Licht und Finsternis: *Denn ihr wart einst Finsternis; jetzt aber seid ihr Licht im Herrn*. Die Kategorien *einst* und *jetzt* tauchten bereits mehrfach im Brief auf (vgl. 2,2.3.11.13), sie werden hier mit dem Gegensatz Finsternis und Licht gleichgesetzt. Wichtig ist die Zusage: Ihr *seid* Licht. Nicht: Ihr müsst das erst noch werden! Und zwar präzise: Ihr seid *Licht im Herrn*. Wir sind nicht Licht von uns aus, aus eigener Kraft, sondern *im Herrn*. Aus der Verbundenheit mit ihm ist der Übergang aus dem früheren Zustand der Finsternis in den jetzigen des Lichts geschehen.

Licht ist das leitende Bildwort in diesem Abschnitt und hat in der biblischen Tradition umfassende Bedeutung. Licht ist nicht nur das erste Schöpfungswerk, das als solches bereits am ersten Schöpfungstag vor den Lichtkörpern wie Sonne, Mond und Sterne erschaffen wurde. Es ist auch das einzige, das nicht durch die Tat des Schöpfers, sondern allein durch sein Wort erschaffen wurde. »Und Gott sprach: Es werde Licht! Und es ward Licht.« (Gen 1,3 LÜ). Das ist ein Hinweis darauf, dass das Licht nicht als eine Eigenschaft von Lichtkörpern, sondern als ein eigenes Phänomen verstanden wurde. Der Wechsel von Finsternis zum Licht kennzeichnet den ersten Schöpfungstag. Mit dem anbrechenden Morgen siegt das Licht über die Finsternis. So bringt Gott Klarheit und Ordnung und bannt damit alles Dunkle und Chaotische: »Da ward aus Abend und Morgen der erste Tag« (Gen 1,5 LÜ). Der Gegensatz von Licht und Finsternis ist damit von so grundlegender Art, dass er den ersten Schöpfungstag und damit die ganze Schöpfung kennzeichnet. Mit der Auferstehung Jesu am ersten Tag der Woche wird diese Symbolik aufgegriffen. Der Ostermorgen ist der Beginn der neuen Schöpfung Gottes, der lichtvolle Glanz des neuen Lebens, der über der vom Tod gezeichneten Welt hereinbricht.

Licht hat weitere umfassende Bedeutung. Das Licht gehört ganz in das Umfeld Gottes: »Licht ist dein Kleid, das du anhast«, heißt es in den Psalmen (Ps 104,2 LÜ). Licht bezeichnet damit den Bereich Gottes, in dem Gott thront: »Denn bei Gott ist lauter Licht«, betet Daniel (Dan 2,22). Wo Gott erscheint, berichtet die Bibel immer von dem Lichtglanz, der die Menschen überwältigt.

Im übertragenen Sinn ist Licht darum Zeichen des Lebens, während die Finsternis für den Tod steht. »Das Licht schauen« ist Synonym für leben (Hi 3,16; 33,28; Jes 53,11 LXX). Zum Leben im umfassenden Sinn gehört auch das Bewusstsein. Licht steht damit auch für die geistige Wahrnehmung, für das Erleuchtet werden, wie es bereits in Ps 36,10 heißt: »Und in deinem Lichte sehen wir das Licht«.

Der Gegensatz von Licht und Finsternis bestimmte in starkem Maß die damalige Gedankenwelt. So findet sich die Rede von den »Söhnen des Lichts« im Gegensatz zu den »Söhnen der Finsternis« laufend in den Schriftrollen der Gemeinschaft von Qumran, die in den Höhlen am Toten Meer gefunden wurden: etwa in der Gemeinderegel von Qumran, in der sich die Gemeindeglieder als Söhne des Lichts verstehen (vgl. 1QS I,9.10; II,16; III, 13.20–25), oder in der sog. Kriegsrolle, die den Krieg der Söhne des Lichts gegen die Söhne der Finsternis beschreibt (1QM I,1.7.10.16 u.ö.).

Diese umfassenden Vorstellungen bilden den Hintergrund für den vorliegenden Abschnitt. Es geht dabei um den Wechsel von der Finsternis zum Licht, also um das Überführende des Lichtes, um das Ans-Licht-Bringen.

Der Gegensatz von Licht und Finsternis wird in V. 8 zunächst im Rückblick auf das Leben der Glaubenden ausgesagt: *Denn ihr wart einst Finsternis; jetzt aber seid ihr Licht im Herrn*. Dieser Gedanke wird dann in den folgenden Versen weitergeführt: *Wandelt als Kinder des Lichts*. Hier geht es darum, wie sich im täglichen Leben auswirkt, dass die Briefempfänger jetzt *Kinder des Lichts* sind. Von den »Kindern des Lichts« hatte Paulus schon in 1Thess 5,5 gesprochen: »Denn ihr alle seid Kinder des Lichtes und Kinder des Tages«. Das ist hebräischer Sprachgebrauch: Mit *Kind* ist hier die Zugehörigkeit ausgedrückt. Als *Kinder des Lichts* gehören die Christen ganz Christus an, der selbst das Licht ist. In ihrem Leben sollen sie das Licht Christi verwirklichen. Ähnlich sagt das auch das Johannesevangelium. Dort begegnet die Selbstaussage Jesu »Ich bin das Licht der Welt« (Joh 8,12) ebenso wie die Zusage an die Christen: »Glaubt an das Licht, solange ihr's habt, damit ihr Kinder des Lichts werdet.« In der Bergpredigt wird den Glaubenden zugesprochen: »Ihr seid das Licht der Welt« (Mt 5,14).

V. 9: Die Kinder des Lichts zeichnen sich aus durch einen Wandel im Licht. Dieser Wandel trägt Früchte: *die Frucht des Lichts nämlich (besteht) in lauter Güte und Gerechtigkeit und Wahrheit.* Während ein Werk lediglich den Erfolg geleisteter Arbeit dokumentiert, bringen Früchte mehr zum Ausdruck. Früchte sind nicht nur Erfolg eigener Arbeit, sondern zugleich ein Geschenk. Sie entstehen, wo der Boden bereitet ist und das richtige Klima herrscht. Sie stellen sich ein beim Wandel im Licht und bestehen aus *lauter Güte und Gerechtigkeit und Wahrheit.* Die drei Begriffe ergänzen einander. Dabei ist *Wahrheit* das Umfassendste: Wo Licht ist, da ist Wahrheit. Wie aber gestaltet sich Wahrheit konkret im Leben? Dabei unterscheidet die Bibel immer nach engerem und fernerem Lebenskreis. Im Bezug zum anderen Menschen allgemein wird Wahrheit zur *Gerechtigkeit,* zu einem ausgewogenen Beziehungsverhältnis. Im Bezug auf die nähere Umgebung, auf die Familie, auf den mir nahestehenden Menschen, wird Wahrheit zur *Güte,* mit der ich Menschen in meinem Lebensumfeld beschenke. So trägt der (Lebens-)Wandel der Christen Lichtfrüchte in der Dunkelheit der Welt.

V. 10–14a: Der Wandel als Kinder des Lichts hat ein wesentliches Kriterium: *indem ihr prüft, was dem Herrn gefällt!* Damit kommt eine entscheidende Gedankenkette in den Blick: Es geht um das Prüfen, um die überwindende, überführende Macht des Lichts. Das hat zunächst seinen Ausgangspunkt an einem ganz natürlichen Geschehen. Wo Licht in die Dunkelheit gebracht wird, wird das Dunkle erhellt. Das versteht der Verfasser im übertragenen Sinn: Es kommt an den Tag, was richtig und was falsch ist: *indem ihr prüft, was dem Herrn gefällt!* Das Licht der Wahrheit kann die Finsternis des Irrtums erhellen und damit überwinden. Als Kinder des Lichts haben die Glaubenden Anteil an der Wirkweise des Lichts. Ganz sorgfältig wird hier im Dreischritt aufgezeigt, wie die Finsternis überwunden wird:

a) Im ersten Schritt geht es um das klare Erkennen des Zustands: die Trennung von Licht und Finsternis. Die Christen sollen keine Gemeinschaft haben mit der Finsternis: *Und habt nicht Gemeinschaft mit den unfruchtbaren Werken der Finsternis.* Dabei ist die Rede von den *unfruchtbaren Werken* mit Bedacht gewählt. Während der Wandel im Licht gute Früchte trägt (vgl. V. 9), sind die Werke der Finsternis nutzlos wie »Spreu, die der Wind verweht« (vgl. Ps 1,4). Die Finsternis kann sehr wohl Werke hervorbringen, das können – menschlich betrachtet – vermeintlich große Leistungen sein. Aber diese Werke bleiben unfruchtbar, d.h. sie tragen keine Frucht, führen nicht weiter, weil sie nicht auf Wahrheit gebaut sind. Die eindeutige Trennung wird hier angemahnt:

*Und habt nicht Gemeinschaft mit den unfruchtbaren Werken der Finsternis.* Das heißt, mit klarem Blick auch den Grauzonen im Leben zu begegnen und auch darin die Grenzlinie zwischen Licht und Dunkel aufzuzeigen. In allem gilt es, keine falschen Kompromisse zu machen, sondern sich bewusst von der Finsternis fernzuhalten. Das ist der erste Schritt.

b)   Im zweiten Schritt wird die Finsternis aufgedeckt. Die Finsternis soll nicht nur als solche benannt werden, sondern sie soll aufgedeckt, entlarvt und überführt werden: *deckt sie vielmehr auf.* So soll Licht ins Dunkel gebracht werden: *Das alles aber, wenn es aufgedeckt wird, wird vom Licht offenbar gemacht.* So bringt das Licht die Wahrheit an den Tag und deckt Lüge und Trug auf.

c)   Im dritten Schritt wird die Finsternis überwunden, indem das Finstere erleuchtet und in Licht verwandelt wird: *denn alles, was offenbar wird, ist selbst Licht.* Wie kann Finsternis zu Licht werden, fragt man sich unwillkürlich. Hier durchbricht das Bildwort die metaphorische Ebene. Denn in unserer Welt wird ein Gegenstand, der bislang im Dunklen lag, noch nicht zur Lichtquelle, wenn er angestrahlt wird. Im übertragenen Sinn kann Unwahrhaftiges, wenn es vom Licht der Wahrheit zurechtgerückt wird, Anteil an der Wahrheit bekommen. Doch wie versteht der Verfasser diesen Gedanken konkret? Die meisten Ausleger deuten ihn in Bezug auf Menschen, die bislang dem Irrtum verfallen waren und durch die Kinder des Lichts von der Wahrheit überzeugt und zum Glauben geführt werden. Der Verfasser formuliert jedoch allgemein. Und so könnte man diesen Vers auch so verstehen, dass das Negative dieser Welt vollkommen überwunden wird, indem es vom Licht der Wahrheit durchdrungen und verwandelt wird. Eine solche Verwandlung übersteigt die üblichen irdischen Vorstellungsmöglichkeiten. Christus als Licht, das die Finsternis überwindet, hat das Böse überwunden und kann es zum Guten verwandeln. An dieser überwindenden Kraft des Lichtes haben die Kinder des Lichts Anteil.

Ähnlich wie in den vorigen Abschnitten ab 4,24ff wird hier auf die Überwindung und damit auf die Verwandlung wertgelegt: Von der Finsternis zum Licht. Wieder werden minutiös die einzelnen Schritte aufgeführt. Es geht darum, sich nicht von der Finsternis vereinnahmen zu lassen, sondern vielmehr sich von ihr abzugrenzen, sodann sie als solche zu entlarven und zu überführen, ja schließlich, sie zu überwinden, indem sie in Licht verwandelt wird. Eine beeindruckende Darstellung, wie Negatives zu Positivem werden kann. Als Kinder des Lichts haben wir teil an der verwandelnden Kraft Christi. Denn letztendlich ist es Christus, der alles in Licht verwandelt. Doch zugleich weist der Verfasser seine Leser ganz konkret darauf hin, wie sie als Kinder des Lichts auch in ihre Umgebung Licht bringen können und dabei teilhaben an der Verwandlung der Welt von der Finsternis zum Licht. Man kann sich erinnert fühlen an den Satz des Paulus aus Röm 12,21: »Lass dich nicht vom Bösen überwinden, sondern überwinde das Böse mit Gutem.«

Bei dieser Argumentation wurde V. 12 übersprungen, denn er klingt wie ein Nachklapp zum ersten Schritt: *Denn was heimlich von ihnen getan wird, davon auch nur zu reden ist schändlich.* Es ist, als wollte der Verfasser nochmals die Trennung unterstreichen, indem er betont, dass man von den dunklen, finsteren Machenschaften noch nicht einmal reden soll. Ähnlich hatte ja schon V. 3 davon gesprochen, dass Unzucht, Unreinheit und Habgier noch nicht einmal erwähnt werden sollen. Wieder weist der Verfasser darauf hin, dass schon der gedankliche Umgang mit Negativem (denn Denken und Reden sind für den antiken Menschen ein und derselbe Vorgang) auf den Menschen Einfluss haben kann. Die Trennung von den Werken der Finsternis soll absolut sein – bis ins Denken und Reden hinein.

**V. 14b:** Abgeschlossen wird der Abschnitt mit einem Tauflied oder einem Weckruf – wie man die Zeilen auch genannt hat. Offensichtlich zitiert der Verfasser hier ein Lied, das den urchristlichen Gemeinden bekannt war (*Darum heißt es ...*). Vermutlich wurde es im Gottesdienst im Zusammenhang mit der Taufe gesungen. Auch wenn in diesem Lied das Licht nicht erwähnt wird, nimmt die Liedstrophe die gleiche Thematik auf. Denn in den drei Zeilen beschreibt die Liedstrophe drei Ebenen, die sich mit der metaphorischen Bedeutung des Lichts in Verbindung bringen lassen und jeweils die Verwandlung thematisieren. Es sind die drei Ebenen: das Licht als Bewusstsein, als Leben, als Erleuchtung (vgl. die grundsätzlichen Überlegungen zum Licht bei V. 8).

*Wach auf, der du schläfst.* Hier wird das Licht als Bewusstsein im Gegensatz zum Schlaf benannt: Christsein hat mit dem Erwachen zu tun. Wer zum Glauben kommt, erlebt, wie er aus einem schlafähnlichen Zustand aufgeweckt wird und bewusst Gottes Gegenwart in seinem Leben wahrnimmt. Hat er sein Leben bislang in gedankenloser Selbstverständlichkeit vor sich hin gelebt, wird er jetzt erkennen, wem er das Leben verdankt und auf welches Ziel das irdische Leben zuläuft.

*Und steh auf von den Toten.* Nicht nur als Schlaf, sogar als Tod wird das alte Leben bezeichnet (vgl. 2,1.5). In dieser Zeile kommt das Licht als Bild für das Leben zum Ausdruck. Das alte Leben ist ein Leben in der Finsternis und darum eigentlich ein totes Leben im

Gegensatz zum neuen, wahren Leben des Glaubens. Die Erkenntnis des Glaubens ist letztlich nichts anderes als ein Auferstehungsereignis, eine Ostererfahrung im eigenen Leben (vgl. 2,6).
Auffällig ist, dass die beiden Imperative *wach auf* und *steh auf* eigentlich nicht zu erfüllen sind. Keiner kann sich selbst aufwecken, niemand kann von sich aus von den Toten auferstehen. Wo sich ein Wachwerden ereignet, wo ein Mensch ins neue Leben aufersteht, da geht es allein auf das Wirken Gottes zurück. Umso mehr wird deutlich, dass hinter diesem Weckruf eine Glaubenserfahrung steht, die den frühen Christen wohl in ihrem Leben zuteil wurde: die Erfahrung, wie Gott in ihrem Leben handelt. Sie mündet ein in die dritte Aussage des Liedes, in den persönlichen Zuspruch.
*Und Christus wird dir erstrahlen.* Das ist die letzte Stufe der sich steigernden Aussagen in diesem Lied. Hier kommt die dritte Kategorie des Lichts zu Wort: Im Gegensatz zur Blindheit steht hier die Erleuchtung, das Aufstrahlen Christi im eigenen Leben. Es geht darum, wie sich die Christusgestalt im eigenen Leben offenbart. Luther hat diesen Vers mit »so wird dich Christus erleuchten« übersetzt. Dann bleibt die Aussage nur auf der individuellen Ebene: Im Einzelnen leuchtet Christus auf. Der griechische Text hat aber darüber hinaus die kosmische Erleuchtung im Blick. *Und Christus wird dir erstrahlen* meint beides: im Menschen, aber auch im Gegenüber zu ihm wird Christus aufstrahlen. Die Aussage erinnert an Jes 60,1–3, wo ebenfalls beide Aspekte begegnen: »Mache dich auf, werde licht; denn dein Licht kommt, und die Herrlichkeit des Herrn geht auf über dir!« Dass Christus im Leben aufstrahlt – sowohl im eigenen Inneren als auch in dem, was einem begegnet, was einem widerfährt – ist die letzte und tiefste Erfahrung des Glaubens. Es geht um das Gewahrwerden der Christusförmigkeit im konkreten Lebensalltag. Manchen Menschen wird sie gerade in schweren Leidenssituationen bewusst. Ein tiefer Trost steckt darin, der in der Taufe gründet: dass Christus eintritt in unser Leben und gerade da für uns einsteht, wo uns das Leben schwerfällt. Da lässt sich erfahren, wie er in seiner Gestalt unser Leben formt, wie er unser Leben hält und trägt und verwandelt. Es gehört zum Wertvollsten in einem Menschenleben, wenn gerade in den dunkelsten Stunden des Lebens Christus als Licht aufstrahlt.

Als Kinder des Lichts sollen die Christen Licht in die Finsternis der Welt tragen. Der Verfasser erinnert sie daran, dass sie einst in ihrer heidnischen Vergangenheit selbst Finsternis gewesen, jetzt aber Licht im Herrn sind. Darum legt er ihnen ans Herz, als Kinder des Lichts ihr Leben zu führen, ein Leben, das aus der Wahrheit lebt, das den Mit-

menschen in Gerechtigkeit begegnet und den Seinen in Güte verbunden ist.
Das Leben im Licht grenzt sich jedoch nach außen klar von der Finsternis ab, ja es hat sogar die Aufgabe, die Finsternis zu überwinden. Diese Überwindung wird im Dreischritt dargestellt: Die klare Trennung zwischen Finsternis und Licht ist der erste Schritt. Dazu gehört auch, die Grauzonen im Leben auf ihren Wahrheitsgehalt hin genau zu unterscheiden. Der zweite Schritt umfasst die Aufdeckung und Überführung der Finsternis. Der dritte Schritt ist, die Finsternis in Licht zu verwandeln.
Zuletzt zitiert der Verfasser eine Liedstrophe, einen sog. Weckruf, der die Bedeutung des Lichts auf drei Ebenen zum Ausdruck kommen lässt: Das Licht als Bewusstsein im Gegensatz zum Schlaf: Wach auf! Das Licht als Leben im Gegensatz zum Tod: Steh auf! Das Licht als Erleuchtung im Gegensatz zur Blindheit: Und Christus wird dir erstrahlen.
Mit diesen Gedanken bekommen die Christen einen klaren Auftrag, das österliche Licht in die Welt zu tragen und an der Überwindung teilzuhaben, mit der Jesus Christus die Finsternis der Welt durch Licht erhellt. Der Weckruf, von dem auch die sog. Erweckungsbewegung ihren Namen hat, macht dabei deutlich, dass kein Mensch aus eigener Kraft aufwachen oder aufstehen kann, sondern dass Gott es ist, der in ihm wirkt. Das Licht, von dem hier gesprochen wird, hat in den christlichen Hauptfesten, Weihnachten und Ostern, eine wichtige Bedeutung bekommen. Denn es geht darum, dass wir Kinder des Lichtes werden, wie Martin Luther in seinem Weihnachtslied gedichtet hat: »Das ewig Licht geht da herein, gibt der Welt ein' neuen Schein. Es leucht' wohl mitten in der Nacht und uns des Lichtes Kinder macht. Kyrieleis« (EG 23,4).

## 5,15–20
### γ) Praktische Konsequenzen

¹⁵Schaut nun sorgfältig, wie ihr wandelt,
  nicht als Unweise, sondern als Weise,
    ¹⁶indem ihr die Zeit auskauft, denn die Tage sind böse.
¹⁷Deshalb seid nicht unvernünftig,
  sondern begreift, was der Wille des Herrn ist.
¹⁸Und betrinkt euch nicht mit Wein, denn das führt zur Zügellosigkeit,
    sondern lasst euch erfüllen im Geist,
      ¹⁹indem ihr einander Psalmen und Hymnen und geistliche Lieder zusprecht,

indem ihr dem Herrn mit eurem Herzen singt und spielt,
²⁰indem ihr Gott, dem Vater, allezeit für alles dankt
im Namen unseres Herrn Jesus Christus ...

V. 15: Konkrete Hinweise beschließen die Ausführungen zum neuen Leben: *Schaut nun sorgfältig, wie ihr wandelt.* Wieder taucht das »Wandeln« als Stichwort für die Lebensführung auf (vgl. 4,1.17; 5,2.8).Es könnte darum auch übersetzt werden: *wie ihr euer Leben führt.* Dabei mahnt der Verfasser: *Sorgfältig* sollen die Christen auf ihren Lebensstil achten: *nicht als Unweise, sondern als Weise.* Es geht um eine weisheitliche Lebensweise. Sie zeichnet sich dadurch aus, dass man nicht gedankenlos vor sich hinlebt, sondern bewusst und mit wachen Sinnen das Leben gestaltet. Das ist die Konsequenz aus der vorangegangenen Gegenüberstellung von Licht und Finsternis. Das Ideal weisheitlichen Lebens ist hierbei stark an die Vorstellungen der alttestamentlich-jüdischen Tradition angelehnt. Es geht weniger um die intellektuelle Erkenntnisfähigkeit, sondern mehr um den konkreten Lebensvollzug: Wie kann die aus dem Glauben gewonnene Einsicht Realität werden im Leben? Mit dem Ideal des Weisen wird den Christen Selbstverantwortung zugemutet. Denn das ist ein grundlegendes Kennzeichen christlicher Ethik: Es geht nicht bloß darum, vorgefertigte, starre Regeln zu befolgen, sondern mit ganzem Herzen einzustimmen in den Willen Gottes und so in Verantwortung vor Gott den eigenen Weg bewusst zu gehen.

V. 16: Was das konkret heißen kann, zeigt sich am Umgang mit der Zeit. Die Aufforderung, die Zeit auszukaufen (übernommen aus Kol 4,5), legt nahe, die Zeit nicht ungenutzt verstreichen zu lassen. Weise ist, wer sich die Begrenztheit der Zeit vor Augen hält, töricht dagegen, wer meint, dass die Welt ewig so weitergeht. Das griechische Wort *kairos*, das hier für Zeit gebraucht wird, hat nicht die Dauer oder Länge der Zeit im Blick (das wäre *chronos*), sondern den besonderen Augenblick, den passenden Moment, die günstige Gelegenheit. Dabei kommt ein anderes Zeitverständnis zu Wort als es uns geläufig ist. Zeit ist für die Antike kein gleichmäßig dahinlaufender Zeitstrahl, wie wir ihn auf Diagrammen als t-Achse darstellen. Zeit besteht vielmehr aus einer Verkettung jeweils neu gefüllter Augenblicke. Zeit ist damit weniger eine Quantität als eine Qualität. Denn jede Zeit hat etwas, das sie auszeichnet und ausmacht. Die Zeit auskaufen, heißt darum nicht zwangsläufig Zeit sparen. Es meint auch nicht die Steigerung der Effektivität, wie etwa das geflügelte Wort »Zeit ist Geld« nahelegt. Zeit ist ein kostbares Gut, das auch durch Sparen nicht vermehrt wird. Die Zeit auskaufen heißt vielmehr: erkennen, was im Augenblick gefordert ist, verstehen, was ›die Stunde geschlagen‹ hat, und das dann auch tun! Denn nur wer merkt, was ›dran‹ ist, kann zum richtigen Zeitpunkt das Richtige tun. Und genau dieses Unterscheidungsvermögen setzt Weisheit voraus, jene Lebensweisheit, von der V. 15 sprach!

Der Zusatz des Verfassers, *denn die Tage sind böse*, lässt sein Zeitverständnis noch deutlicher hervortreten. Die gegenwärtige Zeit ist als *böse* qualifiziert. Während wir Heutigen meist die Begrenztheit der individuellen Lebenszeit im Blick haben, denkt der Verfasser an die Begrenztheit der Weltzeit. Mit der Auferstehung Jesu ist die Endzeit angebrochen, die bis zur Wiederkunft Christi reicht. Diese Zeitspanne dient dazu – wie der Heilsplan in 1,3ff deutlich macht –, weiteren Generationen das Heil zukommen zu lassen. Sie ist zugleich eine Zeit, in der dem Machthaber der Luft (vgl. 2,2) ein gewisser Herrschaftsbereich zugestanden ist, durch den er Einfluss nehmen und die Menschen in seinen Bann ziehen kann. Darum sind diese letzten Tage *böse Tage*. Bestimmt spricht sich darin auch die Erfahrung der Verfolgungssituation der frühen Kirche aus.

Wenn hier von *bösen Tagen* gesprochen wird, macht der Verfasser deutlich, dass für ihn die Vollendung des Heils noch aussteht und er in der Erwartung einer künftigen Heilszeit lebt. Aufgrund der Ausführungen in 2,6, wo davon die Rede war, dass Gott uns in Christus bereits mit auferweckt und mit eingesetzt hat, sprechen manche Ausleger dem Epheserbrief die Erwartung der künftigen Heilsvollendung ab. Die Charakterisierung der Gegenwart als *böse Tage* erweist das Gegenteil und lässt erkennen, wie sehnsüchtig der Verfasser den Anbruch der künftigen Vollendung erwartet.

V. 17: Das also ist die Grundlage: Sorgfältig beobachten, wie man sein Leben führt und als weiser Mensch die Zeit auskaufen. Dazu passt die nächste Mahnung: *Deshalb seid nicht unvernünftig, sondern begreift, was der Wille des Herrn ist*. Wer unvernünftig ist, erkennt nicht, was die Stunde geschlagen hat und kann darum auch nicht begreifen, was der *Wille des Herrn* in der jeweiligen Situation erfordert. Sicher ist in der Heiligen Schrift der Wille Gottes bezeugt. Aber zu erkennen, was sein Wille hier und heute bedeutet, das gilt es jeweils neu zu begreifen. Damit wird ein zweites grundsätzliches Merkmal christlicher Ethik deutlich: Der *Wille des Herrn* ist kein ehernes Gesetz, sondern muss in der jeweiligen Situation immer neu erkannt und begriffen werden. Diese Aktualisierung ist ein wesentliches Anliegen des Epheserbriefs. Es geht darum, sich jeweils neu aus dem irdisch-menschlichen Wollen zu lösen, sozusagen die heidnische Lebensweise hinter sich zu lassen (4,17) und den neuen, ganz von Gott geprägten Menschen anzuzie-

hen (4,24) und damit den *Willen des Herrn* zu *begreifen*. So spricht der Wille Gottes in die jeweils aktuelle Situation.
V. 18: Die heidnische Lebensweise wird nochmals aufgegriffen: *Und betrinkt euch nicht mit Wein, denn das führt zur Zügellosigkeit, sondern lasst euch erfüllen im Geist.* Heidnische Trinkgelage mögen dem Verfasser dabei vor Augen stehen. Warum aber warnt er gerade hier vor übermäßigem Alkoholkonsum? Noch mehr verwundert einen, dass hier kein Aufruf zur Nüchternheit oder zur Mäßigung erfolgt. Stattdessen spricht der Verfasser von der Geisterfüllung: *sondern lasst euch erfüllen im Geist*. Der Gegensatz macht deutlich: Dem Verfasser geht es nicht primär um die Warnung vor Alkoholgenuss. Entscheidend ist für ihn die Erfahrung der Geisterfüllung, der er als Kontrast den Konsum von berauschenden Getränken gegenüberstellt. Nicht von Rauschmitteln, sondern vom Geist Gottes sollen wir beflügelt und erfüllt sein!
Offensichtlich weiß der Verfasser von Geisterfahrungen, die den Rahmen des Konventionellen sprengen und zur Ekstase führen können. Schon bei der pfingstlichen Geistausgießung werden die Jünger von Außenstehenden für betrunken gehalten (vgl. Apg 2, 13.15). Auch Paulus weiß von außergewöhnlichen Geistesgaben zu berichten bis hin zu Wunderheilungen und Zungenreden (1Kor 12,7–10; 1Kor 14,1–5).
Rausch und Geistekstase haben – äußerlich betrachtet – manche Gemeinsamkeiten. Doch jede Art von Rausch, ob Drogen-, Alkohol- oder anderer Konsum, hat es mit Flucht in Scheinwelten zu tun. Rauschmittel erzeugen eine Steigerung des Lebensgefühls, verschleiern jedoch die Wirklichkeitswahrnehmung. Regelmäßiger Genuss *führt zur Zügellosigkeit*, treibt den Menschen letztendlich ins Unglück. Die Geisterfüllung dagegen öffnet den Menschen zu einer vertieften Wirklichkeitswahrnehmung, schenkt Einblicke in Geheimnisse, die dem natürlichen Menschen verschlossen sind. Sie kann mit vielfältigen Phänomenen einhergehen. In der frühen Christenheit wurde darum von der »nüchternen Geisttrunkenheit« (*sobria ebrietas* ursprünglich bei Philo, dann bei Ambrosius und Augustin) gesprochen.
*Lasst euch erfüllen!* Im griechischen Urtext begegnet hier ein Imperativ Passiv, eigentlich ein Ding der Unmöglichkeit! Wie soll etwas befohlen werden, das an einem geschieht? Der Verfasser will seinen Lesern ans Herz legen, sich bereit zu halten, offen zu sein für ein Geschehen, das unverfügbar ist. Schließlich weht der Geist Gottes, wo und wann er will. Doch wer sorgfältig beobachtet (V. 15), wer wachen Herzens auf ihn wartet und sich für ihn bereithält, wird sein Wirken entdecken können.

**V. 19:** Um Geisterfüllung geht es nun auch in den folgenden Versen. Der Geist wirkt im Leben der Gemeinde, im gottesdienstlichen Gesang und im Gebet. Der Verfasser zählt hier nicht die Geistesgaben einzelner auf. Er betont stattdessen die Gemeinschaft stiftende Weise des Singens und Betens: *indem ihr einander Psalmen, Hymnen und geistliche Lieder zusprecht, indem ihr dem Herrn mit eurem Herzen singt und spielt.* Singen und Beten verbindet die Menschen untereinander und mit Gott.

Leider lässt sich nicht mehr eindeutig klären, was genau mit *Psalmen, Hymnen und geistlichen Liedern* gemeint ist. Naheliegend ist, bei den *Psalmen* an die im Psalter gesammelten 150 Psalmen zu denken, die die frühe Kirche ganz selbstverständlich zur Grundlage ihres Betens gemacht hat. Sie verstand sich aus der Tradition des alttestamentlich-jüdischen Betens heraus und hat das Psalmengebet wie Jesus selbst weiter gepflegt. Mit *Hymnen* sind wohl die in den übrigen biblischen Büchern verstreuten Lobgesänge des Alten Testaments gemeint (die sog. Cantica, zu denen später auch die neutestamentlichen Lobgesänge gezählt wurden), während sich die *geisterfüllten Lieder* wahrscheinlich auf den Reichtum von neu entstehenden gottesdienstlichen Gesängen in der Urkirche beziehen. Doch alle Zuschreibungen müssen Vermutung bleiben. Sicher ist, dass ein großer poetischer Schatz die Kirche von Anfang an begleitet hat und dass Kirchenmusik von jeher ein fester Bestandteil des gottesdienstlichen Lebens war.

Die Psalmen, Hymnen und Lieder werden *einander zugesprochen*. Das kann eine responsoriale – also versweise wechselnde – Gebetsform oder einen seelsorgerlichen Zuspruch zur gegenseitigen Auferbauung meinen. Sie werden aber auch gesungen oder mit einem Musikinstrument gespielt. Entscheidend ist dabei der Vollzug mit dem Herzen: *indem ihr dem Herrn mit eurem Herzen singt und spielt.* Dem äußeren gesprochenen oder gesungenen Wort oder der auf dem Musikinstrument gespielten Melodie korrespondiert das innere meditierende Mitgehen und Nachvollziehen mit dem Herzen. Das Herz ist letztendlich der Ort, an dem Gott gesungen oder gespielt wird. Das Herz ist der Ort der Gottesbegegnung (vgl. 1, 18). Gottesdienstlicher Gesang und Gebet bereiten das Herz dafür. Während die erste Vershälfte die gegenseitige Stärkung in der Gemeinschaft im Blick hat, betont die zweite Vershälfte die Beziehung zu Gott. Wie in 2,14–18 bilden auch hier horizontale Linie (Beziehung der Menschen untereinander) und vertikale Linie (Beziehung Gott – Mensch) die Grundstruktur.

Damit sind wichtige Akzente auch für das heutige Gottesdienstverständnis gesetzt. Der Gottesdienst ist der Ort, an dem Gott wirken und die Menschen mit seinem Geist erfüllen will. Er ist der

Ort, an dem Menschen Gemeinschaft untereinander erfahren und zugleich die Gemeinschaft mit Gott gestärkt wird. Die Liturgie des Gottesdienstes in Musik und Gebet soll mit dem Herzen vollzogen werden und so die Menschen für die Gottesbegegnung bereiten. Damit bekommt der Gottesdienst einen Spannungsbogen: Er hat die Aufgabe, das menschliche Herz für die Geisterfüllung zu bereiten, indem er die Menschen aus dem Alltag in Gottes heilige Gegenwart führt und sie wieder gesegnet und gestärkt in den Alltag entlässt.

Doch wie schnell wird heute der Gottesdienst als starr und verkrustet erlebt, insbesondere wenn liturgische Gebete lieblos »heruntergeleiert« oder mit Unverstand vollzogen werden. Die liturgische Struktur des Gottesdienstes bietet jedoch eine über Jahrhunderte gewachsene Form dar, die – wenn sie lebendig vollzogen wird – den Raum der Gottesbegegnung eröffnen kann. Sorgfältige (vgl. V. 15) Gottesdienstvorbereitung wird darauf achten, dass jener Spannungsbogen vom Alltag der Welt hin zur Gegenwart Gottes ermöglicht wird. So kann der Gottesdienst zu einem Ort werden, an dem Menschen in ihren existenziellen Fragen berührt und ihre Augen und Herzen dafür bereitet werden, sich von Gottes Wirklichkeit, von seinem Geist erfüllen zu lassen. Dann steht der Gottesdienst unter der Verheißung des Geistes, der weht, wo und wann er will.

V. 20: Vom Geist erfüllt zu leben, das zeigt sich auch im Alltag, nämlich in der Dankbarkeit: *indem ihr Gott, dem Vater, allezeit für alles dankt im Namen unseres Herrn Jesus Christus*. Auffällig ist die Wendung *allezeit für alles danken*. Es geht dem Verfasser um die Haltung der lobpreisenden Dankbarkeit immer und überall. Wer dankt, weiß sich beschenkt, lebt als Empfangender. Das steht im klaren Gegensatz zum Immer-mehr-haben-Wollen des natürlichen Menschen.

Eine grundlegende jüdische Tradition kommt hier zu Wort. Danken und Segnen sind im Hebräischen ein Wort: *brk*. Jedes jüdische Gebetbuch enthält gegen Ende den »Seder Berachot«, das Buch der Segnungen. Man segnet bzw. dankt für alle Nahrung und die verschiedenen Sorten von Speisen, für Getränke, neue Kleider, für alle besonderen Wahrnehmungen wie den Anblick von Meer und Gebirge, von Wetter- und Unwettererscheinungen (!), von jahreszeitlichen Veränderungen wie die ersten Blüten oder Früchte, für den Anblick der Geschöpfe, Vögel, Fische, Landtiere, ja auch der Furcht einflößenden Tiere, denn auch sie sind Gottes Geschöpfe. Man dankt, wenn man nach Jahren einen Freund wiedersieht oder einem berühmten Gelehrten begegnet. Man dankt für freudige Nachrichten, aber auch für traurige, ja selbst für eine

Todesnachricht. Alles, was einem im Leben begegnet, jede Lebenssituation, jeden Augenblick sieht man in Beziehung zu Gott. Diese Lebenseinstellung soll auch die Christen prägen: Allezeit für alles zu danken und damit alles, was einem widerfährt, mit Gott in Beziehung zu bringen. Auch negative Erfahrungen sind darin eingeschlossen. Das lässt die Möglichkeit offen, dass Situationen und Erfahrungen, deren Sinn man (noch) nicht verstehen kann, mit Gott in Verbindung gebracht werden. Sie werden in dem Vertrauen entgegengenommen, dass auch dahinter Gottes Wirken stehen mag. Diese Form des Dankens und Segnens ist letztlich eine priesterliche Lebenseinstellung. Wir sind zu Priestern berufen für diese Welt, um im Namen Jesu Christi den Dank für alles an Gott zurückzugeben.

Sorgfältig darauf zu achten, wie man das Leben führt, ist in der Summe das, was der Verfasser seinen Lesern ans Herz legt. Er warnt vor der Gedankenlosigkeit, die aus Bequemlichkeit einfach vor sich hinlebt, und ermutigt zu einer bewussten Lebensgestaltung, die selbständig entscheidet, was dem Willen Gottes entspricht. Das ist ja das Charakteristikum der Lebensanweisungen im Neuen Testament insgesamt, dass sie keine genauen Maßregeln aufstellen, welche Punkte wie zu befolgen sind, sondern dass sie dem Menschen ein hohes Maß eigener Entscheidungsfähigkeit zusprechen. Aus der innerlich vollzogenen Kenntnis des Willens Gottes heraus soll jeder das Richtige tun. Hier begegnet eine sehr selbständige und bewusst vollzogene Ethik. Das ist es, was von Christen erwartet wird, nicht ein blindes Gehorchen fest vorgeschriebener Regeln.
Dabei spielt der Umgang mit der Zeit eine wichtige Rolle. Die Zeit auszukaufen, sie positiv zu nutzen, dazu ermahnt der Verfasser aus dem Bewusstsein um die Begrenztheit der Zeit. Hier zeigt sich, dass der Verfasser in der Erwartung des Endes lebt, auch wenn er die unmittelbare Naherwartung der Wiederkunft Christi so nicht mehr teilt: *Denn die Tage sind böse.* Darum legt er der neuen Generation ans Herz, dass diese letzte Zeit bewusst unter dem Gesichtspunkt gelebt werden soll, was der Wille des Herrn ist.
Die konkreten Hinweise zum Leben im Alltag münden in Gedanken zum gottesdienstlichen Feiern, denn Gottesdienst und Alltag gehören eng zusammen. Wer im Alltag danach lebt, was dem Willen Gottes entspricht, lässt sich von Gottes Geist erfüllen und leiten. Diese Erfüllung mit dem Geist ereignet sich im Gottesdienst, indem Psalmen, Hymnen und Lieder nicht nur äußerlich, sondern mit dem Herzen gesungen werden.
Dabei spielt die Dankbarkeit eine außerordentlich große Rolle. Sie wird als spirituelle Grundhaltung des Lebens verstanden. Wer dankt,

weiß sich von Gott beschenkt und lebt in einer empfangenden Lebenseinstellung. Aus ihr spricht ein tiefes Vertrauen, dass auch negative Erfahrungen sich zu einem späteren Zeitpunkt in Positives verwandeln können, wenn man sie aus Gottes Hand entgegennimmt. Damit wird das Leben in all seinen Bezügen transparent für die Beziehung zu Gott.

## 5,21 – 6,9
### III. Leben und Ordnung des christlichen »Hauses«

Vom Gottesdienst und der Dankbarkeit im Alltag der Welt leitet der Verfasser über zur Hausgemeinschaft. Hier begegnet die seit Martin Luther so genannte Haustafel, eine Zusammenstellung, die das Zusammenleben in der »familia«, der sozialen Keimzelle (nicht nur in der Antike!) regelt. Zur »familia« gehörten in der Antike nicht nur Ehepartner und Kinder, sondern alle, die im Haus wohnten bis hin zu den Sklaven. Das Zusammenleben der Hausgemeinschaft stellt der Verfasser unter das Motto der gegenseitigen Unterordnung: ... *indem ihr euch einander unterordnet in der Furcht Christi.*
Doch dabei fällt auf: Anders als in den meisten Übersetzungen ersichtlich, gehört dieser als Überschrift vorangestellte Satz sprachlich noch zum vorangehenden Abschnitt. Dort leuchtete über allem der beherrschende Gedanke: *lasst euch erfüllen im Geist.* Stufenweise schreitet die Geisterfüllung voran: *indem ihr einander zusprecht, singt, spielt, dankt* und nun: *indem ihr euch einander unterordnet.* Vom Gottesdienst geht der Weg Schritt für Schritt in den Familienalltag der Hausgemeinschaft über. Beides soll aufs Engste zusammengehören: Gottesdienst und Alltag, Kirche und Welt, Sonntag und Werktag. Das ganze Leben soll vom Geist Gottes durchdrungen sein.

### Die Haustafeln – ein Überblick

Als Haustafel bezeichnet man die Zusammenstellung von Weisungen, die sich an die in einer Hausgemeinschaft lebenden Personen richtet. Denn in der Antike rechnete man zur Familie nicht nur die Familienmitglieder nach heutiger Vorstellung, sondern alle im Haushalt lebenden Personen unabhängig vom Verwandtschaftsgrad. Die Bezeichnung »Haustafel« hat erstmals Martin Luther im kleinen Katechismus für solche Zusammenstellungen gebraucht. Inzwischen ist sie zu einem stehenden Begriff geworden.

In der antiken Literatur finden sich zahlreiche Parallelen zu den Haustafeln. Meist sind es Zusammenstellungen von ethischen Anweisungen für einen bestimmten Bereich. Es gibt Pflichtenkataloge wie die des Stoikers Epiktet (vgl. Epiktet, dissertationes II, 10,1f) oder anderer Philosophen. Im Alten Testament begegnen weisheitliche Ermahnungen an den Schüler (so Spr 1,8–19) oder die Zusammenstellung der Pflichten eines Hausvaters (Sir 7,20–28; 30,1–13). Doch eine Haustafel im engeren Sinn begegnet nur in der frühen Christenheit.

Bei der Form der Haustafel fällt auf, dass die Weisungen paarweise aufgebaut sind. Sie richten sich erstens an Frauen und Männer, zweitens an Kinder und Eltern, drittens an Sklaven und Herren. Auffällig ist, dass bei den jeweiligen Paaren der untergeordnete Part zuerst erwähnt wird.

Nach diesem strengen Schema sind die Haustafeln in Kol 3,18 – 4,1 und Eph 5,21 – 6,9 gegliedert. Spätere Briefe weiten die Haustafeln von der Hausgemeinschaft auf das Leben der Gemeinde als Hausgemeinschaft Gottes aus. Darin kann man noch die alte missionarische Struktur erkennen, nach der sich die Gemeinde vor Ort aus der Hausgemeinde entwickelt hat. In diese späteren Haustafeln können dann Ermahnungen an die Bischöfe und Diakone eingefügt (1Tim 3,1–19), die Witwen als eigener Stand angesprochen (1Tim 5,3–8) oder die Mahnung an Kinder und Eltern in eine Mahnung an Jüngere und Ältere in der Gemeinde (Tit 2,1–10), ja sogar als Mahnung an die Gemeindeältesten (1Petr 5,1–5) umfunktioniert werden.

Die Haustafeln begegnen erst in den späteren Briefen des Neuen Testaments sowie in den Briefen der nachapostolischen Generation (Did 4,9–11; Barn 19,5–7; 1Clem 2,1; 21,6–9). Darin spiegelt sich eine veränderte Zukunftserwartung. Die Hoffnung auf eine baldige Wiederkunft Christi hat sich abgeschwächt. Man beginnt damit zu rechnen, dass die Kirche über mehrere Generationen hinweg bestehen wird. Für diese Zeit sollen die jeweiligen Aufgaben und Pflichten klar abgegrenzt und geregelt werden.

Von manchen Auslegern werden die Haustafeln heftig kritisiert und als Verfallserscheinung angesehen. In den späten Briefen sei die glühende Erwartung erloschen. Man habe sich stattdessen an die Strukturen der antiken Gesellschaft angepasst. Besonders kritisiert wird das Prinzip der Unterordnung, das in den Haustafeln begegnet. Der freie männliche Bürger der griechisch-römischen Antike sei das Ideal, dem sich Frauen, Kinder und Sklaven unterzuordnen hätten. Diese Kritik macht auf den großen Graben aufmerksam, der zwischen dem damaligen und dem heutigen Rollenverständnis klafft. Die hierarchisch gegliederte Struktur zwischen Mann und Frau, Eltern und Kindern, Herren und Sklaven war nicht bloß das Ideal der griechisch-römischen Antike, sondern wurde allgemein als die natürliche Ordnung angesehen. Demgegenüber steht heute das Ideal der Gleichberechtigung zwischen Mann und Frau, die Abschaffung der Sklaverei und der Anspruch der Kinderrechte. In den Haustafeln wird also der Abstand der 2000 Jahre Menschheitsgeschichte besonders deutlich greifbar. Das bedeutet aber nicht, dass die Haustafeln von vornherein als Verfallserscheinung gewertet werden müssten. Auch bei Paulus findet sich keinerlei Kritik an der damals bestehenden Gesellschaftsordnung, etwa was die Unterordnung der Frau (vgl. 1Kor 11), die Sklavenfrage (vgl. die Hintergründe des Philemonbriefs) oder die Stellung gegenüber der Obrigkeit angeht (vgl. Röm 13,1ff). Es ist deutlich: Hier stoßen antikes Weltbild und heutiges Verständnis besonders hart aufeinander.

Damit wird ein tiefer liegendes Thema deutlich: Der christliche Glaube tritt ja nicht in erster Linie für eine Verbesserung der Gesellschaftsordnung und Weltordnung ein, sondern lebt von der Erwartung des Endes der Welt her. Darum wurden in der Urchristenheit die bestehenden Verhältnisse als gegeben hingenommen und nicht weiter kritisiert. Dass in der christlichen Botschaft allerdings auch sehr viel Sprengkraft enthalten ist, die im Lauf der Geschichte immer wieder ihre weltverändernde Kraft erwiesen hat, muss ebenfalls bedacht werden.

Wer die Haustafeln also aus heutiger Sicht liest, bei dem wird sich möglicherweise heftiger Widerspruch einstellen. Es setzt sich der Eindruck fest, dass hier einer alten patriarchalen Herrschaftsstruktur das Wort geredet wird. Doch darf bei allen Vorbehalten eines nicht vergessen werden: die Frage danach, was der Verfasser in seiner Haustafel zum Ausdruck bringen möchte. Zu leicht werden die Aussagen der Haustafel insgesamt als zeitbedingt abgetan, ohne dass entdeckt wird, welche wertvollen Hinweise darin enthalten sind. Darum soll hier versucht werden, die Aussagen der Haustafel möglichst wertneutral zu hören.

## Zur Charakteristik der Haustafel des Epheserbriefs

Die Haustafel des Epheserbriefs ist streng an die literarische Vorlage des Kolosserbriefs gebunden. Vom Kolosserbrief übernimmt der Verfasser nicht nur den paarweisen Aufbau der Weisungen, sondern auch deren Wortlaut. Die eigenen Akzente werden zwischen die Zitate als Kommentar eingeschoben. Damit lässt der Verfasser für den bibelkundigen Leser seine literarische Abhängigkeit erkennen. Dieses Stilmittel der Kommentierung begegnet bei der Weisung an die Frauen und Männer am ausführlichsten. Offensichtlich ist der Verfasser besonders an der Frage der Ehe interessiert. Hier geht er einen deutlichen Schritt über die Aussagen hinaus, die sich in den echten Paulusbriefen über die Ehe finden lassen. Paulus selbst ist ja unverheiratet gewesen. In seinen Briefen rät er den Christen, ebenfalls unverheiratet zu bleiben (vgl. 1Kor 7,1–9.26). Angesichts des nahen Endes sei es am besten, ehelos zu leben. Wer allerdings nicht anders könne, solle heiraten. Nur auf die Frage der Ehe mit einem nichtgläubigen Partner geht Paulus gesondert ein (1Kor 7,12–16). Ansonsten findet sich bei Paulus keine Besinnung auf den Wert der Ehe. Ganz offensichtlich will der Verfasser des Epheserbriefs dies nachholen. Seine Weisungen an die Frauen und Männer sind eine ausdrücklich theologische Besinnung auf den Wert der Ehe.

Dabei greift der Verfasser auf zwei biblische Grundgedanken zurück. Der erste Grundgedanke ist die Urmensch-Vorstellung. Nach dem Schöpfungsbericht wurde der Mensch als Wesen in seiner Doppelheit erschaffen, als Mann und Frau. In Gen 1,27 wird zunächst von der Erschaffung des Menschen gesprochen: »Und Gott schuf den Menschen zu seinem Bilde, zum Bilde Gottes schuf er ihn«. Erst danach kommt die geschlechtliche Spezifikation: »und schuf sie als Mann und Frau«. Ebenbild Gottes ist der Mensch in seiner Einheit von Mann und Frau. Die Paradiesgeschichte drückt diesen Grundgedanken in Form der Erzählung aus: Gott baut aus der Rippe Adams die Frau. Die ursprüngliche Einheit des Menschen wird also aufgeteilt in Mann und Frau. Erst in der ehelichen Gemeinschaft von Mann und Frau, in der Verschmelzung zu einem Fleisch (Gen 2,24), gelangt der Mensch wieder zu seiner ursprünglichen Einheit und Ganzheit. Im Judentum ist es darum Voraussetzung, dass ein Priester verheiratet ist, denn nur als ganzer Mensch kann er den priesterlichen Dienst vor Gott verrichten. Die Ehegesetze für die Priester und insbesondere den Hohenpriester in Lev 21,7.13.14 geben darüber Auskunft.

Der zweite Grundgedanke: Die Beziehung zwischen Gott und Mensch wird als Liebesbeziehung verstanden. Im Bild der Ehe beschreibt schon der Prophet Hosea die Beziehung zwischen Gott und seinem Volk (Hos 1–3 vgl. auch Jes 50,1; 54,4–6; Jer 3,1; Ez 16,8). Israel ist die erwählte Braut, Gott der Ehemann, dem sie verlobt ist. In diesem Bild kommt die Ausschließlichkeit und Einzigartigkeit der Gottesbeziehung zum Ausdruck, die nichts neben sich duldet, sondern jede Beziehung zu anderen Göttern als Ehebruch brandmarkt. Zugleich spricht aus dieser Vorstellung das grundsätzliche Bekenntnis zur Monogamie. Außerdem wird in diesem Bild die innige Liebe und Fürsorge dargestellt, mit der sich Gott um sein Volk kümmert.

Diese beiden Grundgedanken sind für den Verfasser leitend in seinen Ausführungen über das Verhältnis von Mann und Frau. Dabei fällt auf, dass in seinen Worten immer auch das Bild von Christus und der Kirche hineinspielt. Hier spürt man das Herzblut des Verfassers. Die Aussagen über Christus und die Kirche bekommen ein solches Gewicht, dass die Bild- und Sachhälfte sich von der Bedeutung her umkehren. Plötzlich wird die Ehe zum Bild für das Verhältnis von Christus und Kirche. Am Ende bekennt der Verfasser, was für ihn in seinen Aussagen leitend ist: *Dieses Geheimnis ist groß. Ich aber beziehe es auf Christus und auf die Kirche.*

## 5,21–33
## 1. Die Ehe

### 5,21
### a) Das Motto

²¹... indem ihr euch einander unterordnet in der Furcht Christi,

V. 21: Das vorangestellte Motto *... indem ihr euch einander unterordnet in der Furcht Christi* verbindet nicht nur die Haustafel mit den vorangehenden Versen, sondern macht auch deutlich, wie der Verfasser die Haustafel verstanden wissen will. Ihm geht es um eine gegenseitige Unterordnung – und zwar in der Furcht Christi. Das ist der entscheidende Zusatz! Die gegenseitige Unterordnung, die gegenseitige Dienstbereitschaft ist in der Ehrfurcht vor Christus verankert. Damit wird beiden Geschlechtern Christus vorgeordnet. Denn zu Christus blicken Mann und Frau gleichermaßen auf – in Ehrfurcht. Auch wenn Mann und Frau jeweils unterschiedliche Rollen einnehmen, sind sie sich darin gleich: Sie sind einander zur gegenseitigen Unterordnung verpflichtet. Sicher, in den folgenden Versen werden sich die Akzente durch die unterschiedliche Rollenverteilung verschieben. Aber hier, im vorangestellten Motto, ist eine grundsätzliche Gleichrangigkeit von Mann und Frau ausgesprochen.
Die Ehrfurcht vor Christus ist dabei das ausschlaggebende Motiv. Die Ehepartner sollen sich in Ehrfurcht vor Christus einander unterordnen. Aber dieses Motto gilt nicht nur für die Ehepartner, es gilt genauso für Kinder und Eltern, für Sklaven und Herren. Mit dieser grundsätzlichen Feststellung zu Beginn wird die Haustafel bereits auf die Gemeinde hin ausgeweitet. Sich einander unterzuordnen gilt für alle in jeder Beziehung. Damit werden die zwischenmenschlichen Beziehungen in das Licht der Christusbeziehung gerückt.

## 5,22–24
### b) Mahnung an die Frauen

²²die Frauen ihren Männern wie dem Herrn,
²³denn der Mann ist das Haupt der Frau,
wie Christus das Haupt der Kirche ist. Er ist der Retter des Leibes.
²⁴Aber wie die Kirche Christus untergeordnet ist,
so sind auch die Frauen den Männern (untergeordnet) in allem.

V. 22: Nachdem im vorangestellten grundsätzlichen Motto die gegenseitige Unterordnung festgehalten worden ist, wird in den folgenden Versen die Unterordnung der Frau unter ihren Mann gefordert: *die Frauen ihren Männern wie dem Herrn, denn der Mann ist das Haupt der Frau*. Wer diese Verse liest, gewinnt spontan den Eindruck, dass damit das Prinzip gegenseitiger Unterordnung einseitig verschoben wird. Hier übernimmt der Verfasser als wörtliches Zitat die Weisung aus Kol 3,18: »Ihr Frauen, ordnet euch den Männern unter, wie es sich gebührt in dem Herrn«. Zwei neue Gewichtungen fallen jedoch auf. Der Verfasser macht deutlich, dass sich die Unterordnung ausschließlich auf die Ehe bezieht (statt allgemein »den Männern« schreibt er *ihren Männern*). Dies fordert nicht nur christliche Sitte (statt »wie es sich gebührt in dem Herrn« schreibt er *wie dem Herrn*). Damit führt er einen Vergleich ein, den er in den folgenden Versen noch genauer darstellen wird. Hier ist zunächst einmal wichtig festzuhalten, dass der Verfasser die Ehe nicht nur als christliche Sitte versteht, sondern dass sich in ihr der Herr, also Christus, abbildet! Und damit sagt er nichts anderes, als dass die Ehe durch Christus geheiligt ist.

Wenn wir heute diesen Vers lesen, bleiben wir an der Aufforderung hängen, dass sich die Frauen ihren Männern unterzuordnen haben. Für antike Ohren war das jedoch nicht der springende Punkt, denn damit wich der Verfasser nicht von den allgemein üblichen Vorstellungen ab. Viel entscheidender war für die Menschen damals, dass sich der Verfasser hier pointiert gegen eine asketische Richtung zur Wehr setzt, die die Ehe wegen des Sexualverkehrs verteufelte. Eine solche asketische Abwertung der Ehe bahnte sich in der nachapostolischen Zeit an (vgl. dazu 1Tim 4,3) und fand später in der Leibfeindlichkeit der sog. Gnosis ihren Ausdruck. Solche asketischen Tendenzen hätten sich auf Paulus und seine Empfehlung der Ehelosigkeit in 1Kor 7 stützen können. Umso wichtiger ist darum der Akzent des Epheserbriefs, die Ehe als ein Abbild von Christus und der Kirche darzustellen. Er will auf diese Weise Paulus vor einer Vereinnahmung durch eine leib-

feindliche Eheaskese schützen! Die angeblich paulinische Verfasserschaft unterstützt dabei seine Autorität.
V. 23–24: Der konkrete Vergleich *denn der Mann ist das Haupt der Frau, wie Christus das Haupt der Kirche ist* stützt sich auf die Aussage des Paulus in 1Kor 11,3: »Christus ist das Haupt eines jeden Mannes; der Mann aber ist das Haupt der Frau; Gott aber ist das Haupt Christi«. Dabei greift Paulus auf alttestamentlich-jüdische Tradition zurück. Dass der Mann als das Haupt der Frau verstanden wird, hat im Sündenfall seinen Ursprung. Die Strafen, die Gott Mann und Frau zukommen lässt, begründen die unterschiedlichen Rollen der Geschlechter. So heißt es in Gen 3,16 an die Frau gewandt: »Ich will dir viel Mühsal schaffen, wenn du schwanger wirst; unter Mühen sollst du Kinder gebären. Und dein Verlangen soll nach deinem Manne sein, aber er soll dein Herr sein.« Während der Mensch von der Schöpfung her in seiner Einheit und Ganzheit als Mann und Frau Gottes Ebenbild widerspiegelt (vgl. Gen 1,26.27; s. auch Gen 2,22–24) erfolgt die Aufspaltung in verschiedene Rollen mit dem Sündenfall.
Aus der hierarchischen Gliederung, die Paulus in 1Kor 11,3 aus der Sündenfallerzählung ableitet, wonach Christus das Haupt des Mannes, der Mann aber das Haupt der Frau sei, baut der Verfasser seinen Vergleich. Das Verhältnis zwischen Christus und Kirche entspricht dem Verhältnis zwischen Mann und Frau. Dabei spielt natürlich die Vorstellung der Kirche als Leib Christi mit hinein. Die Anklänge sind dadurch gegeben, dass in beiden Fällen vom Haupt die Rede ist. Dabei soll hier nicht bloß ein äußerlicher Vergleich gezogen, sondern in der Ehe das Verhältnis Christi zu seiner Kirche abgebildet werden. Der Mann bekommt die Christusrolle, die Frau die Rolle der Kirche zugesprochen – ein zunächst sehr befremdlicher Gedanke. Wir versuchen, den Gedanken hier erst einmal zur Kenntnis zu nehmen, ohne ihn zu bewerten.
Dass Christus *der Retter des Leibes* ist, stellt dabei die Vorrangstellung Christi heraus, die sich nicht auf den Mann übertragen lässt. Vielmehr wird die Unterordnung der Frauen betont, die sich ihren Männern in allem unterordnen sollen wie die Kirche Christus: *Aber wie die Kirche Christus untergeordnet ist, so sind auch die Frauen den Männern untergeordnet in allem.*

### 5,25–33
#### c) Mahnung an die Männer

²⁵Ihr Männer, liebt eure Frauen,
   gleichwie Christus die Kirche geliebt und sich für sie dahinge-

geben hat,
²⁶damit er sie heilige durch das reinigende Wasserbad im Wort,
²⁷damit er die Kirche vor sich hinstelle herrlich,
ohne Makel oder Runzel oder dergleichen,
sondern damit sie heilig und untadelig sei.
²⁸So sollen auch die Männer ihre Frauen lieben
wie ihren eigenen Leib.
Wer seine Frau liebt, liebt sich selbst.
²⁹Denn keiner hat je sein eigenes Fleisch gehasst,
sondern nährt und pflegt es
wie auch Christus die Kirche,
³⁰denn wir sind Glieder seines Leibes.
³¹»Deshalb wird ein Mensch Vater und Mutter verlassen
und an seiner Frau hängen,
und die zwei werden ein Fleisch sein.« (Gen 2,24)
³²Dieses Geheimnis ist groß.
Ich aber beziehe es auf Christus und auf die Kirche.
³³Jedenfalls sollt auch ihr, jeder einzelne für sich,
seine Frau so lieben wie sich selbst;
die Frau aber soll ihren Mann fürchten.

V. 25: Die Männer sollen ihre Frauen lieben, das ist die Weisung, die der Verfasser aus seiner literarischen Vorlage Kol 3,19 übernimmt. Dreimal bringt er diese Aufforderung (V. 25.28.33) und setzt dazwischen seine Einschübe, so dass das Zitat jeweils die Untergliederung des Abschnitts markiert: V. 25-28; V. 29-33. Was er aus der Vorlage Kol 3,19 nicht übernimmt, ist die Weiterführung, dass die Männer nicht bitter gegen ihre Frauen werden sollen. Stattdessen macht er deutlich, wie die Liebe aussehen soll. In der Antike war Liebe nicht das zentrale Fundament einer Ehe, auch wenn man annehmen darf, dass es wohl schon damals glücklich verheiratete Menschen gab. Die Liebesheirat gibt es jedoch erst seit dem 19. Jahrhundert. Die Ehe war eine Lebensform, die wesentlich stärker von den wirtschaftlichen Verhältnissen bestimmt war. Grundsätzlich kam dabei der Frau die Unterordnung, dem Mann die Herrschaft zu. Herrschaft nicht wie über einen Besitz, so bemüht sich Plutarch anzufügen, sondern wie die Seele über den Körper herrscht (Ermahnungen an Braut und Bräutigam 33 = 142E, zitiert nach U. Luz, Eph 236). Während sich die Stellung der Frau in der Haustafel also nicht von der Umwelt unterscheidet, wird das Verhalten des Mannes hier wie in Kol 3,19 deutlich anders beschrieben.
Wie aber wird diese Liebe verstanden? Es ist keine romantische Liebe, sondern *gleichwie Christus die Kirche geliebt und sich für*

*sie dahingegeben hat.* Gedacht ist an die Liebe, mit der Christus ans Kreuz ging und sich geopfert hat (vgl. Eph 5,2). Mit dieser Christusliebe sollen die Männer ihre Frauen lieben – was für eine Herausforderung! Die Liebe des Heilsgeschehens soll in der Ehe gelebt werden. Das schließt nicht nur Fürsorge und Mitgefühl, sondern liebende Hingabe bis zur Selbstaufopferung ein. Unwillkürlich fragt man sich, was die größere Herausforderung ist: Unterordnung in allen Dingen, wie es von den Frauen verlangt wird, oder aufopfernde Selbsthingabe, die den Männern aufgetragen wird. Man ahnt, dass beides einander gleichkommt und jeweils umschreibt, was der Verfasser als Motto vorangestellt hatte: *indem ihr euch einander unterordnet in der Furcht Christi.*
Dennoch: Es bleibt ein gewichtiger Unterschied. Nämlich der, dass dem Mann die Rolle Christi, der Frau die Rolle der Kirche zugeschrieben wird.

V. 26–27: Wie aber soll nun diese Liebe aussehen? Drei Elemente sind es, in denen die Christusliebe zum Ausdruck kommt: a) *damit er sie heilige durch das reinigende Wasserbad im Wort,* b) *damit er die Kirche vor sich hinstelle herrlich, ohne Makel oder Runzel oder dergleichen,* c) *sondern damit sie heilig und untadelig sei.* Doch man fragt sich erstaunt, wo in diesen Sätzen etwas von der Liebe des Mannes gesagt wird. Mit einem Mal stehen Christus und die Kirche so im Vordergrund, dass Bild- und Sachhälfte sich vertauschen. Jetzt wird die Ehe zum Bild: Christus ist der Bräutigam, die Kirche die Braut.
Damit wird deutlich, dass hier mehr vorliegt als ein bildlicher Vergleich. Beide Ebenen durchdringen sich. Das Verhältnis von Christus und Kirche begründet die Ehe und zugleich kommt in der Ehe die Beziehung von Christus und Kirche zum Ausdruck. Was aber bedeutet das?
Der Verfasser hat sich den bildlichen Vergleich nicht einfach zu Illustrationszwecken ausgedacht. Er greift auf eine alte biblische Vorstellung zurück. Wie bereits oben erwähnt, beschreiben schon die alttestamentlichen Propheten die Beziehung zwischen Gott und dem Volk Israel als ein Liebesverhältnis wie zwischen Bräutigam und Braut. Die Ausschließlichkeit der Gottesbeziehung, der Monotheismus, korrespondiert der Ausschließlichkeit der Ehe, der Monogamie. Darum wird Götzendienst wie Hurerei gewertet, darauf hatte der Verfasser schon mehrfach hingewiesen (vgl. 5,3.5).

Auch Paulus gebraucht dieses Bild und spricht von seiner Gemeinde als Braut, die er »mit einem einzigen Manne verlobt« hat, »damit ich Christus eine reine Jungfrau zuführe« (2Kor 11,2). Es handelt sich um die kommende Hochzeit bei der Wiederkunft Christi, bei der Paulus als Brautführer die Gemeinde dem Bräutigam Christus zuführen möchte. In abge-

wandelter Form taucht dieses Bild quer durch das ganze Neue Testament auf, nämlich überall dort, wo von der endzeitlichen Hochzeit gesprochen wird (Mt 22,2ff; 25,1–13; Mk 2,19f; Apk 19,7–9; 21,2.9).
Die Weisung an die Männer nimmt das Motiv der Brautzuführung auf, von der Paulus in 2Kor 11,2 gesprochen hatte. Doch nun ist nicht mehr Paulus der Brautführer – vermutlich ebenfalls ein Hinweis, dass der Apostel bereits tot ist – jetzt führt sich Christus selbst die Braut zu. Dieses Ritual ist ein fester Bestandteil einer jüdischen Hochzeit (vgl. Gen 2,22–24; 29,23; Ps 45,15f) und besteht aus der Bereitung der Braut (Brautbad, Salbung und Einkleidung) sowie der feierlichen Präsentation und dem anschließenden Hochzeitsjubel. Klassisch ist dieser Ritus bei der Erschaffung Evas in Gen 2,22–24 beschrieben (allerdings ist dabei die Bereitung der Braut natürlich die Erschaffung Evas!): Gott lässt auf Adam einen tiefen Schlaf fallen, nimmt eine seiner Rippen (Hinweis auf die ursprüngliche Einheit von Mann und Frau!), verschließt die Stelle sorgsam und baut aus der Rippe die Frau für Adam. Das ist der Vorgang der Bereitung (V. 21–22). Dann bringt Gott die Braut zu Adam (Gott als Brautführer) und präsentiert sie ihm (V. 23). Adam bricht in den Hochzeitsjubel aus: »Das ist doch Bein von meinem Bein und Fleisch von meinem Fleisch!« Adam erkennt ›seine bessere Hälfte‹ und spürt die ursprüngliche Zusammengehörigkeit und Einheit von Mann und Frau, die der Mensch nach biblischer Überzeugung in der Ehe wiederfindet. Daraus wird eine allgemeine Regel abgeleitet: »Darum wird ein Mann Vater und Mutter verlassen und an seiner Frau hängen und sie werden ein Fleisch sein« (Gen 2,24). Das zeigt, wie im Alten Testament die Erschaffung Evas als die Begründung für die gottgewollte Ordnung der Ehe angesehen wurde. Bis heute ist dieser Schrifttext die klassische Lesung für die Trauung in Judentum und Christentum.

Der Verfasser schildert nun in V. 26–27 das Brautzuführungsritual in drei Schritten. Er erwähnt das jüdische Ritual des Brautbads: *damit er sie heilige durch das reinigende Wasserbad im Wort* und nimmt damit natürlich allegorisch auf die Taufe Bezug. Ähnlich wie in 1Kor 6,11 beschreibt er sie als Heiligung und Reinigung (vgl. Joh 3,25). Wieder zeigt sich die Kunst des Verfassers, in begrifflicher Prägnanz und Schärfe zu formulieren. Denn die Taufe ist nicht bloß ein Tauchbad zu körperlich-ritueller Reinigung wie das jüdische Ritual, sie ist vielmehr *Wasserbad im Wort*. Die Taufformel, die Anrufung des Namens Jesu Christi (vgl. 1Kor 6,11), macht sie zur heiligen Handlung göttlichen Wirkens. So ist sie »Gottes Wort im Wasser« wie Martin Luther in den Schmalkaldischen Artikeln die Taufe bezeichnete (Teil III, BSLK, S. 449).
Die Präsentation der Braut schließt sich an: *Damit er die Kirche vor sich hinstelle herrlich, ohne Makel oder Runzel oder dergleichen.* Da steht sie nun, die bereitete Braut, ihrem Bräutigam gegenüber, sie steht in der Gegenwart Christi. Denn mit »hinstellen«

ist der kultische Fachbegriff des Priesterdienstes vor Gott angesprochen. In überwältigender Schönheit steht sie vor Christus, ohne Makel oder Runzel oder – wie es im zweiten Halbvers heißt – *damit sie heilig und untadelig sei* (vgl. 1,4 sowie Kol 1,22).
Viele Menschen haben damit ihre Schwierigkeiten, wenn die Kirche als *herrlich* gepriesen wird, *ohne Makel oder Runzel*. Spontan kommen die Missstände in Erinnerung, die oft unter einem frommen Deckmäntelchen verborgen liegen. Doch hier ist von der Taufe aus gedacht! Die Kirche ist nicht deshalb heilig, weil sie eine Ansammlung untadeliger Menschen wäre, sondern weil sie in der Taufe Gottes Vergebung und Neuschöpfung erfährt (*Wasserbad im Wort*).
Auch an der kollektiven Ausdrucksweise stören sich viele, wenn von *der* Kirche gesprochen wird. Sie denken bei Kirche an eine Institution, an verkrustete Amtsstrukturen. Es fällt ihnen schwer, darin eine junge, reine Braut zu erkennen. Aber es geht eben nicht um die äußere Gestalt einer Institution, sondern um die Gemeinschaft der Glaubenden. Hilfreich ist, dass der Verfasser die Beschreibung der Schönheit (*ohne Makel oder Runzel*) im dritten Schritt auf die einzelnen Glaubenden hin auslegt: *heilig und untadelig* so hatte der Verfasser in der Briefeingangseulogie das Ziel unserer Erwählung beschrieben (vgl. 1,4).

V. 28: Nun kehrt der Verfasser wieder zur Mahnung an die Männer zurück: *So sollen auch die Männer ihre Frauen lieben wie ihren eigenen Leib*. Wieder klingt das Zitat aus Kol 3,19 an, doch die Weiterführung ist anders. Jetzt kommt der Leibgedanke zur Sprache. Auf die Ehe bezogen wirken die folgenden Mahnungen etwas konstruiert. Die Liebe zur Ehefrau wird als Selbstliebe beschrieben: *Wer seine Frau liebt, liebt sich selbst*. Das klingt in der Tat zunächst wie ein Widerspruch zu der Darstellung in V. 25. Dort war die Liebe ja als Selbsthingabe verstanden worden. Man spürt: Der Verfasser will auf etwas anderes hinaus. Es geht ihm vor allem um das Verhältnis von Christus und Kirche. In V. 25–27 war die Gründung der Kirche das Thema. Ab V. 28ff kommt die Erhaltung der Kirche zur Sprache. Der Leibgedanke ist dabei der Kristallisationspunkt.

V. 29–30: Dass niemand seinen Leib hasst, sondern ihn nährt und pflegt, stellt der Verfasser als allgemeinen Grundsatz voran. Doch hier geht es weniger um Ernährung und Körperpflege. Entscheidend ist für den Verfasser, dass Christus die Kirche nährt und pflegt, dass Christus den Fortbestand der Kirche garantiert. Wie in 4,16 deutlich wurde, wird der Leib der Kirche von dem Haupt Christus mit den Lebenskräften versorgt. Über die Wortämter steuert er den Zufluss. Damit werden den Gliedern des Leibes die nötigen Lebenssäfte zugeführt. So gelingt das Wachstum des Leibes seinem Haupt entgegen. Hier taucht jetzt der gleiche Gedanke wieder auf. Es geht darum, *wie Christus die Kirche nährt und pflegt*. Mit dem Anschluss *denn wir sind Glieder seines Leibes* stellt der Verfasser ausdrücklich die Verbindung zum Leibbild von 4,11–16 her.

Auch hier zeigt sich, dass der Epheserbrief einen späteren zeitgeschichtlichen Hintergrund vor Augen hat. V. 25–27 betrafen die Gründung der Kirche durch Christi Lebenshingabe am Kreuz (vgl. 2,16); in V. 29–30 geht es um den Fortbestand der Kirche im Raum der Geschichte. Das ist eine neue Perspektive, die zu Lebzeiten des Apostels Paulus so noch nicht im Blick war. Gerade für die nachfolgende Generation ist diese Weiterführung jedoch außerordentlich wichtig. Denn jetzt wird deutlich, dass Christus selbst für den Fortbestand der Kirche sorgt – bis heute: er *nährt und pflegt* sie. Die Kirche wird also nicht untergehen, auch wenn sie von manchen Spöttern schon totgesagt wurde. Das heißt allerdings nicht, dass sich die Art und Weise, in der die Kirche verfasst ist, nicht ändern könnte, dass sich die Bedingungen von Kirche nicht verändern könnten. Die Kirche als Institution, ihre Existenz in volkskirchlicher Situation, ihre äußere Verfassung und Organisationsstruktur, all das kann sich ändern, kann wegfallen, kann aufhören. Aber die Kirche in ihrer Glaubensgestalt, als Leib Christi, als Gemeinschaft der Heiligen, als Tempel Gottes, kann nicht untergehen. Was für ein ermutigender Zuspruch für verzagte Christen nach dem Tod des Apostels bis heute!

Hingewiesen werden soll an dieser Stelle noch auf eine andere Lesart des Urtextes. Im Mehrheitstext, also in der für die gottesdienstliche Liturgie in Ost- und Westkirche maßgeblichen Textgestalt, findet sich am Ende von V. 30 die Ergänzung: »... aus seinem Fleisch und aus seinen Knochen«. Sprachlich ist sie vom Hochzeitsjubel Adams in Gen 2,23 beeinflusst. Die leibliche Einheit von Christus und Kirche im Leib Christi wird in diesen Worten sehr konkret weitergedacht. Der Leib Christi hat nicht nur Bänder und Gelenke (vgl. 4,16), sondern auch Fleisch und Knochen. Inhaltlich ergeben sich dadurch keine Änderungen.

V. **31–32**: Ganz ohne Einleitung zitiert der Verfasser jenen für die Eheschließung im Judentum wie später in der christlichen Kirche zentralen Text Gen 2,24: »*Deshalb wird ein Mensch Vater und Mutter verlassen und an seiner Frau hängen, und die zwei werden ein Fleisch sein.*« Schon für den gesamten Abschnitt stand diese Textstelle Pate. Aus dem Hochzeitsjubel Adams (»Das ist Fleisch von meinem Fleisch ...«) wird die Verallgemeinerung abgeleitet, dass Mann und Frau in der Ehe zu jener ursprünglichen

Einheit zusammenfinden, die ihnen von der Schöpfung her zugedacht ist. Für den Verfasser ist das der grundlegende Gedanke seiner Eheparänese.
Interessant ist die Deutung, die der Verfasser in V. 32 anschließt. Während das Bibelwort den klassischen Stellenbeleg für die Ehe darstellt, bezieht er es auf das Verhältnis von Christus und Kirche: *Dieses Geheimnis ist groß. Ich aber beziehe es auf Christus und auf die Kirche.*
Hier lässt der Verfasser durchblicken, was sein leitendes Interesse an der ausführlichen Erweiterung der Haustafel ist. Ihm geht es darum, das Verhältnis von Christus und Kirche näher zu bestimmen. Was zunächst bildhaft als Vergleich eingeführt worden war, wird für den Verfasser zur eigentlichen Aussage des Abschnitts. Das erklärt auch, warum die Bildhälfte einen über die Maßen breiten Raum einnimmt.
*Dieses Geheimnis ist groß.* Gemeint ist damit die Bedeutung der alttestamentlichen Textstelle, die die biblische Begründung für die eheliche Gemeinschaft von Mann und Frau darstellt. Die Ehe ist insofern ein Geheimnis als die beiden Menschen zu ihrer ursprünglichen Einheit zurückfinden. Was für das erste Menschenpaar Adam und Eva gilt, setzt sich in allen weiteren Ehen fort, die geschlossen werden. Doch der Verfasser bezieht dieses Geheimnis ganz bewusst auf Christus und die Kirche. Auch sie bilden einen Leib. Was für den ersten Adam gilt, findet in Christus, dem neuen Adam, seine Erfüllung. Die Einheit von Christus und Kirche ist nun umgekehrt das neue Vorbild für die Ehe.
Da das Wort Geheimnis, *mysterion*, in der lateinischen Bibel mit *sacramentum* übersetzt wurde, entwickelte sich aus dieser Bibelstelle das Verständnis der Ehe als Sakrament, das sich nach römisch-katholischer Auffassung die Ehegatten gegenseitig spenden. Denn in der Beziehung von Mann und Frau kommt die Beziehung von Christus und Kirche zum Abbild. Martin Luther betonte demgegenüber, dass die Ehe ein »weltlich Ding« sei. Er ließ als Sakrament nur gelten, was von Christus ausdrücklich als solches eingesetzt wurde: die Taufe mit der Buße sowie das Abendmahl.
Unabhängig von der Frage, was in den verschiedenen Konfessionen als Sakrament gewertet wird, lässt sich festhalten, dass hier in der Haustafel das Verhältnis von Mann und Frau in der Ehe außerordentlich hoch geschätzt wird. Denn der Verfasser nutzt das Bild der Ehe, um darin das Verhältnis von Christus und Kirche zum Ausdruck zu bringen.
Die Ehe ist damit nicht bloß eine Einrichtung, die vor Unzucht schützen soll, wie man Paulus in 1Kor 7 verstehen könnte. Vielmehr bildet sich in der ehelichen Gemeinschaft die Verbundenheit

von Christus und der Kirche ab. Damit wird die menschliche Liebe zwischen Mann und Frau in der Ehe zum Sinnbild für die Liebe Christi. Eros und Agape, begehrende Liebe und verschenkende Liebe werden nicht auseinandergerissen, sondern können sich gegenseitig durchdringen.

Der Hinweis des Verfassers auf das große Geheimnis hat die Ausleger beflügelt und ist in der Kirchengeschichte nicht nur auf das Bibelwort Gen 2,24, sondern auch auf das Verhältnis von Christus und Seele gedeutet worden. Der Gedanke wurde individualisiert und auf das Verhältnis von Christus und der gläubigen Seele übertragen und hat in der sog. Brautmystik eine große Wirkung entfaltet. Die Haustafel wurde somit zu einem zentralen Text mystischer Spiritualität.

V. 33: Abschließend stellt der Verfasser nochmals das Verhältnis von Mann und Frau zueinander dar und bezieht ausdrücklich seine Leser mit ein: *Jedenfalls sollt auch ihr, jeder einzelne für sich, seine Frau so lieben wie sich selbst; die Frau aber soll ihren Mann fürchten.* Deutlich ist: Der Mann soll seine Frau lieben, die Frau ihren Mann fürchten. Nicht Angst, sondern Respekt ist mit diesem Fürchten gemeint. Mit Ehrfurcht und Liebe ist umschrieben, wie sich die Ehepartner beggnen sollen »Wir sollen Gott fürchten und lieben«, so beginnt Luther jeweils die Erklärung der 10 Gebote. Für Luther sind Ehrfurcht und Liebe die beiden Weisen, mit denen der Mensch Gott gegenübertreten soll. Dass Ehrfurcht und Liebe nun auf Mann und Frau aufgeteilt sind, zeigt, wie sehr dem Verfasser die unterschiedliche Stellung zueinander wichtig ist. Darin hält er die Polarität der Geschlechter fest, mit der wir uns in der Zeit der Gleichberechtigung eher schwer tun.

An kaum einer anderen Stelle innerhalb des Briefes spürt man die Distanz zwischen unserer heutigen Auffassung und der vor 2000 Jahren so stark wie hier in der Weisung an Frauen und Männer. Während für unsere Gesellschaft die Gleichberechtigung beider Geschlechter eine nicht wegzudenkende Grundlage darstellt, wird die Antike durch eine patriarchale Herrschaftsstruktur gekennzeichnet. Auch die Haustafel des Epheserbriefs geht von dieser antiken Grundauffassung aus. Das macht es nicht leicht, die Bedeutung dieser Weisungen für die Gegenwart herauszustellen. Umso wichtiger ist die Frage nach der Botschaft dieses Abschnitts für uns heute.

Die Ausführungen des Epheserbriefs gehen von der Vorstellung aus, dass der Mensch erst in der Einheit von Mann und Frau zu seiner ursprünglichen Ganzheit findet. Die besondere Bedeutung einer solchen Vorstellung liegt darin, dass die Geschlechterrollen von Mann und Frau einerseits in ihrer Polarität und andererseits in ihrer Zu-

sammengehörigkeit wahrgenommen werden können. Die Gefahr einer solchen Vorstellung ist, dass die Polarität der beiden Geschlechter zu einer Polarisierung führt und damit zu einer hierarchischen Abstufung von Mann und Frau wie es die patriarchale Herrschaftsstruktur kennzeichnet. Eine weitere Gefahr ist, dass das Leben von Alleinstehenden als defizitär verstanden würde, weil sie damit von der ursprünglichen Ganzheit ausgeschlossen wären. Für die Antike stellte sich diese Frage nicht, da es Alleinstehende schon aus wirtschaftlichen Gründen nicht geben konnte und Unverheiratete darum immer in eine Hausgemeinschaft eingebunden waren.
Indem der Verfasser in der Haustafel das Motto der gegenseitigen Unterordnung mit besonderer Priorität ganz an den Anfang seiner Ausführungen stellt, betont er die sich ergänzenden Aspekte beider Geschlechter und stellt gerade die gegenseitige Wertschätzung heraus. Die Rede von der Unterordnung der Frau gegenüber dem Mann in allem und von der Liebe des Mannes zur Frau in völliger Hingabe klingt in unseren Ohren extrem, macht aber deutlich, dass es hier gerade nicht um einen äußerlichen Herrschaftsanspruch des Mannes und eine Selbstaufgabe der Frau geht. Es kommen vielmehr im Gedanken der Verschmelzung zu einem Leib die gegenseitige Fürsorge und Hingabe zum Ausdruck.
Welche Aspekte der Weisungen an Frauen und Männer können für die heutige Zeit fruchtbar gemacht werden?
Die in der Haustafel herausgearbeitete Polarität von Mann und Frau kann darauf aufmerksam machen, dass Gleichberechtigung nicht zu einer Angleichung der Geschlechter und damit zu einer Nivellierung der Unterschiede führen darf. Es ist wichtig, dass Männer und Frauen zu ihrer jeweiligen geschlechtsspezifischen Identität finden.
Die Vorstellung der ursprünglichen Einheit beider Geschlechter kann uns dazu anleiten, dass jeder Mensch in unterschiedlichem Maß männliche und weibliche Anteile in sich trägt. Nach C.G. Jung hat jeder Mensch einen *animus* und eine *anima*. Diese männlichen und weiblichen Seelenanteile wieder verstärkt wahrzunehmen, könnte hilfreich sein.
Mit dem Zitat aus Gen 2,24 macht der Verfasser des Epheserbriefs deutlich, dass er – wie in der jüdischen Tradition – die Ehe als natürliche Ordnung versteht. Doch er geht noch einen Schritt weiter. Die Ehe wird zur Abbildung der Christusbeziehung. Natürlich kann man es kritisieren, wenn die Frau die Rolle der Kirche und der Mann die Rolle Christi zugesprochen bekommt. Aber es geht um den einen Leib Christi. Er wird in der Ehe abgebildet. Damit kommt der Ehe eine besondere Wertschätzung zu.
Außerdem wird damit die menschliche Liebe zum Abbild der göttlichen Liebe. Eros und Agape, begehrende Liebe und verschenkende

Liebe, werden nicht auseinandergerissen, sondern ergänzen sich, ein klares Votum gegen eine leibfeindliche Askese.

### 6,1–4
### 2. Die Familie: Kinder und Väter

¹Ihr Kinder, gehorcht euren Eltern im Herrn.
Denn das ist gerecht.
²»Ehre deinen Vater und die Mutter«,
das ist das erste Gebot, (das) mit einer Verheißung (verbunden ist),
³»damit es dir gut geht
und du lange lebst auf der Erde«.
⁴Und ihr Väter, erzürnt eure Kinder nicht,
sondern zieht sie auf in der Erziehung und Ermahnung des Herrn.

V. 1–3: Die zweite Tafel mit den Weisungen an Kinder und Väter ist sehr kurz gehalten und orientiert sich eng an den Aussagen des Kolosserbriefs (Kol 3,20.21). Durch kleine Änderungen kommt jedoch die eigene Perspektive des Epheserbriefs zur Sprache. Der Gehorsam der Kinder den Eltern gegenüber war für die Antike eine Selbstverständlichkeit. Durch den kleinen Zusatz *im Herrn*, der zwar nicht in allen Handschriften belegt, aber sicher ursprünglich ist, wird der geforderte Gehorsam transparent für die Gottesbeziehung. Damit spiegelt sich auch hier das Motto, das der Verfasser der Haustafel vorangestellt hatte, sich einander unterzuordnen in der Ehrfurcht vor Christus. Während Kol 3,20 betont, dass es wohlgefällig ist, wenn Kinder ihren Eltern gehorchen, nennt der Epheserbrief das *gerecht*. Das ist typisch für seinen am Alten Testament geschulten Sprachgebrauch, wonach ›gerecht‹ das ausgewogene Beziehungsgefüge bezeichnet. Typisch auch, dass hier – wie in V. 31 – ganz ohne Einleitungsformel das alttestamentliche Gebot der Elternehrung eingefügt wird. Während im Kolosserbrief kein einziges alttestamentliches Zitat auftaucht, bemüht sich der Epheserbrief um eine korrekte Verankerung seiner Aussagen in der alttestamentlichen Tradition. Das Elterngebot galt im Judentum als eines der schwersten und wichtigsten Gebote. Zu Recht betont der Verfasser, dass ihm als erstem (und einzigem) eine Verheißung beigefügt ist. Offensichtlich will er damit den Wert des Gebotes unterstreichen. Allerdings ist der Inhalt der Verheißung gegenüber dem alttestamentlichen Urtext etwas verkürzt. Statt vom Leben im verheißenen Land, das Gott geben wird, ist allgemein vom langen Leben auf Erden die Rede – ein weiterer Hinweis dafür, dass für den Verfasser die Wiederkunft Christi in die Ferne gerückt ist.

V. 4: Die Weisung an die Väter, die Kinder nicht zum Zorn zu reizen, ist der Vorlage Kol 3,21 entnommen, jetzt positiv ergänzt durch die Verpflichtung, für die Erziehung zu sorgen: *sondern zieht sie auf in der Erziehung und Ermahnung des Herrn*. Gemeint ist die Vermittlung der Glaubensinhalte, die Einführung in die christliche Lebensweise sowie die ethische Unterweisung. Gerade das gehörte nach biblischer Tradition zur wichtigsten Aufgabe eines Vaters. So wird im Alten Testament immer wieder die Weitergabe der Glaubenstraditionen als wesentlicher Bestandteil der Erziehung erwähnt. Im Glaubensbekenntnis Israels, dem »Höre Israel« (*Sch$^e$ma Jisrael*) heißt es: »Und diese Worte, die ich dir heute gebiete, sollst du zu Herzen nehmen und sollst sie deinen Kindern einschärfen und davon reden, wenn du in deinem Hause sitzt ...« (Dtn 6,6-7). Auch die bekannte Sohnesfrage gehört dazu: »Wenn dich nun dein Sohn morgen fragen wird: Was sind das für Vermahnungen, Gebote und Rechte, die euch der Herr, unser Gott, geboten hat?, so sollst du deinem Sohn sagen: Wir waren Knechte des Pharao in Ägypten und der Herr führte uns aus Ägypten mit mächtiger Hand (Dtn 6,20.21 vgl. Ex 13,14; Ps 44,2). So gehörte die Unterweisung in den religiösen Grundlagen zu den festen Pflichten der Väter. Damit zeichnet der Verfasser auch hier in die Vorlage aus dem Kolosserbrief die alttestamentlichen Hintergründe ein.

Die Mahnung an Kinder und Väter ist in seiner Formulierung eng an die Vorlage aus dem Kolosserbrief angelehnt. Dabei führt der Verfasser die Mahnungen bewusst auf das alttestamentliche Gebot der Elternehrung zurück. In seiner Art des Zitats wird deutlich, dass die Naherwartung der ersten Christen inzwischen abgeklungen ist und ein »langes Leben auf der Erde« für die junge Generation durchaus erstrebenswert erscheint. In die gleiche Richtung weist die Mahnung, dass die Väter auf die religiöse Erziehung ihrer Kinder in besonderer Weise achten sollen. So unterstreicht der Verfasser, wie wichtig die Weitergabe des Glaubens von Generation zu Generation ist. Auch das lässt sich als Hinweis auf die veränderte geschichtliche Situation verstehen.

### 6,5-9
### 3. Die in der Hausgemeinschaft Lebenden: Sklaven und Herren

$^5$Ihr Sklaven, gehorcht den irdischen Herren
mit Furcht und Zittern
in der Aufrichtigkeit eures Herzens wie Christus,

⁶nicht in Augendienerei, um Menschen zu gefallen,
   sondern als Sklaven Christi,
   indem ihr den Willen Gottes von Herzen tut,
⁷indem ihr bereitwillig dient als dem Herrn und nicht den Menschen,
⁸indem ihr wisst,
   dass jeder, wenn er etwas Gutes tut,
   dies zurückerhält vom Herrn,
   sei er nun Sklave oder Freier.
⁹Und ihr Herren, tut das Gleiche ihnen gegenüber,
   lasst ab von eurem Drohen,
   wisst, dass sowohl ihr als auch euer Herr in den Himmeln ist
   und dass es bei ihm kein Ansehen der Person gibt.

Die dritte Tafel schließt sich ebenfalls eng an die Vorlage aus dem Kolosserbrief an, sowohl was die ausführliche Weisung an die Sklaven (Kol 3,21–25) als auch was die knapp gehaltene Anrede an die Herren angeht (Kol 4,1).

V. 5: In höchstem Maße anspruchsvoll ist, was der Verfasser von den Sklaven verlangt. Sie sollen ihren *irdischen Herren mit Furcht und Zittern* gehorchen. Sehr klar wird unterschieden zwischen dem einen Herrn Jesus Christus und den irdischen Herren. Eine Verschmelzung, bei der die irdischen Herren als »Abbild Gottes« gesehen werden, wie das etwa in der sog. Lehre der Apostel belegt ist (Did 4,11), findet sich hier noch nicht. Dennoch sollen die Sklaven mit *Furcht und Zittern*, also mit Ehrfurcht (vgl. Phil 2,12 gegenüber Gott; 2Kor 7,15 gegenüber Menschen) ihren Herren dienen. Hier stellt der Verfasser heraus, dass sie in ihrem Gehorsam ihren Herren gegenüber letztlich Christus gehorchen. Dazu kommt noch ein weiteres Merkmal: die *Aufrichtigkeit eures Herzens*. Sklaven sollen ihre Aufgaben versehen ohne irgendwelche Hintergedanken, ohne irgendwelche verborgenen Absichten zu hegen, sondern in aller Einfachheit und Geradlinigkeit. Was für ein hohes Ideal! Es gilt im christlichen Haus, setzt also die gläubige Einstellung des irdischen Herrn voraus, der nichts Unmögliches von seinen Sklaven verlangt. Sonst würde diese Forderung definitiv das Maß des Erfüllbaren sprengen. Wenn Benedikt in seiner Klosterregel von den Mönchen ähnlichen Gehorsam dem Abt gegenüber erwartet, dann mag diese Haustafel dafür Vorbild gewesen sein (vgl. Benediktusregel 5,12–15).

V. 6-7: Der Grundgedanke wird sogar noch gesteigert. Der Sklavendienst darf kein Buhlen um Aufmerksamkeit sein, mit dem man sich bei seinem Herrn einschmeicheln oder beliebt machen möchte. Denn das wäre Augendienerei: wenn man etwas tut, nur um gesehen zu werden oder – und das wäre das Gegenteil – einen Befehl nur ausführt, solange man unter Beobachtung steht. Vielmehr soll der Dienst in aller Selbstverständlichkeit erfolgen, weil die Sklaven das, was sie zu tun haben, aus eigener Überzeugung, mit innerem Engagement tun – eben wie *Sklaven Christi, die den Willen Gottes von Herzen tun*. Diesen Gedanken fasst der folgende V. 7 ganz prägnant zusammen: *indem ihr bereitwillig dient als dem Herrn und nicht den Menschen*. Damit zeigt sich, wie wichtig es ist, aus eigener, innerer Motivation heraus zu handeln und nicht nur äußere Befehle auszuführen, nicht den Menschen, sondern in allem Gott zu dienen. Das ist ja das Charakteristikum christlicher Ethik überhaupt. Was hier von den Sklaven verlangt wird, darf gut und gerne als Ethos höchster Staatsbeamter gelten!

V. 8: Die Ausführungen über den Sklavendienst bekommen noch eine neue Wendung: *indem ihr wisst, dass jeder, wenn er etwas Gutes tut, dies zurückerhält vom Herrn, sei er nun Sklave oder Freier*. Alles, was ein Sklave im Gehorsam seinem irdischen Herrn gegenüber ausführt, tut er letzten Endes für den *Herrn* (= Jesus Christus)! Auch wenn der irdische Herr nicht anerkennt, was er an Gutem getan hat, wird es doch von Christus als dem Herrn wahrgenommen. Vom Gehorsam gegenüber den irdischen Herren (*kyrioi*) (V. 5) wechselt dieser Vers zum Gehorsam gegenüber dem Herrn Jesus Christus (dem *kyrios*). Zugleich wird der Blick geweitet, denn was hier den Sklaven gesagt wird, gilt als Grundsatz für alle. Egal in welchem Stand einer lebt, ob als Sklave oder als Freier, bleibt jeder doch selbstverantwortlich in seinem Tun vor Christus als dem Herrn. Der äußere Anlass des Handelns – ob aufgrund eines Befehls oder aus freien Stücken – wird nebensächlich. Denn alles, was wir tun, vollbringen wir in unserer Verantwortung vor Gott. Äußerlich wird in der Haustafel kein Anstoß am Sklavendienst genommen, innerlich ist die Unterscheidung in Sklave und Freier bereits überholt. Vor Gott ist jeder gleich und für sein Tun verantwortlich.

V. 9: Hat der vorangehende Vers bereits mit den *Freien* auf das Handeln der Herren übergeleitet, kommt jetzt zum Ausdruck, was den Herren ins Stammbuch geschrieben werden soll: *Und ihr Herren, tut das Gleiche ihnen gegenüber, lasst ab von eurem Drohen, wisst, dass sowohl ihr als auch euer Herr in den Himmeln ist und dass es bei ihm kein Ansehen der Person gibt*. Für die Herren gilt das Gleiche wie für die Sklaven! Denn es gibt nur einen Herrn für Sklaven wie für Freie. Und dieser macht keinen Unterschied, in welchem Stand einer sein Leben verbringt. Eine konkrete Weisung gibt er den Herren noch mit auf den Weg: *lasst ab von eurem Drohen*. Das korrespondiert der Weisung an die Väter, die die Kinder nicht zum Zorn reizen sollen. Der Verfasser weiß darum, dass derjenige, der von der Position her vorgeordnet ist, in besonderer Weise Verantwortung für die Art des Umgangs miteinander hat. So werden auch Vorgesetzte im Berufsleben in besonderer Weise für die Arbeitsatmosphäre in ihrem jeweiligen Bereich Sorge zu tragen haben. Ansonsten aber gilt für die Herren das Gleiche wie für die Sklaven: *tut das Gleiche ihnen gegenüber*. Wer höhergestellt ist, kann sich nichts darauf einbilden. Denn Gott ist der Herr aller und *bei ihm gibt es kein Ansehen der Person*. Damit greift der Verfasser nochmals auf das Motto zurück, das er der Haustafel vorangestellt hatte: die gegenseitige Unterordnung in der Furcht Christi – sie gilt für Herren und Sklaven gleichermaßen.

Eine hohe Gesinnung kommt hier zum Ausdruck. Für Sklaven und Herren gilt der gleiche Grundsatz, nämlich den Willen Gottes mit aufrichtigem Herzen zu tun. Damit stimmt die Ethik hier in der Haustafel genau mit den Weisungen an die Glaubenden in 5,17 überein. Dort war das Thema, den Willen des Herrn zu begreifen und danach auch zu handeln. Die Selbstverantwortlichkeit für das eigene Tun gilt unabhängig vom Stand, in dem einer lebt: ob als Sklave oder als Herr. Bei aller Dienstbereitschaft spricht sich darin zugleich ein hohes Verantwortungsbewusstsein und eine große innere Freiheit aus. Wie aktuell ist diese Maxime bis heute! So wird etwa bei den Kriegsverbrecherprozessen deutlich, dass der Verweis, etwas allein aufgrund eines Befehls getan zu haben, nicht als Entschuldigung für begangene Untaten gelten kann. Auch wer in einem Dienstverhältnis steht, ist für sein Handeln selbst verantwortlich.

Dennoch bleiben die Weisungen dieser Tafel ganz innerhalb der damaligen gesellschaftlichen Vorstellungen, die die Menschen in Sklaven und Freie unterteilt. Die Sklavenhaltung wird als solche nicht in Frage gestellt, wenn sie auch innerlich bereits überwunden ist. Erst spätere Jahrhunderte haben diese innere Maxime auch äußerlich umgesetzt: Vor Gott sind alle gleich.

## 6,10–20
### IV. Abschließende Ermutigung:
### Das Leben als Kampf mit übermenschlichen Gewalten

Bislang hatte der Epheserbrief den »Wandel« der Christen beschrieben. Es ging um die Lebensweise, um das rechte Verhalten in den verschiedenen Bezügen: in der Gemeinschaft der Glaubenden, als Individuum, in den sozialen Bezügen als Teil der Familie im Hauswesen. *Zuletzt,* also gewissermaßen als abschließende Ermutigung, ist die Lebenssituation der Christen das Thema. Das Leben in der Endzeit, und in der befindet sich ja die Kirche, verläuft nicht in Ruhe und Sicherheit, sondern ist geprägt von Auseinandersetzungen. Es ist ein Kampf. Nicht bloß ein irdischer Kampf zwischen Menschen, sondern ein Kampf mit übermenschlichen Gewalten. Es geht um eine geistige Auseinandersetzung. Um in diesem Kampf zu bestehen, sind die Christen mit der Waffenrüstung Gottes ausgestattet. Das schildert der Verfasser in sehr eindrücklicher Form. In V. 10–13 zeigt er zunächst die Situation des Kampfes auf. In V. 14–17 wird die Waffenrüstung näher beschrieben, es sind drei Kleidungsstücke (V. 14–15) und drei Waffen (V. 16–17). Wesentlich dabei ist die innere Haltung der Kämpfenden. Deshalb beschreibt der Verfasser in V. 18–20, welche Bedeutung Beten und Wachen in der endzeitlichen Situation haben. Damit ergibt sich folgender Aufbau:

1. 6,10–13: Die Situation des Kampfes
2. 6,14–17: Die Waffenrüstung:
    a) 6,14–15 Die drei Kleidungsstücke: Gürtel, Brustpanzer, Stiefel
    b) 6,16–17 Die drei Waffen: Schild, Helm, Schwert
3. 18–20 Beten und Wachen in endzeitlicher Situation

Wir tun uns oft schwer mit solchen militärischen Bildern. Aber es geht dem Verfasser darum, die Augen zu öffnen für eine Auseinandersetzung, in der jeder gefordert ist, für die Glaubensüberzeugungen einzutreten und zu kämpfen.

## 6,10–13
### 1. Die Situation des Kampfes

¹⁰Zuletzt:
Werdet mächtig im Herrn und in der Kraft seiner Stärke.
¹¹Zieht an die Waffenrüstung Gottes,
    damit ihr bestehen könnt gegen die listigen Anschläge des Teufels,
¹²denn unser Kampf geht nicht gegen Blut und Fleisch,
    sondern gegen die Machthaber,
    gegen die Gewalten,
    gegen die Weltenherrscher dieser Finsternis,
    gegen die Geister der Bosheit in den himmlischen Regionen.

**¹³Deshalb ergreift die Waffenrüstung Gottes, damit ihr am bösen Tag Widerstand leisten und, wenn ihr alles vollbracht habt, fest stehen könnt.**

V. 10: Das Anliegen des Verfassers ist mit Händen zu greifen. Es geht ihm um Ermutigung: *Werdet mächtig im Herrn und in der Kraft seiner Stärke.* Kein verzagtes Häuflein sollen die Christen sein, das sich einschüchtern und Angst einflößen ließe! Wie in 1,19 beeindruckt auch hier die Fülle der Kraftbegriffe, die den Glaubenden Mut zusprechen soll. Gerade so weist der Verfasser auf die gefahrvolle Situation der Glaubenserschlaffung in der 3. Generation hin.

*Werdet mächtig im Herrn*, mahnt er; aber nicht aus eigener Kraft, sondern aus der Kraft Gottes heraus, die an ihnen wirken will, eben *in der Kraft seiner Stärke*. Hier taucht – wie in 5,18 – ein Imperativ Passiv auf, es geht also um etwas, das der Mensch nicht aus eigener Kraft hervorbringen, sondern von dem er sich nur erfüllen lassen kann. Denn hier geht es um einen geistigen Kampf. Kraft und Stärke, die gefordert sind, sind keine äußerlichen Merkmale, sondern etwas, das Gott den Menschen schenkt: Es ist *seine* Stärke, die sich in der Überzeugungskraft der Christen zeigt. Paulus hatte das bereits in 2Kor 10,4.5 beschrieben: »Denn die Waffen unseres Kampfes sind nicht fleischlich, sondern mächtig im Dienste Gottes, Festungen zu zerstören. Wir zerstören damit Gedanken und alles Hohe, das sich erhebt gegen die Erkenntnis Gottes ...«

V. 11: *Zieht an die Waffenrüstung Gottes.* Ganz bewusst wird hier wie in V. 13 von der Waffenrüstung *Gottes* gesprochen. Es sind eben nicht die eigenen Waffen, die in diesem Kampf gefragt sind, nicht die eigene Klugheit, nicht die eigene Überzeugungskraft und Argumentationsstärke, sondern es sind Gottes Waffen, die wir anziehen sollen. In diesem Bild schwingt das Motiv vom Kleiderwechsel aus 4,22–24 mit. War dort vom Anziehen des neuen Menschen die Rede, so hier vom Anziehen der Rüstung Gottes. Seine Macht ist es, die uns umgürtet. Diese Waffenrüstung hat ein Ziel: *damit ihr bestehen könnt gegen die listigen Anschläge des Teufels.* Stehen, bestehen, widerstehen, das sind die Leitworte dieses Abschnitts (vgl. V. 11.13.14). Um die Standhaftigkeit im Glauben geht es. Das fordert unseren ganzen Einsatz, doch zugleich ist es allein Gottes Kraft, die durch uns wirkt. Ganz konsequent hat der Verfasser die Rechtfertigungslehre auch hier – wie in 2,6–10 – durchgehalten.

Es geht um den Widerstand *gegen die listigen Anschläge des Teufels.* Man könnte auch von den »Methoden des Teufels« oder von »Intrigen« sprechen, jedenfalls von Machenschaften, die unfair und hinterhältig sind. Dagegen sind die Menschen aus eigener Macht hilflos, wenn ihnen nicht die Waffen Gottes zur Verfügung stehen. Wieder wird vom Teufel und nicht – wie sonst bei Paulus – vom Satan gesprochen; ein sprachliches Indiz für die nachpaulinische Entstehung des Briefes, auch wenn inhaltlich kein Bedeutungsunterschied vorliegt. Doch was heißt es, dass der Kampf gegen den Teufel geht?

V. 12 nimmt den Gegner genauer in den Blick. Es ist nicht bloß ein Kampf *gegen Blut und Fleisch*, also nicht bloß ein Kampf mit einem irdischen Gegner, kein Kampf bloß zwischen Menschen. Vielmehr handelt es sich um eine geistige Auseinandersetzung, um einen Kampf mit *Machthabern* und *Gewalten* (vgl. 1,21), wobei der erste Begriff mehr die Funktion, der zweite mehr das Wesen der geistigen Mächte betont. Mit dem dritten Begriffspaar – ebenfalls nach Funktion und Wesen gegliedert – werden die geistigen Mächte negativ charakterisiert. Es sind die *Weltenherrscher dieser Finsternis, die Geister der Bosheit in den himmlischen Regionen*. Damit hat der Verfasser – wie in 2,1–4 – widergöttliche Mächte im Blick, die die Gegenwart beherrschen. So erklärt er, was er sich unter den *listigen Anschlägen des Teufels* vorstellt.

Auf den ersten Blick mögen diese Gedanken sehr fremdartig erscheinen. Der Verfasser sieht die Situation, in der die Kirche lebt, als eine Auseinandersetzung mit der dämonischen Geisterwelt. Das ist für Menschen des 21. Jahrhunderts schwer nachvollziehbar. Seit der Aufklärung verstehen wir den Menschen als Individuum, das sich in seinen Vorstellungen und Denkweisen frei entscheiden kann. Nach der Auffassung des Epheserbriefs steht der Mensch jedoch unter bestimmten Einflüssen, ist geistigen Strömungen ausgesetzt, deren Macht sich auf ihn auswirkt. Das hat nichts mit Verteufelung zu tun. Vielmehr sieht der Verfasser die Christen in eine Auseinandersetzung mit geistigen Mächten gestellt. Natürlich haben es die Glaubenden in ihrem Kampf ebenfalls mit Menschen und deren Auffassung zu tun. Aber es ist eben nicht nur deren private Anschauung, sondern die Gegner verkörpern eine Weltanschauung, stehen im Bannkreis einer Ideologie, die ja als geistige Macht Menschen in ihrer Denk- und Handlungsweise beherrschen kann. Man könnte heute ebenfalls an solche geistigen Mächte denken, etwa an den Materialismus, an den Nihilismus, den Atheismus und an viele andere »-ismen«, deren Gedankengebäude die geistige Ausrichtung von Menschen beherrschen. Dem Verfasser liegt es am Herzen, deutlich zu machen, dass der Mensch sich seine Weltanschauung nicht so frei wählen kann, wie wir es uns im Allgemeinen vorstellen. Unser Denken, unsere Einstellungen werden von geistigen Strömungen beeinflusst, die in der Luft liegen, in deren Sog wir geraten können. Der Verfasser beweist an dieser Stelle wie schon in 2,1–4 sein scharfes geistiges Unterscheidungsvermögen, mit dem er das Wesen geistiger Strömungen durchschaut.

**V. 13:** Für eine solche geistige Auseinandersetzung ist die Waffenrüstung Gottes entscheidend: *Deshalb ergreift die Waffenrüstung Gottes, damit ihr am bösen Tag Widerstand leisten und, wenn ihr alles vollbracht habt, fest stehen könnt.* Der böse Tag bezeichnet die Situation der Gegenwart (vgl. 5,16!), in der die Kirche sich befindet. Der Kampf gegen die geistigen Mächte ist die Realität, sagt der Verfasser. Diese Auseinandersetzung beherrscht die Zeit vor der Wiederkunft Christi, auch wenn der Sieger bereits feststeht. Jesus Christus hat alle Macht gewonnen. In den Himmeln ist bereits verbürgt, dass wir mit ihm lebendig gemacht, auferweckt und eingesetzt sind (2,5.6), aber auf Erden ist dem Bösen noch Macht zugestanden, unter dessen Gewalt die Christen hier noch leiden. Gerade darum sind sie zum Kampf herausgefordert. Die dunkle Rede vom bösen Tag steht also nicht im Widerspruch zu den verheißungs- und lichtvollen Gedanken von 2,5.6. Sie zeichnen ihr Bild jeweils aus anderer Perspektive. Auf den *Widerstand* und auf das *Feststehen* zu der Glaubensüberzeugung kommt es an! Standfestigkeit ist eine wesentliche Voraussetzung, um im Kampf bestehen zu können. Denn nur, wer fest stehen kann, kann den Gegner in den Blick nehmen und sich richtig verteidigen. Eine solche Standhaftigkeit ist auch für die geistige Auseinandersetzung nötig, bei der man zu seinem Standpunkt, zu seiner Glaubensüberzeugung stehen muss. Natürlich spiegelt sich hier in diesen Worten die schmerzhafte Erfahrung der Verfolgung, auch wenn sich aus den Zeilen keine konkreten Merkmale einer Christenverfolgung herauslesen lassen. Während in 5,16 mit der Wendung »denn die Tage sind böse« die allgemeine Situation der Christen gemeint ist, könnte mit dem *bösen Tag* im Singular speziell der Tag gemeint sein, an dem der Einzelne für seinen Glauben einstehen und in der Verfolgungssituation Widerstand leisten muss. Jedenfalls bringt der Verfasser seine Überzeugung zum Ausdruck, dass der, der in der Verfolgung widerstanden hat, anschließend umso gewisser im Glauben feststehen wird: *damit ihr am bösen Tag Widerstand leisten und, wenn ihr alles vollbracht habt, fest stehen könnt.* Denn das ist eine grundlegende Erfahrung: Wer einmal Widerstand geleistet hat, ist anschließend gefestigter als vorher. Wer eine Versuchung überstanden hat, dem wird innere Klarheit geschenkt. Man kann es nur erahnen, was für schwere Erfahrungen in diesen Worten mitschwingen.

## Das Bild der Waffenrüstung – Überblick

Mit dem Bild der Waffenrüstung Gottes greift der Verfasser auf eine alte Tradition zurück. Bei Deuterojesaja, dem zweiten Teil des Jesajabuches, wird Gott als Kriegsheld beschrieben, der zum Kampf aufbricht, um seine Feinde zu vernichten: »Er zieht Gerechtigkeit an wie einen Panzer und setzt den Helm des Heils auf sein Haupt und zieht an das Gewand der Rache und kleidet sich mit Eifer wie mit einem Mantel« (Jes 59,17 LÜ; vgl. auch Jes 42,13; Hab 3,2–11). Ähnlich wird Gottes Waffenrüstung im Buch der Weisheit Salomos beschrieben: »Er wird Gerechtigkeit anziehen als Panzer und unbestechliches Gericht sich aufsetzen als Helm. Er wird unüberwindliche Heiligkeit ergreifen als Schild, er wird seinen strengen Zorn schärfen zum Schwert« (Weish 5,19–21 LÜ).

Diese Beschreibung Gottes als Kriegsheld hatte schon Paulus auf die einzelnen Christen übertragen. So schreibt er in 1Thess 5,8: »Wir aber, die wir Kinder des Tages sind, wollen nüchtern sein, angetan mit dem Panzer des Glaubens und der Liebe und mit dem Helm der Hoffnung auf das Heil«. In Röm 13,12 spricht er vom »Anlegen der Waffen des Lichts« und in Röm 6,13 von den »Waffen der Gerechtigkeit«.

Der Epheserbrief greift diese Gedanken hier in umfassender Darstellung auf. Dabei wird deutlich, dass die mit den Kleidungsstücken verbundenen Begriffe gegenüber den Vorlagen variieren können. Ihre Bedeutung darf darum nicht zu eng gefasst werden. Es fällt aber auf, dass der Verfasser die bei Deuterojesaja vorgegebenen Begriffskombinationen bevorzugt. Auch er spricht vom »Panzer der Gerechtigkeit« und vom »Helm des Heils«. Die Orientierung am alttestamentlichen Vorbild entspricht dem Charakterzug des Verfassers, bei seinen Aussagen in besonderer Weise das Alte Testament zu berücksichtigen.

Bei der umfassenden Beschreibung der Waffenrüstung zeichnet der Verfasser des Epheserbriefs ein sehr plastisches Bild. Wie Albrecht Oepke betont, entspricht die Aufzählung »genau der Bewaffnung eines römischen Legionärs« in der damaligen Zeit (Art. Panhoplia, S. 300). Die einzelnen Elemente der Bildmetaphorik sind dabei wohldurchdacht. Es werden sechs Stücke genannt in zwei Dreierreihen. Die erste Reihe umfasst die Kleidungsstücke, die man sich umschnallt, bzw. festbindet, die man also *anzieht* (vgl. V. 11), bevor man in den Kampf zieht. Die zweite Reihe zählt die Waffen auf, die man unmittelbar vor dem Treffen mit dem Feind *ergreift* (vgl. V. 13). Daraus entwickelt der Verfasser ein umfassendes Bild der Rüstung. Es sind insgesamt sechs Waffen. Mit Ausnahme des Schwertes werden nur Verteidigungswaffen genannt, Speer und Lanze fehlen! Das ist sicher nicht unbeabsichtigt. Auch die Gliederung in zweimal drei Elemente ist bewusst gewählt. Nach altem biblischen Gliederungsmuster steht die Zahl sechs für die drei Dimensionen des Raumes (rechts – links; oben – unten; vorne – hinten) die letzte Waffe, das Schwert, bekommt als Schwert des Geistes noch eine zusätzliche Bedeutung: *welches ist das Wort Gottes*. Damit wird das Wort Gottes als siebtes Gliederungsmerkmal hinzugefügt. Wo in den biblischen Texten ein siebtes Element auftaucht, sollen in der Regel die räumlichen Dimensionen überstiegen und der jenseitige Bereich Gottes angedeutet werden, so etwa beim siebten Tag als dem Tag der Ruhe Gottes im Schöpfungsbericht oder bei der mehrfach anzutreffenden Siebenzahl in der Offenbarung (Apk 1,12.16; 4,5; 8,2 u.ö.). Auch hier in 6,17 könnte ein Hinweis auf die Jenseitigkeit mitgedacht sein, wenn das Schwert des Geistes mit dem Wort Gottes identifiziert wird (siehe dazu die Einzelexegese).

### 6,14–17
### 2. Die Waffenrüstung

[14]So steht nun fest,
    eure Hüfte umgürtet mit Wahrheit
    und angetan mit dem Brustpanzer der Gerechtigkeit
[15]und die Füße beschuht mit der Bereitschaft für das Evangelium des Friedens.
[16]Vor allem aber ergreift den Schild des Glaubens,
    mit dem ihr alle feurigen Pfeile des Bösen auslöschen könnt.
[17]Und empfangt den Helm des Heils und das Schwert des Geistes,
    welches ist das Wort Gottes,

V. 14–15: Die drei Kleidungsstücke der Waffenrüstung werden aufgezählt: *eure Hüfte umgürtet mit Wahrheit und angetan mit dem Brustpanzer der Gerechtigkeit und die Füße beschuht mit der Bereitschaft für das Evangelium des Friedens*. An erster Stelle wird der Hüftgurt genannt. Wer sich gürtet, ist bereit aufzubrechen, denn ein Hüftgurt fasst die Kleidung zusammen und hält sie am Körper. Als Rüstungsstück diente ein Hüftgurt zur Befestigung weiterer Waffen und schützte mit seiner ledernen Bedeckung den Hüftbereich wie die Oberschenkel. Wichtiger als der Hüftgurt selber scheint dem Verfasser jedoch der Zustand der Umgürtung zu sein, denn er erwähnt das Verb: *umgürtet mit Wahrheit*. Wahrheit meint von ihrem biblischen Grundsinn her die Zuverlässigkeit und Treue Gottes, die den Christen wie einen

Hüftgurt schützend umgeben und ihm Halt und Festigkeit geben soll.
Die Rede vom *Brustpanzer der Gerechtigkeit* ist an Jes 59,17 angelehnt. Der Brustpanzer, den man sich umschnallt, schützt den Oberkörper. So soll die Gerechtigkeit Gottes den Glaubenden umhüllen und vor den Angriffen schützen. Wahrheit und Gerechtigkeit gehören bereits in der alttestamentlichen Tradition eng zusammen. Insbesondere dem Messias werden Wahrheit und Gerechtigkeit zugesprochen. Der Einfluss der messianischen Verheißung Jes 11,5 auf das Bild der Waffenrüstung ist unverkennbar: »Gerechtigkeit wird der Gurt seiner Lenden sein und die Treue (hebr. 'æmunah = Wahrheit) der Gurt seiner Hüften«. Wahrheit und Gerechtigkeit werden in 5,9 zusammen mit Güte als die drei Grundtugenden genannt; hier in V. 14–15 ist statt Güte vom Frieden die Rede. Entscheidend ist, dass dabei nicht an menschliche Eigenschaften, sondern an Gottes Attribute gedacht ist, die im Menschen Gestalt gewinnen sollen. Denn es ist die Waffenrüstung *Gottes*, die die Christen schützend umgibt.
Wie aber soll man sich den Brustpanzer vorstellen? Man kann an die sog. Lorica-Gebete – also Brustpanzer-Gebete – denken, die von den altirischen Mönchen überliefert und auf den hl. Patrick zurückgeführt werden. Diese Gebete sprechen davon, dass Christus der Brustpanzer ist, der die Glaubenden von allen Seiten schützend umgibt: »Christus mit mir / Christus vor mir / Christus hinter mir / Christus unter mir / Christus über mir / Christus mir zur Rechten / Christus mir zur Linken / Christus, wo ich liege / Christus, wo ich sitze / Christus, wo ich mich erhebe« (F. Ruppert, Geistlich kämpfen lernen, S. 120).
Während Hüftgurt und Brustpanzer den Inbegriff des Kämpferischen darstellen, muss das, was unter die Füße gebunden wird, nicht unbedingt ein schwerer Soldatenstiefel sein. Das ›*Hypodema*‹, das »Daruntergebundene«, ist eigentlich eine Sandale. Nun hatten die römischen Legionäre zur Bewältigung längerer Fußmärsche »niedrige Halbstiefel aus massiver Sohle und durchbrochenem Oberlederwerk« (so A. Oepke, Art. Panhoplia, S. 311). Aber viel sinnvoller erscheint es, an dieser Stelle an die »Sandalen des Friedens« zu denken und hierin eine Anspielung an die »Füße der Freudenboten« zu erkennen, die in Jes 52,7 gepriesen werden: »Wie lieblich sind auf den Bergen die Füße der Freudenboten, die da Frieden verkündigen …« Gerade darauf könnte in der Wendung *die Füße beschuht (wörtl. untergebunden) mit der Bereitschaft für das Evangelium des Friedens* Bezug genommen sein.
So militärisch das Bild von der Waffenrüstung auf den ersten Blick erscheint, so hintergründig durchdacht erweist es sich bei

näherer Betrachtung. Bereits in 2,14 war Christus als der Friede in Person und Werk beschrieben worden. Dort ging es darum, dass Christus die verfeindeten Teile der Menschheit, Heiden und Juden, versöhnt und zu einem Leib der Kirche vereint hat. Das ist das *Evangelium des Friedens* (vgl. 2,17!), das die Christen als Freudenboten in die Welt hinaustragen sollen. Die Waffenrüstung des Glaubens dient der Versöhnung und dem Frieden!
V. 16–17: Dieser Aspekt der Bereitschaft zum Frieden begegnet auch bei den einzelnen Waffen, die jetzt aufgezählt werden. Mit Ausnahme des Schwertes sind es Verteidigungswaffen: *Vor allem aber ergreift den Schild des Glaubens, mit dem ihr alle feurigen Pfeile des Bösen auslöschen könnt. Und empfangt den Helm des Heils und das Schwert des Geistes, welches ist das Wort Gottes.* Schild, Helm und Schwert werden direkt vor der Kampfhandlung ergriffen. Da ist der Langschild des Glaubens, mit dem sich der Christ den *brennenden Pfeilen des Bösen* erwehren soll. Pfeile werden aus dem Hinterhalt abgeschossen und sind besonders heimtückisch, wenn sie brennen. Damit charakterisiert der Verfasser die Kampfweise des Bösen: Sie meidet die direkte Konfrontation, agiert aus dem Versteck, setzt sich nicht der direkten Begegnung aus. Natürlich klingen auch hier biblische Zitate an, wie etwa Ps 91,4f: »Seine Wahrheit ist Schirm und Schild, dass du nicht erschrecken musst ... vor den Pfeilen, die des Tages fliegen«. Der Glaube ist wie ein Langschild, den der Soldat auf dem Boden aufstützt und dahinter Schutz findet. Wer vom Glauben, also dem Gottesvertrauen, geschützt wird, dem können die Brandpfeile des Bösen nichts anhaben. Sie werden durch den Langschild abgehalten und zum Verlöschen gebracht.
Auch der *Helm des Heils* hat Schutzfunktion. Er gehört fest zur Waffenrüstung Gottes (vgl. Jes 59,17) und wird in 1Thess 5,8 als »Helm der Hoffnung auf das Heil« beschrieben.
Das *Schwert des Geistes* ist die einzige Angriffswaffe in der Rüstung des Glaubens. Es verdeutlicht nochmals, dass es sich um einen geistigen Kampf handelt. Die Schärfe des Schwertes ist die Schärfe des Geistes der Unterscheidung, mit der zwischen Gutem und Bösem getrennt wird.
Durch die Anfügung *welches ist das Wort Gottes* wird das Schwert des Geistes nochmals präzisiert. Wie ein Schwert schneidet Gottes Wort, das aus seinem Mund hervorgeht. Deutlich sind die Bezüge zur Apokalyptik zu greifen (vgl. Apk 1,16; 2,12.16; 19,15.21) sowie zu Hebr 4,12: »Denn das Wort Gottes ist lebendig und kräftig und schärfer als jedes zweischneidige Schwert und dringt durch, bis es scheidet Seele und Geist, auch Mark und Bein, und ist ein Richter der Gedanken und Sinne des Herzens.« Das ist

Gottes wirkmächtiges Wort, das schafft, was es befiehlt (vgl. Ps 33,9) und wirkt, sobald es ergeht – machtvoll und gewaltig (vgl. Jer 23,29). Es ist das königlich-richterliche Wort, dem sich keiner entziehen kann. Sein Wort ist es, das alles prüft und das Wahre vom Falschen scheidet. Das scharfe Schwert des Geistes ist die Krone der Waffenrüstung des Glaubens. Und zugleich ist deutlich, dass diese Gotteswaffe allein dem Wirken Gottes vorbehalten bleibt. Ein Christ darf es ergreifen, das Wirken aber stammt allein von Gott.

Schaut man sich die sechs Elemente an, die die Waffen jeweils verkörpern sollen, so stehen in der ersten Dreierreihe: Wahrheit – Gerechtigkeit – Frieden. Sie umschreiben die Grundlage christlicher Existenz. In der zweiten Dreierreihe stehen Glaube – Heil – Geist. Sie sind Weg und Ziel christlicher Existenz. Das sechste Element des Geistes wird nochmals gesteigert durch die Identifikation mit dem Wort Gottes. Die Zahl sieben steht für den Bereich Gottes, für seine Jenseitigkeit. Sein Wort ist es, das den Raum von Gottes Ewigkeit eröffnet.

### 6,18–20
### 3. Beten und Wachen in endzeitlicher Situation

¹⁸indem ihr unter lauter Gebet und Bitten zu jeder Zeit im Geist betet
und dafür wacht in aller Ausdauer und Fürbitte für alle Heiligen
¹⁹und auch für mich,
damit mir das Wort gegeben werde,
wenn ich meinen Mund öffne,
um in Freimut das Geheimnis des Evangeliums kundzutun,
²⁰für das ich als Gesandter in Ketten liege,
damit ich freimütig bekenne,
wie ich reden muss.

V. 18: Im gleichen Atemzug geht der Verfasser zum Beten und Wachen über. Denn die Schilderung der Waffenrüstung wäre unvollständig, wenn nicht beschrieben würde, mit welcher Haltung die Glaubenden sie anziehen sollen. Das Gebet hat dabei grundlegende Bedeutung. Nicht umsonst ist der Epheserbrief als Ganzes von einer betenden Grundhaltung durchdrungen. Hier in diesem Vers kommt in den verschiedenen Begriffen das ganze Spektrum des Gebets zu Wort: *indem ihr unter lauter Gebet und Bitten zu jeder Zeit im Geist betet und dafür wacht in aller Ausdauer und*

*Fürbitte für alle Heiligen.* Die Übung des Gebets fordert Wachsamkeit und Ausdauer. Nur so kann einer die Waffen Gottes recht gebrauchen. Ganz vehement fordert der Verfasser das ständige Gebet *zu jeder Zeit* ein; ein Gebet, das niemals schläfrig oder nachlässig werden darf, sondern mit hoher Intensität geübt werden soll. Es ist ein Gebet *im Geist*, also ein Gebet, das nicht nur in äußerlich wohlformulierten Sätzen vor sich geht, sondern innerlich im Herzen geübt wird. Die Wendung *zu jeder Zeit im Geist* weist in die Richtung eines kontemplativ geübten Gebets. Jedenfalls ist diese Bibelstelle im Lauf der Geschichte als Ermutigung für die Übung des Herzensgebetes verstanden worden.

Ganz deutlich ruft der Verfasser zur Fürbitte auf: *in aller Ausdauer und Fürbitte für alle Heiligen.* Die Fürbitte ist eine grundlegende Form der Unterstützung im geistlichen Kampf, denn so können sich die Christen untereinander stärken und beistehen, auch in Situationen, in denen sie äußerlich allein auf sich gestellt sind. Man könnte etwa an Verfolgungssituationen denken. Die hohe Wertschätzung des Fürbittengebets drückt sich aus in der Mahnung, *für alle Heiligen* – also für alle Glaubenden – zu beten. Es geht nicht um irgendeine Heiligenverehrung, sondern um das Gedenken vor Gott, durch das *alle* Glieder der Kirche miteinander verbunden sind – über Zeit und Raum hinweg.

Dass diese Fürbitte in Ausdauer und Beharrlichkeit geübt werden soll, ist eine feste, wiederkehrende Mahnung der Paulusbriefe (vgl. Röm 12,12; Kol 4,2; ähnlich 1Thess 5,17).

**V. 19:** Hatte am Ende des ersten Hauptteils der Apostel fürbittend für die Leser die Knie gebeugt (3,14–21), so werden jetzt am Ende des zweiten Hauptteils die Leser gebeten, das Gleiche für den Apostel zu tun. Gegenseitige Fürbitte verbindet und stärkt die Zusammengehörigkeit. Im Speziellen soll Fürbitte für den Apostel geübt werden, damit sich ihm neue Möglichkeiten der Verkündigung eröffnen: *und auch für mich, damit mir das Wort gegeben werde, wenn ich meinen Mund öffne, um in Freimut das Geheimnis des Evangeliums kundzutun.* Wichtig ist die Feststellung: *damit mir das Wort gegeben werde.* Der Apostel redet nicht von sich aus. Der Geist Gottes schenkt ihm die richtigen Worte. Hierbei stehen äußere (*wenn ich meinen Mund öffne*) und innere (*in Freimut*) Möglichkeit des Verkündigens nebeneinander. Für die Verkündigung braucht es immer beides: äußere Möglichkeiten und inneres Ergreifen und Erfassen der Situation. Besonders wichtig ist der *Freimut*. Das griechische Wort *parresia* meint eine innere Freiheit und Unbeschwertheit, die alles ängstliche Zaudern und Zögern hinter sich gelassen hat, eine innere Gewissheit und Gelassenheit, die aus voller Überzeugung das Wort ergreift und ausrichtet. Damit ist nicht ein persönlicher Charakterzug des Paulus gemeint. Es ist vielmehr eine Auswirkung des Evangeliums, das Paulus diesen Freimut schenkt (vgl. 2Kor 3,12; Phil 1,20; siehe oben zu 3,12). Für die Boten des Evangeliums gehört solch ein unerschrockener Mut dazu. Er ist Ausdruck der Freiheit, die sie zu verkündigen haben. Der gefangene Paulus wird damit zu einem Beispiel für eine unerschrockene Verkündigung, durch die das Geheimnis des Evangeliums weitergetragen wird.

V. 20: Dieser Vers illustriert nochmals, was dieses unübersetzbare Wort *parresia* meint: *für das ich als Gesandter in Ketten liege, damit ich freimütig bekenne, wie ich reden muss*. Paulus ist ein Gesandter in Ketten. Schon in 3,1 und 4,1 wurde er als »Gefangener Christi« bzw. »Gefangener im Herrn« bezeichnet. Der Freimut ist nicht von äußerer Freiheit abhängig, sondern kann sich auch im Gefängnis einstellen. Eben da, wo Menschen von aller Menschenfurcht frei sind und sich allein dem Wort Gottes verpflichtet fühlen. Nochmals macht er deutlich, dass das Wort nach festem göttlichem Ratschluss an die Menschen ergeht: *wie ich reden muss* (vgl. Kol 4,4). Als Apostel ist er das Werkzeug Gottes, das Fundament der Kirche (vgl. 2,20), durch dessen Verkündigung die Kirche besteht. Darum liegt ein Zwang, eine Verpflichtung, auf ihm, dass er reden muss (vgl. 1Kor 9,16).

Wer meint, christlicher Glaube garantiere ein friedliches und beschauliches Dasein, irrt sich. Christsein fordert zum Kampf heraus. Der Glaube ist ein beständiges Ringen, führt in Anfeindungen und harte Auseinandersetzungen – und zwar auf der geistigen Ebene. Gerade das ist die Botschaft des Bildes von der Waffenrüstung.
Dabei lässt sich der Kampf in zweifacher Weise verstehen, sowohl als äußeres Ringen um die Wahrheit als auch als innere Überwindung. In der Bibel wie in der Geschichte der Christenheit konnte dieser Kampf immer wieder andere Ausdrucksformen bekommen. So begegnet im Psalter das Motiv der Feinde, denen der Beter ausgesetzt ist. Bezeichnenderweise sind die Feinde immer in der Mehrzahl, der Beter dagegen allein: Einsamkeitserfahrungen kommen hier zu Wort, in denen der Beter Anfeindungen von außen ausgesetzt ist und sich allein auf Gott geworfen weiß. Um eine andere Form der Auseinandersetzung geht es bei den Wüstenvätern und -müttern. Dort ist vom Kampf mit den Dämonen die Rede, ein Bild für das Ringen mit den eigenen Seelenkräften. Es geht um Versuchungen, um innere Auseinandersetzungen mit sich selbst in der Einsamkeit der Wüste. In der Alten Kirche wurde das christliche Leben als *militia Christi*, als Kriegsdienst für Christus verstanden. Diese Gedanken haben Eingang gefunden in die Regel des hl. Benedikt, der das Kloster als »Kampf-

schule« beschreibt (vgl. F. Ruppert, Geistlich kämpfen lernen, S. 25). Wie Benedikt einleitend sagt, richtet sich seine Regel »an jeden, der dem Eigenwillen entsagen und die starken und herrlichen Waffen des Gehorsams ergreifen will« (Benediktusregel, Prolog 3).
In vielen Kirchenliedern taucht das Motiv des Kampfes wieder auf, etwa in dem bekannten Pfingstlied ›O komm du Geist der Wahrheit‹: »Unglaub und Torheit brüsten sich frecher jetzt als je; darum musst du uns rüsten mit Waffen aus der Höh. Du musst uns Kraft verleihen, Geduld und Glaubenstreu und musst uns ganz befreien von aller Menschenscheu« (EG 136,3). Man könnte auch an das Lied »Jesu, meine Freude« denken: »Unter deinen Schirmen bin ich von den Stürmen aller Feinde frei. Lass den Satan wettern, lass die Welt erzittern, mir steht Jesus bei« (EG 396,2).
In Zeiten äußerer Unterdrückung und Verfolgung war das Bild der Waffenrüstung Gottes für die Christen außerordentlich wertvoll. Doch wie kann das Bild der Waffenrüstung in der heutigen Zeit besser verstanden werden?
Der Philosoph Jürgen Habermas hat in anderem Zusammenhang einmal vom »eigentümlich zwanglosen Zwang des besseren Arguments« gesprochen (Wahrheitstheorien, 161) und damit eine Illustration dafür geliefert, wie die Waffenrüstung heute verstanden werden kann. Denn der Sieg der Wahrheit setzt bei dem Motiv der zwanglosen Überwindung ein. Die Wahrheit trägt in sich eine geistige Kraft. Sie überzeugt den anderen ganz ohne äußeren Zwang, weil die schlagenden Argumente für sie sprechen. Darum braucht sie keine körperliche Kraft oder äußere Macht zu ihrer Durchsetzung. Das bessere Argument kann zwar mit Füßen getreten, kann eine Zeitlang mit äußeren Mitteln unterdrückt werden, wird letztlich aber immer siegen.
Die Wahrheit besitzt die geistige Kraft der Überzeugung, überwindet die Unwahrheit mühelos und bezwingt sie souverän. Wahrheit entkräftet die Argumente, die auf Lügen aufgebaut sind, und überführt sie. Darum ist sie nicht unterzukriegen, so sehr man sie auch zu unterdrücken versucht. Letztendlich muss jede äußerliche Macht vor ihr weichen. Darum ist das Schwert das passende Bild für die einzige Angriffswaffe in der Waffenrüstung des Glaubens. Das Schwert steht für die Unterscheidung, denn es zerteilt und trennt. So markiert es genau die Grenze zwischen wahr und falsch. Das ist die Waffenrüstung Gottes und das sind »die scharf geschliffnen Waffen der ersten Christenheit« (EG 136,2).
Das herausfordernde Bild von der Waffenrüstung ist damit eine klare Absage an faule Kompromisse und oberflächliche Friedfertigkeit. Es macht auf die versteckten geistigen Auseinandersetzungen aufmerksam, die durchgefochten werden müssen – auch in unserer Zeit. Da-

mit wendet sich dieses Bild gegen eine verbreitete »Wir-sind-doch-alle-lieb«-Haltung, die nur der Beliebigkeit das Wort redet und das Opfer im Regen stehen lässt.

## 6,21-24
## V. Briefschluss

²¹Damit aber auch ihr wisst, wie es um mich steht, wie es mir geht,
wird euch Tychikus alles berichten,
der geliebte Bruder und treue Diener im Herrn,
²²den ich zu euch schicke zu dem Zweck,
dass ihr erfahrt, was uns betrifft,
und er eure Herzen tröste.
²³Friede den Brüdern (und Schwestern) und Liebe mit Glauben
von Gott, dem Vater, und dem Herrn Jesus Christus.
²⁴Die Gnade sei mit allen, die unseren Herrn Jesus Christus lieben,
in Unvergänglichkeit.

Der Briefschluss ist auffallend kurz gehalten. Es fehlt die Grußliste, die sonst immer auftaucht. Auch das ist ein Hinweis auf die nachpaulinische Entstehung des Epheserbriefs. Der Verfasser will seinen Lesern keine falschen Tatsachen vorspiegeln und vermeidet darum irgendwelche persönlichen Mitteilungen. So unterbleiben hier die sonst unerlässlichen Grüße. Grüße sind ein Ausdruck der Verbundenheit. Diese Verbundenheit stellt der Verfasser durch die sog. Tychikusnotiz her, die er aus dem Kolosserbrief übernimmt (V. 21f).
Das weist zugleich nochmals darauf hin, wie der Verfasser seinen Brief verstanden wissen will: Er will sich nicht mit fremder Autorität schmücken und eine Verfasserschaft vorgeben, die nicht stimmt, sondern er will mit apostolischer Autorität die Kerngedanken der paulinischen Verkündigung an die Nachwelt weitergeben. Auch hier legt es sich also nahe, sein Werk als eine Zusammenfassung, als eine Art Vermächtnis der paulinischen Theologie zu verstehen (siehe unten S. 184-185: Die Botschaft des Epheserbriefs). Den Abschluss bildet ein doppelter Segenswunsch, der auf den Anfang des Briefs zurückgreift (V. 23f).

V. 21-22: Die einzige persönliche Notiz in diesem Brief ist die sog. Tychikusnotiz. Sie ist fast gleichlautend wie Kol 4,7.8 und von dort übernommen. Das heißt: Die einzige persönliche Aussage hat sich der Verfasser nicht einfach ausgedacht. Sie ist durch einen anderen Paulusbrief belegt. So begegnet hier das längste Zitat aus dem Kolosserbrief. Tychikus wird zum Gewährsmann apostolischer Nachrichten ernannt: *Damit aber auch ihr wisst, wie es um mich steht, wie es mir geht, wird euch Tychikus alles berichten.* Die Einstiegsformulierung *damit aber auch ihr wisst*, die der Verfasser dem Zitat voranstellt, könnte darauf hinweisen, dass er die Kenntnis des Kolosserbriefs bei seinen Lesern voraussetzt. Durch das betont vorangestellte *auch ihr* macht er deutlich, wie wichtig es ihm ist, dass die Leser eingeschlossen sind in die Verbundenheit mit dem Apostel.

Tychikus hat damit eine besondere Funktion. Er ist *der geliebte Bruder und treue Diener im Herrn.* Hochachtung und Respekt, aber auch liebevolle Verbundenheit sprechen aus diesen Worten. Auch in Apg 20,4, in 2Tim 4,12 und in Tit 3,12 wird Tychikus als Begleiter bzw. als Bote des Paulus erwähnt. Allerdings könnte der Hinweis in 2Tim 4,12, Paulus habe Tychikus als Bote nach Ephesus geschickt, eine Reaktion auf diesen Bibelvers sein: *den ich zu euch schicke zu dem Zweck, dass ihr erfahrt, was uns betrifft, und er eure Herzen tröste.* Welche Bedeutung Tychikus allerdings für die nachapostolische Generation gehabt haben mag, entzieht sich unserer Kenntnis. Deutlich ist jedenfalls, dass der Austausch der Nachrichten und die gegenseitige Tröstung wesentliche Elemente sind, durch die die Zusammengehörigkeit der einen weltweiten Universalkirche gestärkt wird. Wie die gegenseitige Fürbitte (6,18–20), kommt auch im Austausch der Nachrichten die Verbundenheit zum Ausdruck.

V. 23-24: Ein ausführlicher und feierlicher Segenswunsch beschließt den Brief. Hatte der Verfasser bei der Eröffnung seinen Lesern »Gnade und Frieden« gewünscht, verabschiedet er sich jetzt mit Frieden und Gnade. Die Bezugnahme auf die Eröffnung ist in dem wohlkomponierten Brief sicher beabsichtigt (*inclusio*). In der Umkehrung der Reihenfolge begegnet die Stilform des Chiasmus. Wie zwei konzentrische Kreise staffeln sich Friede und Gnade: *Friede den Brüdern (und Schwestern).* Das griechische Wort *adelphoi* umschließt beide Geschlechter und meint Schwestern und Brüder. Damit ist der Fokus stärker auf den engeren Kreis der örtlichen Gemeinde gelegt. Die Worte *die Gnade sei mit allen* umschreiben eher den weiteren Kreis all derer, *die unseren Herrn Jesus Christus lieben.*

*Friede und Liebe mit Glauben*, das sind die Elemente des ersten Wunschs, der den Brüdern und Schwestern zugesprochen wird. Hier klingt nochmals das zentrale Thema an, dass Christus unser Friede ist (2,14.17). Wie ein rotes Band hatte sich das Motiv des Friedens weiter durch den Brief gezogen (vgl. 4,3; 6,15). Der Friede wird durch Liebe und Glauben ergänzt – ebenfalls wichtige Mo-

tive des Briefes (vgl. 4,2.5; 5,2.25 etc) – sie werden hier als göttliche Gaben verstanden, wie die liturgische Formel verdeutlicht: *von Gott, dem Vater, und dem Herrn Jesus Christus*.
Der zweite Wunsch ist der Gnadenwunsch. Das alte Wort Gnade meint, dass ein Mensch die Zuwendung Gottes erfährt. Dieser Gnadenwunsch ist in enger Beziehung zum Friedenswunsch formuliert: Er bezieht sich auf *alle, die unseren Herrn Jesus Christus lieben*. Hier ist die Liebe umgekehrt nicht als Liebe Gottes, sondern als Liebe des Menschen zu Jesus Christus verstanden. Jetzt tritt der Wunsch über den engeren Kreis der Brüder und Schwestern vor Ort hinaus an *alle, die unseren Herrn Jesus Christus lieben*. Die Benennung der Adressaten wird bewusst offen gelassen. Der Verfasser hat alle Gläubigen im Sinn und wendet sich also an die Universalkirche! Damit wären dann alle Christen an allen Orten und wohl auch zu allen Zeiten gemeint.
Ungewöhnlich ist das nachklappende *in Unvergänglichkeit*. Man kann es als alternative Formulierung für »in alle Ewigkeit« verstehen. Warum aber benutzt der Verfasser nicht die liturgisch geläufigere Wendung (wie etwa in 3,21) – gerade hier am Ende des Briefs? Eindeutig lässt es sich nicht klären, aber man könnte vermuten, dass der universale Adressatenkreis dafür ausschlaggebend ist: *alle, die unseren Herrn Jesus Christus lieben*. Damit ist – wie gesagt – die Christenheit an allen Orten und zu allen Zeiten gemeint und schließt darum Lebende und bereits Verstorbene zu einer Gemeinschaft zusammen (vgl. 2,19–22). Paulus hatte in 1Kor 15,42 (vgl. auch 1Kor 15,50.53f sowie Röm 2,7) mit Unvergänglichkeit das Sein der Glaubenden nach dem Tod charakterisiert: »es wird gesät in Vergänglichkeit und auferstehen in Unvergänglichkeit«. Sprachlich bezieht sich die Wendung *in Unvergänglichkeit* zwar nicht auf die, die den Herrn lieben, sondern auf die Gnade. Aber es meint nicht, dass die Gnade ihrem Wesen nach unvergänglich sei (das ist sie natürlich auch!), sondern dass die Gnade diejenigen, die den Herrn lieben, in Unvergänglichkeit begleiten möge – ob sie nun hier leben oder bereits verstorben sind. Durch die ungewöhnliche Wendung hätte der Verfasser damit nochmals die grundlegende Ausrichtung des Glaubens hervorgehoben, über die irdischen Grenzen zu blicken: die Gnade, die die Glaubenden leitet *in Unvergänglichkeit*. Auf jeden Fall schließt der Brief mit einem weiten Ausblick, der die ganze Christenheit einbezieht und ihr auf ihrem Weg Frieden und Gnade zuspricht.

# Die Botschaft des Epheserbriefs

1. Inhalt und Aufbau des Epheserbriefs

Der Epheserbrief zeigt einen sorgfältigen und klar gegliederten Aufbau. Er ist in zwei große Hauptteile aufgeteilt: Im ersten Teil wird die Lehre des Glaubens entfaltet (1,1 – 3,21), im zweiten Teil werden Hinweise für das Leben im Glauben gegeben (4,1 – 6,24).
Diese Zweiteilung ist typisch für die Briefe, die Paulus nicht in Eile von unterwegs geschrieben, sondern die er in Ruhe entworfen und verfasst hat (so etwa der Römerbrief, vgl. aber auch den Galaterbrief oder den 1. Thessalonicherbrief). Der Briefeingang (1,1–23) wird – wie in allen Paulusbriefen – mit dem Eingangsgruß eröffnet (1,1–2). Es folgt der Lobpreis über Gottes Heilsplan (1,3–14), in welchem er auf Gottes segnendes und rettendes Handeln seit Schöpfung der Welt hinweist. Damit steht am Beginn des Briefs ein großartiger, weit ausholender Lobpreis Gottes. Der Verfasser will seinen Lesern deutlich machen, dass dem segnenden Handeln Gottes einzig der Lobpreis des Menschen entsprechen kann. Das Dank- und Fürbittengebet des Apostels für seine Leser (1,15–23) schließt sich an. Dabei hebt der Verfasser besonders die Kraft Gottes hervor, die seit der Auferstehung Jesu in dieser Welt am Wirken ist. So lässt er bereits hier den Gedanken von der Auferstehung und vom himmlischen Leben der Christen anklingen, die er im ersten Hauptteil entfaltet (2,5.6). Der ausführliche Briefeingang, bei dem keine der für Paulus typischen Briefeingangsformen ausgelassen wird, zeigt, wie sehr es dem Verfasser am Herzen liegt, einen vorbildlich abgefassten Brief ganz nach paulinischem Muster anzufertigen.
Im ersten lehrhaften Hauptteil geht es um die Verkündigung des Heils (2,1 – 3,21). Dabei thematisiert der erste Abschnitt das individuelle Heil (2,1–10). Es geht um den Tod und das neue Leben der Christen. Der Verfasser erinnert seine Leser an die große Wende in ihrem Leben, die mit Bekehrung und Taufe begonnen hat. Dabei kennzeichnet er das frühere Leben als tot (2,1–3), während das neue, allein in Gottes Erbarmen gründende Leben

das wahre Leben ist (2,4–10). Es zeichnet sich aus durch die Teilhabe an der Auferstehungskraft Christi, durch die die Glaubenden bereits jetzt mit Christus lebendig gemacht sind und mit ihm Anteil an der himmlischen Herrlichkeit haben (2,5–6). Hierbei wird die Rechtfertigungslehre des Paulus in kurz gefassten Merksätzen wiederholt und unter dem Begriff *aus Gnade seid ihr gerettet* zusammengefasst.

Der zweite Abschnitt beschäftigt sich mit dem universalen Heil (2,11–18) und beschreibt die Stiftung der Einheit der Kirche, die aus ehemaligen Heiden und Juden besteht. Dabei ist wesentlich, dass in Jesus Christus der Friede da ist, der die zwei grundlegenden Trennlinien aufgehoben hat: die Trennung der Menschheit in Heiden und Juden sowie die Trennung zwischen Gott und Mensch. Damit ist auch das alttestamentliche Gesetz, das gerade diese Trennung aufgezeigt und festgeschrieben hat, aufgehoben. Die neue Einheit, also der eine neue Mensch oder der eine Leib der Versöhnung, wurde am Kreuz gestiftet. Diese versöhnte Gemeinschaft ist für den Verfasser nichts anderes als die Kirche.

Im dritten Abschnitt wird das Wesen der Kirche als Bau näher beschrieben (2,19–22). Er spricht vom Tempel Gottes, von der heiligen Wohnung im Geist. Gegründet ist der Bau auf dem Fundament der Apostel und (neutestamentlichen) Propheten. Der Eckstein ist Jesus Christus. Ein plastisches Bild, das sich als Weiterführung der Aussagen des Paulus in 1Kor 3 erweist und in dem das Heranwachsen einer neuen Generation zu erkennen ist.

Der vierte Abschnitt ist der Bedeutung des Apostels gewidmet (3,1–21). Er gliedert sich in zwei Teile. Zunächst wird beschrieben, welchen Weg das Geheimnis durch die Verkündigung des Apostels genommen hat (3,1–13), dann folgt das den ersten Hauptteil abschließende Fürbittengebet des Apostels für seine Leser mit der Bitte, dass Gott, der Vater, ihre Glaubenserkenntnis vertiefen möge (3,14–21). So rahmt das Gebet den ersten Hauptteil des Briefs und macht deutlich, wie sehr dieser Brief aus einer betenden Grundhaltung heraus entstanden ist. In diesen Zeilen wird zugleich deutlich, wie der Verfasser seinen Brief verstanden wissen will: als eine kurzgefasste Beschreibung der paulinischen Theologie, die sich den Adressaten beim Lesen immer tiefer einprägen kann: *wie ich es in Kürze vorher beschrieben habe, damit ihr beim Lesen erkennen könnt meinen Einblick in das Geheimnis Christi* (3,3.4).

Der zweite Hauptteil, der sich dem Leben im Glauben widmet (4,1 – 6,24), zeigt ebenfalls eine konsequent durchgehaltene Gliederung. Der Verfasser sieht das Leben der Christen in drei Bereiche eingeteilt: In das Leben in der Gemeinschaft der Kirche (4,1–

16), in das Leben als Individuum (4,17 – 5,21) sowie in das Leben in den natürlichen Bindungen und Beziehungen, für die in der Antike die Hausgemeinschaft, die *familia*, steht (5,22 – 6,9). Schließlich widmet sich der Brief der grundsätzlichen Frage, wie Christen ihr Leben in dieser Welt bestehen können (6,10–20).

Der erste Abschnitt beschreibt also das Leben und Wesen der Kirche. Dabei stellt der Verfasser – nach ersten, grundlegenden Ermahnungen – besonders die vorgegebene Einheit der Kirche heraus, die letztlich in der Einheit Gottes gründet (4,1-6) und benennt sieben Kennzeichen der Einheit. Dann zeichnet er das Bild vom Leib Christi, das gegenüber den echten Paulusbriefen hier nochmals an Konkretion gewinnt (4,7-16). Er stellt heraus, dass Christus das Haupt des Leibes ist. Von diesem Haupt gehen die Wachstumskräfte aus, die den ganzen Leib versorgen. In der Gabe des Wortes, das durch die Wortämter vermittelt wird, vollzieht sich das Wachstum des Leibes auf sein Haupt zu. Das Bild ist von einer starken Dynamik des Wachstums gekennzeichnet und eröffnet zugleich eine universale Perspektive: Mit dem Leib der Kirche ist nicht bloß die Gemeinde vor Ort, sondern die weltweite Kirche gemeint.

Der zweite Abschnitt beschäftigt sich mit dem Leben und Verhalten des Einzelnen (4,17 – 5,21). Dabei beschreibt der Verfasser zunächst das Leben des ›alten‹ Menschen, also die frühere heidnische Lebensweise (4,17-24). Er charakterisiert dieses einstige Leben als ein Wandeln in der Nichtigkeit des Sinnes (4,17-19), bevor er den Wechsel zum neuen Leben als ein Ablegen des alten und ein Anziehen des neuen Menschen beschreibt (4,20-24). Ausführlich zeigt er dann auf, wie der Wandel des neuen Menschen aussehen soll (4,25 – 5,21). Einmal kommt dabei das Verhältnis zum Mitmenschen in den Blick (4,25-32), einmal das Verhältnis zu Gott (5,1-21). Doch das Verhältnis zu Gott wird genauer unter die Lupe genommen: In 5,1-5 stellt er das christliche Leben als das Leben der Kinder Gottes dar, die Gott als Vorbild nachahmen sollen. In 5,6-14 stellt er das christliche Leben in Bezug auf Christus dar, denn die Christen sollen als Kinder des Lichts leben. In 5,15-21 schließlich kommen allgemeine Ermahnungen zu Wort. Wichtig ist dabei, die Zeit zu nutzen und den jeweils individuell von Gott bestimmten Weg zu erkennen. Hilfreich sind dafür der Lobpreis Gottes und die Dankbarkeit. Sie öffnen den Blick für das, was Gottes Wille in der jeweiligen Situation ist.

Gewissermaßen als Scharnier zum nächsten Bereich (5,22 – 6,9) steht die Ermahnung: *... indem ihr euch einander unterordnet in der Furcht Christi* (5,21). Denn diese letzte Ermahnung aus dem vorangehenden Abschnitt ist zugleich der Grundgedanke für die sich anschließende Haustafel, in der das Leben in den natürlichen Beziehungen näher beleuchtet wird. Die gegenseitige Unterordnung wird jeweils paarweise aufgezeigt, wobei dem Verhältnis von Frau (5,22–24) und Mann (5,25–33) besonders große Aufmerksamkeit bekommt.

Hier leuchtet wieder das Bild der Kirche durch, die in diesem Brief so ausführlich dargestellt wird. Denn in dem Verhältnis von Mann und Frau bildet sich das Verhältnis von Christus und Kirche ab. Die weiteren Paare werden schneller abgehandelt, so die Gegenüberstellung von Kindern und Vätern (6,1–4) sowie von Sklaven und Herren (6,5–9).

Als abschließende Ermutigung kommt das Leben als Kampf mit übermenschlichen Gewalten in den Blick (6,10–20). Dabei wird zunächst die Situation des Kampfes näher beschrieben, bei der es Christen nicht bloß mit Fleisch und Blut, sondern mit geistigen Mächten zu tun haben (6,10–13), dann wird das Bild der Waffenrüstung ausgeführt (6,14–17). Es ist die Waffenrüstung *Gottes*, die aus drei Kleidungsstücken und drei eigentlichen Waffen besteht. Beim rechten Kämpfen kommt es auf die innere Haltung an: auf das Beten und Wachen in der endzeitlichen Situation (6, 18–20).

Der Briefschluss ist recht kurz gehalten (6,21–24), denn es fehlen die sonst obligatorischen Schlussgrüße. Stattdessen übernimmt der Verfasser die sog. Tychikusnotiz, das längste Zitat aus dem Kolosserbrief (6,21.22), und beschließt den Brief mit einem Friedens- und Gnadenwunsch (6,23.24), der sich bezeichnenderweise nicht nur an eine einzelne Gemeinde, sondern an *alle* richtet, *die unseren Herrn Jesus Christus lieben*.

Mit dieser klaren und gut strukturierten Gliederung erweist sich der Epheserbrief als ein vorbildlich abgefasster Brief ganz nach der Art des Paulus. Wie in der Einleitung bereits erwähnt, wurde der Brief wohl von einem Schüler nach dem Tod des Paulus abgefasst. In der Auslegung wurden immer wieder Hinweise deutlich, die diese These unterstützen. Offensichtlich wollte der Verfasser die Theologie des Paulus für eine neue Zeit zusammenfassen. So sollte die Stimme des Paulus auch nach dessen Tod zu Gehör kommen. Was mag den Verfasser dazu bewogen haben, sich gerade mit einem »Paulusbrief« zu Wort zu melden? Deutlich ist, dass er an keiner Stelle eine fiktive Entstehungssituation vorspiegelt. Der Brief bleibt trotz seiner überlegten und ausgewogenen Darstellung merkwürdig unpersönlich. Wie in der Einleitung bereits betont, lässt hier wohl ein Schüler in großer Hochachtung vor seinem Meister die Stimme seines Lehrers laut werden und fasst dessen Theologie komprimiert zusammen.

## 2. Die Brieflichkeit der paulinischen Theologie

Paulus war für seine Briefe bekannt. Denn sie hatten besondere Wirkung. Paulus zitiert seine Gegner, die von ihm behaupten: »Denn seine Briefe, sagen sie, wiegen schwer und sind stark; aber wenn er selbst anwesend ist, ist er schwach und seine Rede kläglich« (2Kor 10,10). Auch in der nachfolgenden Generation waren die Briefe des Paulus als »schwer zu verstehen« bekannt und geschätzt (2Petr 3,16).
Seine Briefe wurden unter den Gemeinden ausgetauscht und im Gottesdienst vorgelesen. So wird in Kol 4,16 der Austausch der Briefe und die Verlesung in der jeweiligen Gemeinde angemahnt: »Und wenn der Brief bei euch gelesen ist, so sorgt dafür, dass er auch in der Gemeinde von Laodizea gelesen wird und dass ihr auch den von Laodizea lest«.
Die Briefe waren also das Markenzeichen des Paulus. Gerade für seine Art des Missionierens, bei der er sich immer nur für eine gewisse Zeit in einer Gemeinde aufhielt, war der Brief ein Mittel, mit den übrigen Gemeinden Kontakt zu halten. Mit seinen Briefen konnte Paulus seine leibliche Abwesenheit überbrücken und die Gemeinden auf einen kommenden Besuch vorbereiten. Oft wurden die Briefe durch einen Mitarbeiter als Boten überbracht. Auf diese Weise konnte der Apostel mit seinen im Mittelmeerraum verstreuten Gemeinden in Verbindung bleiben. Damit war Paulus das einigende Band, das die Gemeinden untereinander zusammenhielt. Die Schlussgrüße in seinen Briefen sind dafür ein beredtes Zeugnis.
Noch wichtiger wurden die Briefe natürlich während der Gefangenschaft des Paulus. Denn nun konnte er seine Gemeinden nicht mehr besuchen. Deshalb sind eine ganze Reihe von sog. Gefangenschaftsbriefen bekannt, die jeweils in der Gefängnissituation geschrieben wurden: etwa der Philipperbrief, aber auch der Philemonbrief und der Kolosserbrief, der wohl von einem Schüler (Timotheus?) noch zu Lebzeiten des Paulus in dessen Auftrag verfasst wurde. In diesen Briefen wird die Abwesenheit des Apostels mit seiner Gefangenschaft begründet. Dabei gilt die Gefangenschaft als Kennzeichen für die Wahrheit seiner Verkündigung. Die Fesseln, die er trägt, besiegeln seine Glaubwürdigkeit (vgl. Phil 1,7.13.14; vgl. Kol 4,3.18). Dass durch das Motiv der Gefangenschaft die Glaubwürdigkeit des Apostels unterstrichen wird, erklärt, warum gerade die späteren, von Schülern verfassten, Briefe – wie neben dem Epheserbrief auch der 2. Timotheusbrief – Paulus als Gefangenen kennzeichnen, der in Ketten liegt und für das Evangelium leidet (vgl. 2Tim 1,8; 1,16; 2,9; 4,11.16 sowie Eph 3,1; 4,1; 6,20).

3. Der Epheserbrief als Vermächtnis der Paulusschule

Mit dem Tod des Paulus muss sich für die von ihm gegründeten Gemeinden viel verändert haben. Denn mit einem Schlag fehlte das einigende Band, durch das die Gemeinden miteinander in Verbindung waren. Verwaist blieben die von Paulus gegründeten Gemeinden zurück. Sie lagen im Mittelmeerraum verstreut. Wie konnten sie jetzt untereinander die Verbindung halten? Wer gab ihnen Rat und zeigte ihnen die Richtung? Wer war der Garant der Wahrheit? Wer war legitimiert dazu, in Streitfällen zu schlichten? Solche Fragen müssen sich für die Christen damals gestellt haben. Damit wird deutlich, dass sich mit dem Tod des Paulus die Einschätzung und Bedeutung des Apostels nochmals gewandelt haben muss.

Von Paulus waren nur die Briefe übrig, die man in den verschiedenen Gemeinden noch aufbewahrt hatte und die immer wieder gelesen wurden. Diese Briefe waren für die christlichen Gemeinden jetzt noch wertvoller, weil sie das letzte authentische Zeugnis des Paulus waren. Doch Paulus hatte beim Schreiben oft eine ganz bestimmte Situation vor Augen gehabt, die sicher nicht mehr so bestand. Umso wichtiger wird für die Gemeinden darum die Frage geworden sein, welche grundsätzlichen Aussagen hinter den situationsbedingten Antworten des Paulus stehen. Gerade für die nachfolgende Generation, die Paulus nicht mehr persönlich kannte, bedurfte es einer Neuformulierung. Die Aussagen des Paulus konnten nicht einfach sklavisch wiederholt, sondern mussten auf die gewandelten Zeitverhältnissen übertragen werden. Nur so konnten die grundlegenden Aussagen für die Nachgeborenen verständlich dargestellt werden.

Mit dem Aussterben der Zeugen der ersten Stunde und dem Heranwachsen einer neuen Generation ergab sich also die Notwendigkeit, die wesentlichen Elemente der paulinischen Verkündigung zu sammeln, zu sichten und zu einem Ganzen zusammenzufügen. Das paulinische Werk verlangte nach einem inneren Abschluss, bei dem die wesentlichen Aussagen neu geordnet und systematisch gebündelt wurden.

Gerade das lässt sich am Epheserbrief zeigen. Denn wichtige charakteristische Eigenschaften dieses Briefs erklären sich aus dem Anliegen, die Botschaft des Paulus in eine neue Zeit zu übersetzen. Dazu gehört die komprimierte Schreibweise, von der der Verfasser selber spricht (*wie ich es in Kürze vorher beschrieben habe* 3,3), und die knappen Merksätze paulinischer Theologie (vgl. 2,8: *Denn aus Gnade seid ihr gerettet durch Glauben* bzw. 2,9: *nicht aus Werken, damit keiner sich rühmen kann*). Aber

auch der oftmals verschachtelte und ausufernde Satzbau ist ein Kennzeichen ebenso wie die ausgewogene, unpolemische Art der Darstellung. Denn nur so konnte die Theologie des Paulus umfassend beschrieben werden. Auch die sorgfältige Gliederung und der durchdachte Aufbau des Briefs sprechen dafür. Offensichtlich hat hier ein Schüler die komplexen Gedanken des Paulus erfasst und in ein System gebracht. Schließlich ist die Situationslosigkeit auffallend, denn es lässt sich – im Unterschied zu den echten Briefen – kein konkreter Anlass erkennen. Dem Verfasser ging es nicht darum, eine Abfassungssituation aus dem Leben des Paulus vorzutäuschen, sondern darum, den Kern der paulinischen Botschaft allgemeingültig für eine neue Zeit darzustellen.
Deshalb ist es nur folgerichtig, dass der Verfasser ganz bewusst einen »vorbildlichen« Paulusbrief geschrieben hat. Der Brief ist die genuine Form, in der die Theologie des Paulus Gestalt gewonnen hat. Nur in einem Brief konnten die Gedanken des Paulus angemessen zu Wort gebracht werden.
Mit dem Tod des Paulus muss sich aber auch inhaltlich der Blick auf das Lebenswerk des Apostels verändert haben. Bei den verschiedenen Themen, die im Epheserbrief einen neuen Akzent gegenüber den echten Paulusbriefen bekommen, lässt sich die rückblickende Perspektive erkennen. Die Veränderungen setzen den Tod des Apostels voraus. Darum soll diesen Akzenten im Folgenden nochmals nachgegangen werden.
Nach dem Tod des Paulus ist mit dem Epheserbrief also eine zusammenfassende Darstellung der paulinischen Theologie entstanden. Das berechtigt, den Epheserbrief als das theologische Vermächtnis der paulinischen Theologie zu bezeichnen. Der Brief ist das Werk eines Paulusschülers, der damit seinem Meister ein ebenbürtiges Denkmal setzt.

4. Das Zeitverständnis

Mit dem Tod des Apostels Paulus und dem Heranwachsen einer neuen Generation entsteht ein neues Zeitverständnis. Zunächst hatten die christlichen Gemeinden in der Erwartung des nahen Endes und des unmittelbar bevorstehenden Wiederkommens Jesu gelebt. Doch nun verändert sich ihr Zeitverständnis. Ihre unmittelbare Naherwartung nimmt ab, und sie treten auch von ihrem Selbstverständnis her in den Raum der Geschichte ein. Gerade in den einzelnen Ermahnungen der Haustafel lassen sich die Spuren für ein verändertes Zeitverständnis entdecken: So wird den Kindern mit dem Gebot der Elternehrung ein langes Leben in Aussicht gestellt (6,3). Den Vätern wird die Erziehung der Kinder im Glauben ans Herz gelegt (6,4). Denn wie wichtig wird mit dem Heranwachsen der neuen Generation die Weitergabe des christlichen Glaubens und die Vermittlung von Grundwerten der christlichen Tradition! Auch die Ehe, die Paulus in Erwartung des baldigen Endes für nebensächlich hielt (vgl. 1Kor 7,7–9), wird auf neue Weise wertgeschätzt (5,22–33). All das sind Hinweise, dass die christlichen Gemeinden nun mit einem längeren Leben hier auf Erden rechnen.

Auch das Heilsgeschehen Jesu in Leiden, Tod und Auferstehung liegt inzwischen weiter zurück. Es ist zu einem Ereignis der Vergangenheit geworden, auf das der Verfasser in rückblickender Perspektive Bezug nimmt. Immer wieder ermuntert er die Leser, indem er an das vergangene Heilsgeschehen erinnert: *wie Christus uns geliebt hat und sich für uns dahingegeben hat* (5,2; vgl. 5,25; 2,4) bzw. *wie auch Gott in Christus euch vergeben hat* (4,32).

Während die Heilstat Jesu zu einem geschichtlichen Ereignis der Vergangenheit geworden ist, bleibt das Heilswort aktueller Zuspruch für die Gläubigen. Im Wort des Evangeliums ereignet sich die Verkündigung des Friedens hier und jetzt, kommt Jesus Christus zu den Gläubigen – auch in der Gegenwart (2,17). Mit der Aufteilung, dass die Heilstat einer vergangenen Zeitepoche angehört, im Heilswort jedoch Jesus Christus durch die Zeiten geht, gelingt dem Verfasser, die Distanz zum Heilsgeschehen zu überbrücken. Diese Aufteilung hat weitreichende Wirkung gehabt. So spricht nach reformatorischem Verständnis in den Worten der gottesdienstlichen Predigt Jesus Christus selbst das Evangelium den Gläubigen zu.

Das neue geschichtliche Verständnis zeigt sich auch an anderen Stellen. So eröffnet der Verfasser seinen Brief mit der Darstellung des Heilsplanes Gottes, bei welchem er den Bogen von den Uranfängen bis zur Vollendung spannt (1,3–14). Darin ist das Heilsgeschehen Jesu Christi nicht mehr der Abschluss der Geschichte, sondern in dessen Mitte gerückt (1,7). Mit einem Mal gibt es eine Zeit vor und eine Zeit nach dem Erlösungsgeschehen Jesu. Die Zeit seit der Auferstehung Jesu ist von der überschwänglich großen Auferstehungskraft Gottes bestimmt, an der auch die Glaubenden in der Gegenwart teilhaben (1,20–24). Gerade darin lässt sich das starke seelsorgerliche Anliegen des Verfassers spüren, der in der vorgerückten geschichtlichen Stunde eine Erschlaffung des Glaubens befürchtet und seine Leser darum ermutigt, auf die durch nichts zu unterbrechende Kraft Gottes zu vertrauen.

Darum stellt er ihnen vor Augen, was für sie schon gilt: die Teilhabe an der Herrlichkeit des Auferstandenen (2,5.6). Man könnte meinen, dass er damit die Heilsaussagen vollmundig in die Gegenwart verlegt und die Glaubenden ihrer künftigen Erwartung beraubt. Gerade das ist dem Epheserbrief mehrfach vorgeworfen worden – zu Unrecht! Sein Anliegen ist vielmehr, die Gegenwart des Heils zu betonen, das unerschütterlich fest verbürgt ist. Er macht deutlich, was den Glaubenden nicht mehr genommen werden kann, sondern ihnen fest zugesichert ist: *Ihr seid mit Christus lebendig gemacht ... mit auferweckt und mit eingesetzt in den Himmeln* (2,5.6). Der zeitliche Vorbehalt, auf den Paulus jeweils sorgfältig hingewiesen hatte, ist in diesen Formulierungen jedoch weggeschmolzen. Stattdessen drückt der Verfasser den Vorbehalt jetzt räumlich aus: In den Himmeln liegt das Künftige schon bereit. Die antike jüdische Vorstellung, dass das Künftige im Himmel schon gegenwärtig ist, hilft ihm dabei, die Heilsaussagen seinen Lesern greifbar nahe ans Herz zu legen.

Das neue geschichtliche Verständnis des Verfassers kommt auch darin zum Ausdruck, wie er den Weg des Mysteriums, den Offenbarungsweg des Heilsgeheimnisses, beschreibt (3,1–13). Während nach Paulus der verborgene Heilsratschluss Gottes mit dem Kommen Jesu offenbart wurde (vgl. 1Kor 2,7–10 sowie der wohl sekundäre Abschluss Röm 16,25–27), differenziert der Verfasser die Kundgabe des Heilsgeheimnisses in zwei Stufen: Zunächst wurde das Mysterium nur den Aposteln und neutestamentlichen Propheten offenbart (3,1–7), damit diese es dann in einem zweiten Schritt an Juden und Heiden weitergeben (3,8–13). Denn der Weg des Mysteriums soll die Heiden miteinbeziehen (3,1–13). So steht den Heiden das himmlische Erbe offen, sie gehören mit zum Leib Christi (3,6). Für den Verfasser des Epheserbriefs ist das eine weltgeschichtliche Stunde. Jetzt ist die Trennung von Heiden und Juden, die bisher durch das alttestamentliche Gesetz festgeschrieben war und die die Menschheit bislang kennzeichnete, endgültig aufgehoben (2,11–18)!

Der Vorwurf, der Verfasser des Epheserbriefs habe die noch ausstehende Erlösung aufgehoben und in die Gegenwart verlegt, lässt sich jedoch eindeutig widerlegen. Denn der Brief zeigt in seiner Beschreibung des christlichen Lebens, dass er durchaus noch auf eine künftige Vollendung wartet. So spricht er im Zusammenhang mit dem täglichen Lebenswandel der Christen davon, dass *die gegenwärtigen Tage böse* sind (5,16). Deshalb solle die Zeit ausgekauft werden. Als Weise sollen die Christen sorgfältig darauf achten und erkennen, was der Wille des Herrn für den jeweiligen Augenblick ist (5,15–17).

Auch in der Beschreibung der Waffenrüstung des Glaubens lässt sich eine klare Situationsanalyse der Gegenwart erkennen. Der

Verfasser macht deutlich, dass in der Gegenwart das Böse bzw. der Teufel noch sein Unwesen treibt. Denn Christen haben nicht nur mit Fleisch und Blut zu kämpfen, sondern mit den widergöttlichen Mächten (6,12 vgl. 2,2.3). Mit der Waffenrüstung Gottes können sie *den Machenschaften des Teufels widerstehen am bösen Tag* (6,11.13). In Ausdauer soll in dieser Zeit das Gebet geübt werden (6,18). Denn im Wachen und Beten kommt die innere Haltung zum Ausdruck, die für diese Zeit angemessen ist. Als Schutz und als Unterpfand ist den Christen der Geist geschenkt. Er ist das Siegel für den Tag der Erlösung (4,30). Damit begegnet im Epheserbrief ein Zeitverständnis, das die neue geschichtliche Situation der Glaubenden und die nachlassende Naherwartung bewusst wahrnimmt. Durch die Betonung der Gegenwart des Heils will der Verfasser die Hoffnung der Glaubenden neu stärken. Er gibt die Hoffnung auf eine künftige Vollendung keinesfalls auf, auch wenn er die Naherwartung des Paulus so nicht mehr teilt.

5. Die Bedeutung der Kirche

Die Beschreibung der Kirche bildet einen besonderen Schwerpunkt des Briefs. Das lässt sich ebenfalls am besten aus der nachpaulinischen Entstehungssituation erklären. Denn zu dem Zeitpunkt, als Christus am Kreuz starb und drei Tage später auferstand, war die Generation, an die sich der Brief richtet, noch gar nicht geboren. Das Heilsgeschehen Jesu hatte sich also unabhängig von den Gläubigen ereignet. Dennoch ist es dem Verfasser wichtig, dass Christus auch für die Nachgeborenen gestorben ist. Um das zum Ausdruck zu bringen, beschreibt der Verfasser das Heilsgeschehen zunächst unabhängig von den Glaubenden (2,14–16), macht jedoch deutlich, dass das in Christus eröffnete Heil für die spätere(n) Generation(en) offengehalten wird. Am Kreuz wird der *eine neue Mensch* erschaffen, wird die Versöhnung *in einem Leib* gestiftet (2,15.16). So verbindet der Verfasser die paulinische Leib-Christi-Vorstellung mit der Heilstat am Kreuz. Am Kreuz ist der Leib Christi, also die Kirche, entstanden! Im Leib Christi bekommen die Glaubenden Anteil am Heilsgeschehen.
In der Auslegungsgeschichte hat sich daran heftiger Widerspruch entzündet. Man hat dem Verfasser des Epheserbriefs vorgeworfen, auf diese Weise die Kirche als Heilsvermittlerin zwischen Christus und die Glaubenden gesetzt zu haben. Doch hier ist nicht von der Kirche als Institution die Rede, sondern von der Heilsgemeinschaft, die im Kreuz eröffnet ist und die den Glaubenden

über die Zeiten hinweg offensteht. Diese Heilsgemeinschaft ist keine zwischen Christus und Glaubende zwischengeschaltete Instanz, sondern streng an Christus gebunden: *Denn Christus ist unser Friede, der beides zu einem gemacht hat* – das ist einer der Spitzensätze (2,14), durch den der Verfasser den strengen Bezug auf Christus verdeutlicht. Christus hat die Trennung zwischen Heiden und Juden sowie zwischen Gott und Mensch aufgehoben. In seiner Überwindung kommt das universale Heil zur Geltung: Christus ist in Person und Werk der universale Friede. Durch ihn gewinnen die Glaubenden Zutritt zu Gott (2,18), der ihnen vorher verwehrt war. Mit der häufig wiederkehrenden Formel *in Christus* bringt der Verfasser den strengen Christusbezug zum Ausdruck: *in Christus* – das ist der Heilsraum der Kirche.

Der Verfasser hat die vielfältigen, in den Paulusbriefen bereits angelegten Bilder über die Kirche aufgegriffen und umfassend dargestellt. So hat er das Bild der Kirche als Leib Christi weiter ausgestaltet (vgl. 4,7–16). Auch die Kirche als Bauwerk des Tempels ist aus einem zweigliedrigen (Fundament – Bau; vgl. 1Kor 3,11.12) zu einem dreigliedrigen Bild erweitert worden (Eckstein – Fundament – Bau; vgl. 2,20–22). Der Gedanke der Hausgenossen Gottes (2,19), die Rede vom neuen Gottesvolk aus Heiden und Juden (2,11–18) und das Bild der Ehe von Christus als Bräutigam und Kirche als Braut (5,22–33) sind von den Aussagen des Paulus inspiriert (vgl. die Zusammenfassung »Das Wesen der Kirche nach dem Epheserbrief« oben S. 109–113). Auffällig ist dabei, wie die verschiedenen Vorstellungen und Bilder von Kirche miteinander vernetzt werden. Die einzelnen Bilder fließen ineinander: Der Verfasser spricht davon, dass das Bauwerk wächst (2,21) wie ein lebendiger Organismus, was dem Darreichen der Wachstumskräfte im Leib Christi entspricht (4,15.16). Der Leib Christi dagegen vollzieht die Auferbauung (4,11.16), was dem Bild vom Bauwerk entlehnt ist! In das Bild der Ehe als Abbild für Christus und Kirche spielt wiederum das Leibbild hinein. Dies gelingt durch das alttestamentliche Zitat: »Die zwei werden ein Leib sein« (vgl. 5,28–33). Durch die Vernetzung der Bilder, bei denen die Metaphorik ineinanderfließt, erreicht der Verfasser, dass ein einheitliches, in sich zusammenhängendes Kirchenverständnis entsteht.

Damit wird die Vorstellung von der einen und universalen Kirche unterstrichen. Sie ist wichtig gerade für die nachapostolische Zeit. Denn mit dem Tod der Apostel steht nun die Kirche als Garant für die Wahrheit ein. Sie ist das Band der Einheit, durch das die einzelnen Gemeinden untereinander verbunden sind.

Innerhalb der Kirche bekommen die Ämter der Wortverkündigung eine wichtige Rolle: Die Ämter reichen dem Leib die Wachstumskräfte Christi dar (4,11.12). Dabei legt der Verfasser auch hier wiederum ein besonderes Augenmerk auf Christus. Denn nicht die Ämter oder ein als Oberhaupt der Kirche vorstehendes Amt, wie etwa der Papst, garantieren die Einheit, sondern die Einheit ist vorgegeben. Sie liegt letztlich in der Einheit Gottes begründet (vgl. 4,4–6: *Ein Leib, ein Geist, eine Hoffnung – ein Herr, ein Glaube, eine Taufe – ein Gott und Vater aller …*). Dass die Einheit der Kirche besteht – unabhängig davon, ob sie sich in verschiedene Konfessionen aufteilt –, hat für das ökumenische Gespräch bis heute große Bedeutung. Die Einheit muss nicht erst hergestellt werden, sondern ist schon da. Sie gründet in der Einheit Gottes. Wie die Reformatoren in der Augsburgischen Konfession (CA 7) festgehalten haben, ist darum eine äußerliche Gleichförmigkeit zur wahren Einheit der Kirche nicht notwendig. Und dabei haben sie sich genau auf Eph 4,4–6 berufen (siehe oben S. 95 sowie S. 110–111).

Betont wird im Epheserbrief Christus als Haupt des Leibes herausgestellt. Von Christus geht die Wachstumsbewegung aus, auf ihn wächst der Leib wieder zu: Diese ausgeprägte und zentrale Stellung Christi ist für den Epheserbrief bezeichnend: von Christus her auf Christus zu – das ist die Wachstumsbewegung der Kirche. Auch in den einzelnen Bildern steht Christus an zentraler Stelle: Im Bild vom Bauwerk ist Christus der Eckstein, im Bild der Ehe der Bräutigam.

Ein weiterer wichtiger Akzent ist das Verhältnis zum Kosmos. Die Kirche ist nicht nur ein kleines Grüppchen von Glaubenden innerhalb des Weltganzen. Die Kirche als Leib Christi ist im Wachsen begriffen und nimmt darum immer mehr Raum ein in der Welt. In diesem Leib ist Christus als Haupt in seiner ganzen Fülle gegenwärtig, während er im Kosmos herrschend wirkt: *Denn »alles hat er unter seine Füße gelegt« und ihn als Haupt über alles der Kirche gegeben, die sein Leib ist, die Fülle dessen, der das All in allem erfüllt* (1,22.23). Darum hat die Kirche eine wichtige Bedeutung für den Kosmos. Sie ist dem Kosmos vorgeordnet, denn durch sie greift Christus immer weiter in die Welt ein und durchwaltet den Kosmos zunehmend mehr bis einst beide Größen eins sein werden.

Das ist für uns eine sehr ungewohnte Vorstellung! Und doch macht sie uns darauf aufmerksam, dass die Kirche eine grundlegende Bedeutung für die Welt hat. Während wir Kirche und Welt als zwei getrennte Bereiche wahrnehmen, sind nach der Konzeption des Epheserbriefs beide Bereiche eng aufeinander bezogen. Die Kirche hat eine wichtige Funktion auf dem Weg der Christuserfüllung der Welt. In ihr hebt die Neuschöpfung an (vgl. der *eine neue Mensch* 2,15), auf die die alte Schöpfung hin angelegt ist. Daraus ergibt sich für die Kirche eine hohe Weltverantwortung. Trotz der hohen Wertschätzung hat die Kirche nach dem Epheserbrief letzten Endes jedoch dienende Funktion. Sie ist der Raum der Christuspräsenz, seiner leibhaftigen Gegenwart, aber nur solange bis die Welt insgesamt von Christus erfüllt sein wird. Dann wird die *Verwirklichung der Vollendung der Zeiten* anbrechen, *um alles in Christus zusammenzufassen, was in den Himmeln ist und was auf der Erde ist in ihm* (1,10).

6. Die Ethik des Epheserbriefs

Ein wichtiges Element des Briefs bilden die ethischen Unterweisungen. Sie umfassen den ganzen zweiten Hauptteil. Dabei stellt der Verfasser das Leben in drei Dimensionen dar: das Leben in der Gemeinschaft des Glaubens, das Leben als Individuum, das Leben in den natürlichen Ordnungen.
Es fällt auf, dass die Gemeinschaft des Glaubens an erster Stelle steht. Diese neue Gemeinschaft ist das Wichtigste (4,7–16). Hier ist der Mensch als Glied fest in den Leib Christi eingefügt. Jeder hat seinen besonderen Platz in der Gemeinschaft und trägt an seinem Ort zur Auferbauung des Leibes bei. Hier lebt der Mensch in einer festen Beziehung zu Christus, dem Haupt, von dem er die Wachstumskräfte empfängt. Hier ist die Gemeinschaft derer, die in *Wahrheit und Liebe* (4,15) einander verbunden sind.
Das Leben als Individuum kommt erst von dieser Gemeinschaft her in den Blick. Denn in dem Leib Christi sind die Gaben unterschiedlich verteilt. Das Persönliche ist das, was dem Einzelnen *nach dem jeweiligen Maß* zugeteilt wurde (vgl. 4,7.16). Darum wird das individuelle Verhalten erst in den darauf folgenden Versen dargestellt (4,17 – 5,21).
Im Gegensatz zu unserer Zeit, in der der Individualismus großgeschrieben wird, ist diese nachgeordnete Gewichtung auffallend. Doch auch hier kommt der individuelle Mensch mit seinem unverwechselbaren Glaubensweg in den Blick. Der Glaube wird aus einer ganzheitlichen Perspektive beschrieben: Mit dem Stichwort *»den Christus lernen«* (4,20) ist nicht lediglich eine intellektuelle Zustimmung zu irgendwelchen Glaubenssätzen, auch nicht bloß die Entscheidung des Willens gemeint. Es geht vielmehr um eine Verwandlung des ganzen Menschen bis in das konkrete Handeln hinein. Immer mehr soll sich die Christusförmigkeit, die mit der Taufe ihren Anfang nahm, in den Glaubenden verwirklichen. Der Glaube soll das Leben in all seinen Bezügen prägen. Diese Beto-

nung der Ganzheitlichkeit ist für den Epheserbrief charakteristisch.
Dabei liegt dem Verfasser daran, die Verwandlung bis in das konkrete tägliche Leben hinein aufzuzeigen. Ganz nach dem Vorbild des alttestamentlichen Gesetzes, der Tora, beschreibt er die Norm christlichen Handelns als »Christustora«. Auffallend ist, wie konkret seine Anweisungen sind. Ihm geht es um die Verwandlung vom bisherigen heidnischen Leben in das Leben des Glaubens. Dabei unterscheidet er das Handeln des Menschen nach den Aspekten von Tat und Wort. Minutiös beschreibt er in 4,25–32 die Verwandlung von einem Dieb in einen freigebig schenkenden Menschen (Tataspekt) und die Verwandlung von einem, der schlecht über andere redet, in einen Segnenden (Wortaspekt).
Weiterhin fällt auf, mit welcher Klarheit er das Fehlverhalten von Menschen auf die dahinter liegende Einstellung zurückführt. Insbesondere in seiner – von den Auslegern als Laster- bzw. Tugendkatalog bezeichneten – Aufzählung zeigt er sich als Kenner der menschlichen Seele (4,31–32): Er spricht die jeweilige Haltung an, aus der das Fehlverhalten resultiert und stellt ihr die jeweils positive Haltung gegenüber. Dabei benennt er im ersten Schritt die innere Haltung des Herzens, dann die Emotionen – jeweils graduell unterschieden – und zuletzt die Äußerungen anderen gegenüber – ebenfalls graduell unterschieden. So macht er deutlich, wie der Mensch sich von innen heraus zu guten bzw. schlechten Taten entwickelt.
Mit dem Rat, *die Sonne nicht über dem Zorn untergehen* zu lassen (4,26), leitet er seine Leser zu einer Art »Seelenhygiene« an. So stellt er auch die Dankbarkeit in allen Dingen als positive Grundhaltung des Glaubens heraus (5,20).
Neben der Ganzheitlichkeit und der minutiösen Darstellung, wie einzelne Handlungsschritte zustande kommen, ist für den Verfasser die Beziehungshaftigkeit ein wichtiges Element. Für ihn ist wegweisend, dass Christen aus der intensiven Gottesbeziehung heraus als geliebte Kinder »*Nachahmer Gottes*« werden (5,1), bzw. aus der Christusbeziehung als »*Kinder des Lichts*« (5,8) handeln sollen. Die Beziehungshaftigkeit ist entscheidendes Kriterium für das rechte Handeln.
Der Gottes- bzw. Christusbeziehung steht der Götzendienst gegenüber, der sich für den Verfasser in Hurerei und Mammonsdienst ausdrückt. Entsprechend klar sind seine Gegenüberstellungen: Aus dem *Wandeln im Licht* (5,8) stammen als *Frucht Güte, Gerechtigkeit und Wahrheit* (5,9), während die *fruchtlosen Werke der Finsternis* von der Haltung der Gier bestimmt sind, die sich sowohl in Geiz und Habgier aber auch in der sexuellen Begierde äußert (5,3.5).

Die Gottesbeziehung bestimmt als grundlegendes Kriterium das rechte Handeln. Darauf macht der Verfasser ganz grundsätzlich aufmerksam. Er ruft die Glaubenden dazu auf, als *weise Menschen* zu handeln, die in allem *den Willen Gottes* zu *begreifen* versuchen (5,15). So konkret der Verfasser die Verwandlung zum Guten hin aufgezeigt hatte, so deutlich stellt er nun aber auch heraus, dass christliches Handeln nicht bloß aus dem Befolgen fest vorgeschriebener Handlungsmuster besteht, sondern dass jeder einzelne in Verantwortung vor Gott seinen Weg gehen soll (5, 15–17). Sorgfältiges Prüfen gehört dazu, wie das rechte Handeln auszusehen hat. Damit zeigt der Verfasser den Weg zu einer sehr verantwortungsvollen individuellen Ethik auf.

Auch im dritten Teil, in der sog. Haustafel, in der es um das Leben in den natürlichen Bindungen geht, zeigt sich eine verantwortungsvolle Ethik. Sie ist ganz nach dem Prinzip der Gegenseitigkeit aufgebaut: Mann und Frau sollen sich in der Ehe *einander unterordnen* – wie es das vorangestellte Motto zusammenfasst (5,21). Dem Gehorsam der Kinder entspricht, dass die Väter die *Kinder nicht zum Zorn reizen* sollen (6,1.4), Sklaven und Herren sollen gleichermaßen *den Willen Gottes mit aufrichtigem Herzen* tun (6,5.9).

Die ethischen Anweisungen des Epheserbriefs sind damit insgesamt von der engen Gottesbeziehung geprägt: In allem sollen die Glaubenden den Willen Gottes zu verwirklichen suchen. Schon zu Beginn hatte der Verfasser deutlich gemacht, dass christliches Handeln darin besteht, in den Werken zu wandeln, die *Gott zuvor bereitet hat* (2,10).


7. Die spirituelle Dimension

In der Auslegung wurde deutlich, dass der Epheserbrief aus einer betenden Grundhaltung heraus geschrieben wurde. Der erste Hauptteil wird feierlich vom Gebet umrahmt. Zu Beginn steht die ausführliche Briefeingangseulogie (1,3–14) sowie das Dank- und Fürbittgebet (1,15–23), am Ende das umfassende Fürbittgebet des Apostels für seine Leser (3,14–22). Dem entspricht am Ende des zweiten Hauptteils nun umgekehrt die Bitte an die Leser um Fürbitte für den Apostel (6,18–20). So kommt die Verbundenheit im gegenseitigen Gebet füreinander zum Ausdruck.

Auch die Tatsache, dass der Brief im Gottesdienst verlesen wurde, spiegelt sich im Epheserbrief – insbesondere in der Darstellung des Gottesdienstes in 5,19–20 – wider: Das Singen von Psalmen, Hymnen und geistlichen Liedern und die Ermunterung, allezeit und für alles Gott, dem Vater, zu danken. So zeigt der Verfasser, welche

Lebenseinstellung ihm am Herzen liegt. In der Übung der Dankbarkeit für alles weiß sich der Mensch als von Gott beschenkt; diese Einstellung ist dem Verfasser für seine Leser wichtig.

Die wesentliche Voraussetzung für die spirituelle Haltung beschreibt der Verfasser in den drei Grundtugenden *Demut, Sanftmut und Geduld* (4,2), die sich in der gegenseitigen Annahme *in Liebe* zeigen. Der Haltung der Demut bringt der Verfasser dabei besondere Wertschätzung entgegen und stellt sie ganz an den Anfang seiner ethischen Ermahnungen. Demut ist die Grundhaltung, in der der Mensch dem in der Berufung erfolgten göttlichen Ruf entsprechen kann (4,1).

Aufschlussreich sind die einzelnen Äußerungen zum Gebet. Unnachahmlich ist die Wortschöpfung *erleuchtete Augen des Herzens* (1,18), denn in ihr wird deutlich, dass es bei der Hinführung zum Beten um das Erschließen einer geistigen Wahrnehmung (*erleuchtete Augen*) geht, die dem Mensch als Geschenk zuteil wird (*dass er euch gebe*). In der Übung des Betens wird der Mensch für diese Wahrnehmung des Herzens geöffnet. Und mit dem Herzen ist der ganze Mensch gemeint, denn das Herz ist das Zentrum der Person. In der betenden Wahrnehmung wird dem Menschen das Wirken Gottes erschlossen, das den äußeren Sinnen sonst verschlossen bliebe. Der Betende erkennt, womit Gott ihn beschenkt: die Hoffnung, die ihm erschlossen ist, das Heil, das ihm verbürgt ist, und die unermessliche Kraft der Wirksamkeit Gottes – auch im Alltag der Welt.

Ein besonderes Kennzeichen des Epheserbriefs ist die Anrufung Gottes als Vater. Im Fortgang des Briefes bekommt das Gebet zum Vater immer größere Bedeutung: Zunächst wird von Gott als dem *Vater unseres Herrn Jesus Christus* gesprochen (1,3), dann vom *Vater der Herrlichkeit* (1,17) sowie vom *Vater aller* (4,6). Insbesondere im Fürbittengebet des Apostels erhält die Vateranrufung einen herausragenden Akzent. Sein Gebet richtet sich an den *Vater, von dem jede Vaterschaft im Himmel und auf Erden ihren Namen hat* (3,15). Zunächst ist die Bezeichnung Gottes als Vater auf seinen Sohn Jesus Christus begrenzt. Doch durch Jesus Christus vermittelt sind wir Kinder Gottes, die ihn vertrauensvoll als Vater anrufen dürfen. Denn *durch ihn* (d.h. Christus) *haben wir den Zutritt in einem Geist zum Vater* (2,18). Durch Jesus Christus eröffnet sich den Glaubenden die Möglichkeit, Gott als Vater anzurufen. Diese vertrauensvolle Weise, zu Gott als Vater zu beten, geschieht im Geist. Damit nimmt der Epheserbrief Bezug auf die Ausführungen des Paulus in Röm 8,15.16.26, wonach der Geist selbst das Beten lehrt und die Kindschaft erschließt. Paulus weist an dieser Stelle darauf hin, dass die Christen in tiefem Vertrauen Gott als *Abba, lieber Vater!* anrufen dürfen (Röm 8,15; vgl. auch Gal 4,6). Damit wird die Gebetsanrufung Jesu, die Jesus im Zusammenhang mit dem Vaterunser seine Jünger gelehrt hat (Mt 6,9; Lk 11,2) auch den Christen eröffnet (vgl. auch Joh 17, 1.5.11.24.25). So führt die Anrufung Gottes als Vater immer tiefer in die Gotteskindschaft hinein. Wenn in 3,15 nun zusätzlich vom Vater gesagt wird, dass von ihm *jede Vaterschaft im Himmel und auf Erden ihren Namen hat,* wird damit deutlich, dass in Gottes väterlicher Güte die ganze Schöpfung ihren Bestand hat. Wenn Christen Gott als Vater anrufen, dann treten sie ein in die vertrauensvolle Nähe des Schöpfers, von dem her alles, was lebt im Himmel und auf Erden, seinen Bestand hat und auf den die ganze Schöpfung hin ausgerichtet ist (vgl. auch Röm 8,22.23).

Eine tiefe Theologie des Gebets findet sich im Epheserbrief, insbesondere in 3,14–21! Denn das Gebet ist kein Werk des Menschen, sondern Gottes Handeln in uns. Doch es verlangt danach, mit ganzer innerer Beteiligung vollzogen zu werden! Darum stellt der Verfasser dem durch den Glauben neu geschaffenen *inneren Menschen* die *Einwohnung Christi in uns* gegenüber (3.16.17). Es geht dabei um die Frage, inwieweit die Glaubenspraxis erlernbar ist und inwieweit sie dem Wirken Gottes vorbehalten bleibt (vgl. dazu »Spirituelle Leitlinien« oben S. 89–90). Der Epheserbrief will in seiner Gegenüberstellung die doppelte Blickrichtung deutlich machen. Er will zeigen, dass das Leben des Glaubens der Einübung bedarf, aber zugleich reines Geschenk der Gnade ist. Dabei schließen sich Glauben und Erkennen nicht aus. Für den Brief ist charakteristisch, dass er den Glauben als einen Prozess erkennt, in welchem sich die Erkenntnis Gottes immer tiefer erschließt. Das Motiv des Wachstums hat bei ihm darum besondere Bedeutung.

Ungewohnt für heutige Menschen ist die Sichtweise, in der der Epheserbrief die Lebenssituation der Glaubenden beschreibt. Doch darin kommt ebenfalls ein charakteristischer Zug des Epheserbriefs zum Ausdruck. Für ihn ist die Welt von geistigen Mächten durchwaltet. Dabei hat er eine feste Hierarchie im Blick. Den untersten Bereich nehmen die Mächte und Gewalten des Bösen ein. Ihr Herrschaftsbereich ist die Luft, also die niedrigste geistige Sphäre (2,1–3). Darum ist es für den Epheserbrief so entscheidend, dass Christus erhöht ist zur Rechten Gottes über alle Mächte und Gewalten dieser Welt (1,20ff). Die Glaubenden haben in Christus bereits teil an der Herrschaft Christi (2,6) und das gibt ihnen die Kraft, gegen die Machenschaften des Bösen einzutreten.

Hier begegnet eine Weltauffassung, die der heutigen diametral entgegensteht und die beim ersten Lesen Skepsis, wenn nicht sogar Widerspruch auslöst. Solche geistigen Mächte sind dem vom Materialismus geprägten Denken völlig fremd. Dennoch eröffnet der Verfasser mit seiner Sichtweise einen klaren Blick auf geistige Strömungen und Entwicklungen jeder Epoche. Wie wichtig ist es, geistige Abhängigkeiten zu durchschauen, Modeströmungen, Einflüsse und Machenschaften des Zeitgeistes zu erkennen und gefährliche Entwicklungen des Denkens zu bemerken, um ihnen kritisch begegnen zu können und – wo es sein muss – beherzt zu widersprechen!

Gerade darin liegt auch die Bedeutung des geistlichen Kampfes begründet, der einen zentralen Punkt für die spirituelle Dimension des Epheserbriefs ausmacht. Der innere Verwandlungsprozess, in dem sich die Glaubenden in diesem Leben befinden, zeigt sich nach außen in einer Stärkung der Kampfbereitschaft, für die Wahrheit einzutreten und den christlichen Glauben zu bekennen. Während sich also im Inneren des Menschen der »Christus in uns« immer mehr ausprägen soll, wächst zugleich nach außen hin die Bereitschaft, für den Glauben mutig einzutreten. Im Bild von der Waffenrüstung Gottes (6,10–20), das für moderne Ohren zunächst sehr ungewohnt und wenig friedfertig klingt, weist der Verfasser darauf hin, dass es nicht nur um einen Kampf mit Fleisch und Blut, sondern letztendlich um eine Auseinandersetzung mit geistigen Mächten geht. In solch einen Kampf sind die Glaubenden gestellt, aber sie tragen die Waffenrüstung Gottes. Sie kämpfen darum nicht aus eigener Kraft. Es ist vielmehr Gottes Kraft, die durch sie wirkt.

Damit zeigt der Epheserbrief eine kämpferische Spiritualität, bei der die Menschen dazu aufgefordert sind, für ihren Glauben einzustehen und darin ganz auf die Kraft Gottes zu vertrauen.

### 8. Die Bedeutung des Epheserbriefs für heute

Fragt man nach der Bedeutung des Epheserbriefs für die heutige Situation, so fällt eine ganze Reihe von Aussagen auf, die für die Gegenwart wichtig sind. Die aktuellen Bezüge im Einzelnen sind schon jeweils in der Auslegung zu Wort gekommen. Hier sollen nun die grundlegenden Linien aufgezeigt werden, die diesen Brief bestimmen und die für das heutige Verständnis wertvoll sind.

#### a) Die geschichtliche Perspektive

Der Verfasser des Epheserbriefs richtet sich an eine neue Generation, der er die bleibende Bedeutung der Theologie des Paulus auch nach dessen Tod nahebringen will. Dabei wiederholt er nicht

formelhaft die Aussagen des Paulus, sondern überprüft, in welcher Form er die Gedanken in die neue Zeit übertragen kann. In seiner Interpretation der paulinischen Aussagen arbeitet er jeweils das Wesentliche heraus: Er greift die wichtigen Aussagen aus den Paulusbriefen auf, schält die situationsbedingten Elemente ab, ordnet sie teilweise neu und spitzt das, was Paulus sagen wollte, für die neue Generation zu. Diese Art des Umgangs mit der Tradition kann für heutige Fragestellungen hilfreich sein. Denn auch heute geht es um die Frage, wie die Grundlagen des Glaubens adäquat in unsere Zeit übertragen werden können. Dabei kann es nicht darum gehen, althergebrachte Glaubenssätze einfach zu übernehmen. Die Aussagen von früher werden sonst zu leeren Formeln, die nicht mehr ins Leben passen. Diese Art des (oftmals unverstandenen) Wiederholens wird der Sache nicht gerecht und führt letztendlich zu Fundamentalismus. Wer sich andererseits nur an der heutigen Lebenswelt orientiert, kann oftmals zu den überkommenen Vorstellungen keinen Zugang mehr finden. Das führt dann zu einem Traditionsabbruch, weil man mit den alten Vorstellungen nichts mehr anzufangen weiß und sie in Bausch und Bogen ablehnt. Der Verfasser des Epheserbriefs legt uns ans Herz, dass nur die konsequente Neuinterpretation der Weg ist, um den christlichen Glauben der heutigen Lebenswelt von jüngeren Menschen zu erschließen. Das setzt voraus, dass man sich darum bemüht, die Glaubensaussagen früherer Generationen zu verstehen und sie in eine klare, der heutigen Lebenswelt entsprechenden Sprache zu übertragen. Für diese Bemühung kann der Verfasser des Epheserbriefs Vorbild sein. Immer wieder zeigte sich in der Auslegung das seelsorgerliche Anliegen des Verfassers, für die Menschen seiner Zeit die Aktualität des Glaubens sichtbar werden zu lassen.
Die Fragestellung, wie die überkommene Tradition verwandelt und neu für den eigenen Glauben fruchtbar gemacht werden kann, spiegelt sich in dem Prinzip der Apostolizität, das der Epheserbrief erstmals in der Darstellung der Kirche angelegt hat. Dabei greift er das paulinische Bild von der Kirche als Bau aus 1Kor 3 auf. Dort hatte Paulus von Christus als dem Fundament gesprochen, auf dem das Gebäude der Kirche gebaut wird. Dieses zweigliedrige Bild wird im Epheserbrief erweitert. Jetzt ist Christus der Eckstein, der sich zuunterst befindet. Darauf liegt das Fundament der Apostel und (der neutestamentlichen) Propheten, auf dem das Bauwerk der Kirche errichtet wird. Wer daran weiterbaut, muss sich also am Fundament der Apostel ausrichten. Denn das Fundament ist die Grundlage, auf der das Leben der Kirche ruht. So wird das Apostolische zur Norm, die den Bau der Kirche bestimmt. Wie das zu geschehen hat, dafür liefert der Epheserbrief die Anschauung: In seiner

Interpretation der paulinischen Theologie zeigt er, wie die apostolische Botschaft in die neue Zeit übersetzt werden kann.

Die geschichtliche Perspektive des Epheserbriefs zeigt sich aber auch in der Darstellung des Heilsplans, bei der der Verfasser einen weiten Bogen von der Zeit vor Schöpfung der Welt bis zur endgültigen Vollendung spannt. Auch hier begegnen Aussagen, die für die Verkündigung der heutigen Zeit von großer Aktualität sind: Der Gedanke des Segensstroms, der die Welt von Urbeginn an durchzieht, schließt alle Generationen bis heute ein und stellt sie unter den Segen Gottes. Auch die Aussage, dass die Glaubenden *vor Grundlegung der Welt erwählt* sind (1,4) gehört dazu. Bis heute ist beeindruckend, wie der Verfasser das bedingungslose Geliebtsein der Menschen seit Anbeginn für die Briefempfänger deutlich macht. Auch die Vorstellung, dass bei der Vollendung der Zeiten *alles in Christus zusammengefasst wird, was im Himmel und auf Erden ist* (1,10) hat nichts an Aktualität eingebüßt: Anstelle der Botschaft eines drohenden Gerichts steht hier der Gedanke einer umfassenden Einheit des Alls in Christus. Im Gegensatz zu den Weltuntergangsszenarien, die durch die Medien oft verbreitet werden, weist dieser Gedanke auf das seelsorgerliche Anliegen des Verfassers hin, dass die Empfänger ihren festen Platz im segensreichen Wirken Gottes haben. Und diese Zusage ist auch für heutige Menschen nach wie vor wertvoll.

Geschichtliches Denken ist in der heutigen Zeit mehr und mehr im Abnehmen begriffen. Vielen Menschen fällt es immer schwerer, Aussagen früherer Zeit in ihrem damaligen Kontext zu begreifen. Umso wichtiger ist die Beobachtung, wie der Verfasser hier in (heils-)geschichtlichen Entwicklungen denkt und die neue Generation in die geschichtlichen Wandlungen miteinbezieht.

b)  Das prozesshafte Denken

Der geschichtlichen Perspektive sehr verwandt ist das prozesshafte Denken, das den Epheserbrief ebenfalls auszeichnet. In den verschiedenen Bildern, die der Verfasser etwa von der Kirche zeichnet, lässt sich ein Entwicklungsprozess ablesen. Die Bilder, die bei Paulus noch recht statisch gebraucht wurden, werden weiter entwickelt. Als wesentliches Element zeichnet der Verfasser das Wachstum ein: Der Leib Christi wächst von Christus her auf Christus zu. Die Wortämter reichen dabei die Wachstumskräfte Christi dar. Das Bild von der Kirche als dreigliedriger Bau (Eckstein, Fundament, Bauwerk) ist offen dafür, dass jede Generation ein weiteres Stockwerk daraufsetzen kann. Auch an die zunehmende Erfüllung des Kosmos durch Christus kann man denken: In allen Bildern und Aussagen des Epheserbriefs begegnet eine große Lebendigkeit. Der Verfasser bringt in seinen Beschreibungen immer ein dynamisches Geschehen zum Ausdruck, das noch im Gang ist und bis zur künftigen Vollendung hin andauert.

Auch für den Glauben des Einzelnen ist das kontinuierliche Wachstum ein wichtiges Kennzeichen. Es kommt zum Ausdruck im Motiv des Glaubens als Verwandlung. Glaube ist für ihn eben nicht bloß ein »Für-wahr-Halten«, auch nicht nur eine Willenserklärung, sondern ein vertieftes, ganzheitliches Wahrnehmen, ein *Christus lernen* in umfassender Weise. Dieser Lernprozess schließt den ganzen Menschen ein. Er führt dazu, dass Christus sich mehr und mehr ausprägt im Leben des Einzelnen. Deutlich erkennbar wird das im Fürbittengebet des Apostels 3,14–21 ausgedrückt. Hier geht es dem Verfasser darum, dass der *innere Mensch an Kraft zunehme* und *Christus im Herzen Wohnung nehme* und die Glaubenden damit immer tiefer *in der Liebe eingewurzelt und gegründet* sind (3,16.17). Es geht ihm um ein Wachstum des Glaubens und Erkennens (3,18.19a). Das Ziel ist, dass die Briefempfänger letztlich *erfüllt werden mit der ganzen Fülle Gottes* (3,19). Das Gebet mit der Bitte um die Vertiefung der Glaubenserkenntnis macht auf diese Weise deutlich, mit welcher Dynamik der Verfasser das geistliche Wachstum des Einzelnen beschreibt. Glaube ist kein abgeschlossener Zustand, sondern ein Entwicklungsprozess, der auf ein immer tieferes Verwirklichen der Christusbeziehung zielt.

Das prozesshafte Denken kann sehr hilfreich sein, Kirche nicht nur statisch als eine in sich unveränderliche Größe zu sehen, sondern als ein lebendiges, im Wachsen begriffenes Ganzes. Zugleich wird die Unabgeschlossenheit des Bildes von Kirche in ihrer irdischen Form deutlich. Jede Generation baut an der Kirche weiter, jede Konfession hat Anteil an ihr und bringt ihre Prägung in die eine, ganze und umfassende Kirche ein. So wird die Ökumene in ihrer Vielfalt zu einem zentralen Thema. Aber auch für die individuelle Glaubensbiographie ist das prozesshafte Denken sehr wertvoll. Kein Mensch hat einen fertig abgeschlossenen Glauben, sondern durchläuft in seinem Leben Wandlungen, die ihn immer tiefer in das Christusgeheimnis hineinführen. Auch hier wird deutlich, dass unser Leben nie abgeschlossen ist, sondern auf eine jenseitige Vollendung hin angelegt ist.

c)  Die Offenheit für die geistige (bzw. himmlische) Welt

Der Verfasser sieht die Welt von geistigen Mächten und Gewalten erfüllt. Heutzutage mutet diese Auffassung fremdartig an. An dieser Stelle spürt man am deutlichsten, dass der Verfasser von einem anderen Weltbild ausgeht als dem unseren. Doch seine Beschreibung der Mächte und Gewalten dieses Zeitalters schärft den Blick dafür, geistige Entwicklungen in der Gegenwart besser zu erkennen und zu durchschauen. So kann seine Darstellung die Frage wachrufen, welche geistigen Strömungen wir in unserer Zeit wahrnehmen, wie wir den Zeitgeist analysieren und wo wir Gefahren einer negativen Entwicklung erkennen würden. Wer sich durch die Beschreibung des Epheserbriefs sensibilisieren lässt, wird bemerken, dass negative Gedanken und Einreden eine Macht darstellen können, die Menschen in ihrem Handeln beeinflussen. Welche Auswirkungen können sie bis in den Bereich körperlicher Erkrankungen haben! Es wird deutlich, wie stark auch in unserer Gesellschaft bestimmte Gedanken und Vorstellungen beherrschend werden und – gerade solange sie unbewusst sind – über Menschen Macht ausüben und sie beeinflussen. Doch es geht nicht nur darum, negative geistige Entwicklungen festzustellen, sondern insgesamt darum, eine größere Sensibilität für die geistige Welt sowie für die Welt des Glaubens zu entwickeln.

Der Verfasser des Epheserbriefs betont die Teilhabe der Glaubenden an der himmlischen Dimension: Er spricht vom Mitauferstehen und Mitherrschen mit Christus zur Rechten Gottes (2,5.6). Damit macht er deutlich, dass sich im Glauben den Menschen diese himmlische Dimension eröffnet. Eine Dimension, die die Macht negativer Einreden überwinden und im Segen ein Gehalten- und Getragensein zusprechen kann. So erfahren Menschen etwas von der Präsenz des Heils schon in diesem Leben. Deshalb wird es in der heutigen Verkündigung darauf ankommen, die Heilsaussagen nicht nur für eine unerreichbar ferne Endzeit auszusagen, sondern den Menschen so ans Herz zu legen, dass ihnen schon jetzt etwas von dieser Dimension aufleuchten kann. Unser Leben ist nicht nur auf den irdisch-vorfindlichen Bereich begrenzt, sondern reicht in die himmlische Sphäre hinein, hat teil an der jenseitigen Welt Gottes.

Der Teilhabe der Glaubenden an der himmlischen Welt in Christus entspricht nun umgekehrt die Wirksamkeit Gottes in den Menschen (3,20), die Gegenwart Christi in den Glaubenden (3,17) mitten im Alltag. Gerade dieses Wirken stellt der Epheserbrief betont heraus. Damit wird deutlich: Die Aussage der Teilhabe an der jenseitigen Welt ist keine Weltflucht, durch die sich die Glaubenden den Aufgaben dieser Welt entziehen könnten. Mit der Aussage der Wirksamkeit Gottes in den Glaubenden wird der direkte Bezug zum Alltag der Welt hergestellt. Dem Verfasser des Epheserbriefs ist es ein Anliegen, dass Gottes jenseitige Gegenwart in den Glaubenden Gestalt gewinnt und sich in dieser Welt auswirkt.

Damit kann der Epheserbrief auch die Menschen von heute sensibel machen für die Gegenwart der himmlischen Welt mitten im Alltag und die Aufmerksamkeit schärfen für die Wahrnehmung geistigen Wirkens.

d) Die kosmisch-universale Dimension

Ein besonderes Augenmerk legt der Epheserbrief auf die kosmische Dimension. Der Glaube führt bei ihm in eine große Weite und Weltverantwortung. Für ihn gibt es keine abgekapselte Privatfrömmigkeit im stillen Kämmerlein. Das gilt gerade auch beim Thema Versöhnung, das in unserer protestantischen Tradition eher individuell auf das Verhältnis des Einzelnen zu Gott eingegrenzt ist. Glaube ist für den Verfasser des Epheserbriefs keine Privatsache, sondern führt in die Gemeinschaft der Glaubenden. Der Glaube soll ausstrahlen in die Welt und an der Verwandlung der Welt mitwirken. Deshalb ist für den Verfasser das Neuwerden des Menschen immer mit dem Eintreten in eine neue Gemeinschaft verbunden. Das legt seine Darstellung in 2,15–17 nahe: Der eine neue Mensch, von dem er spricht, ist zugleich der eine Leib. Und damit gehört der Glaubende auch in die Gemeinschaft des Leibes mit vielen Gliedern. Für den Verfasser des Epheserbriefs ist Glauben nur in der Gemeinschaft und damit nur in der Verantwortung füreinander möglich. Eine Art privates Christentum gibt es nicht. Wer von Gott verwandelt wird, wird in ein neues Beziehungsgefüge gestellt: Er gehört nicht mehr sich selbst, auch nicht mehr bloß seiner bisherigen Volks- oder Familiengemeinschaft an, sondern er gehört in die Gemeinschaft der mit Gott Versöhnten. Und diese Gemeinschaft ist die Einheit in Christus.

Von da aus gewinnt der Gedanke der Kirche grundlegende Bedeutung. Im Epheserbrief geht es nicht mehr um die Ortsgemeinde, die jeweils an verschiedenen Orten des Erdkreises besteht, sondern um die eine, umfassende und universale Kirche. Ihre Einheit und Einzigkeit beruht auf der Einheit und Einzigkeit Gottes und Christi. Denn sie ist die Gemeinschaft derer, die in Christus sind, denen der Zutritt zum väterlichen Herzen Gottes offen steht (2,18) und die damit alle bisherigen Aufteilungen und Unterscheidungen der Menschheit überwindet (2,14–16; 4,4–6).

Mit der Vorstellung von der Kirche als einer in Christus eröffneten, universalen Heilsgemeinschaft tun wir uns heutzutage schwer. Zu sehr steht uns das Bild der Kirche als einer machtvollen Institution im Weg, die in irdische Machenschaften verstrickt ist. Oder es verbaut uns das Erscheinungsbild der Kirche, die in viele Konfessionen und unterschiedliche Gruppierungen zersplittert ist, den

Blick auf die in Christus bestehende umfassende Einheit. Der Epheserbrief betont, dass Kirche nicht nur ein frommes Grüppchen ist, sondern Weltverantwortung, ja eine wichtige Bedeutung für den Kosmos hat (siehe oben S. 188–191). Die Menschen, die im Leib Christi Versöhnung und Neuschöpfung erfahren, haben im Besonderen Verantwortung für den Frieden in der Welt (vgl. 2,14) wie für die Schöpfung Gottes, die auf Neuschöpfung hin angelegt ist (1,22–23). Damit ist die Rede von der Bewahrung der Schöpfung mehr als bloß ein moralischer Appell.

Nach der Vorstellung des Epheserbriefs bildet die Kirche als die eine, universale Gemeinschaft in Christus nicht nur räumlich eine weltumfassende Einheit, sondern auch zeitlich, weil in ihr nicht nur die gegenwärtig lebenden Menschen, sondern auch die früheren Generationen miteingeschlossen sind. Denn die Gemeinschaft der Glaubenden in der Gegenwart ruht auf den Schultern der vorangehenden Generationen, wie man das Bild von der Kirche als Bau (2,19–22) weiterführen kann. Die Kirche feiert ihren Gottesdienst aber auch in der Gemeinschaft mit den Engeln und in Verbundenheit von Irdischen und Himmlischen zu Gottes Lob und Ehre.

Darum ist es ein wichtiges Anliegen, diesen räumlich wie zeitlich weiten Horizont des Glaubens wieder mehr ins Bewusstsein zu rücken. Gerade dazu kann die Botschaft des Epheserbriefs wertvolle Anregung bieten.

# Weiterführende Literatur

*Allgemein verständliche Auslegungen*

Conzelmann, Hans, Der Brief an die Epheser, in: J. Becker, H. Conzelmann, G. Friedrich, Die Briefe an die Galater, Epheser, Philipper, Kolosser, Thessalonicher und Philemon (Das Neue Testament Deutsch, Bd. 8), Göttingen ⁴1990, S. 86–124.
Ernst, Josef, Die Briefe an die Philipper, an Philemon, an die Kolosser, an die Epheser (Regensburger Neues Testament), Regensburg 1974.
Hahn, Eberhard, Der Brief des Paulus an die Epheser (Wuppertaler Studienbibel, Ergänzungsfolge, Bd. 10) Wuppertal 1996.
Luz, Ulrich, Der Brief an die Epheser, in: J. Becker, U. Luz, Die Briefe an die Galater, Epheser und Kolosser (Das Neue Testament Deutsch, Bd. 8/1), Göttingen 1998, S. 105–180.
Pfammatter, Josef, Epheserbrief (Neue Echter Bibel. Neues Testament, Bd. 10), Würzburg 1987.
Theobald, Michael, Mit den Augen des Herzens sehen. Der Epheserbrief als Leitfaden für Spiritualität und Kirche, Würzburg 2000.
Zerwick, Max, Der Brief an die Epheser (Geistliche Schriftlesung, Bd. 10), Düsseldorf 1962.

*Wissenschaftliche Kommentare*

Gaugler, Ernst, Der Epheserbrief (Auslegung neutestamentlicher Schriften, Bd. 6), Zürich 1966.
Gnilka, Joachim, Der Epheserbrief (Herders theologischer Kommentar zum Neuen Testament, Bd. 10/2), Freiburg/Basel/Wien 1971.
Haupt, Erich, Die Gefangenschaftsbriefe (Kritisch-exegetischer Kommentar über das Neue Testament, 9. Abteilung), Göttingen 1902.
Hübner, Hans, An Philemon, an die Kolosser, an die Epheser (Handbuch zum Neuen Testament, Bd. 12), Tübingen 1997.
Lindemann, Andreas, Der Epheserbrief (Zürcher Bibelkommentare. Neues Testament, Bd. 8), Zürich 1985.
Mußner, Franz, Der Brief an die Epheser (Ökumenischer Taschenbuchkommentar zum Neuen Testament, Bd. 10), Gütersloh/Würzburg 1982.
Pokorný, Petr, Der Brief des Paulus an die Epheser (Theologischer Handkommentar zum Neuen Testament, Bd. 10/2), Leipzig 1992.
Schlier, Heinrich, Der Brief an die Epheser, Düsseldorf ⁴1963.

*Schnackenburg, Rudolf,* Der Brief an die Epheser (Evangelisch-katholischer Kommentar zum Neuen Testament, Bd. 10), Zürich/Neukirchen 1982.

*Sellin, Gerhard,* Der Brief an die Epheser (Kritisch-exegetischer Kommentar über das Neue Testament, Bd. 8), Göttingen 2008.

*Sonstige zitierte Aufsätze und Werke*

*Buber, Martin,* Ich und Du, in: ders., Das dialogische Prinzip, Gütersloh $^{10}$2006.

*Burchard, Christoph,* Joseph und Aseneth in: Jüdische Schriften aus hellenistisch-jüdischer Zeit, Bd. 2/4, Gütersloh 1999, S. 579–735.

*Calvin, Johannes,* Auslegung der Heiligen Schrift in deutscher Übersetzung, hg. von K. Müller, Neukirchen-Vluyn o.J.

Die Benediktusregel lateinisch-deutsch, hg. von Basilius Steidle, Beuron $^{3}$1978.

Die Augsburgische Konfession, Confessio Augustana, in: Die Bekenntnisschriften der evangelisch-lutherischen Kirche, Göttingen $^{9}$1982, S. 31–137.

Evangelisches Gesangbuch, Ausgabe für die evangelische Landeskirche in Württemberg, Stuttgart 1996.

*Gese, Michael,* Das Vermächtnis des Apostels. Die Rezeption der paulinischen Theologie im Epheserbrief (Wissenschaftliche Untersuchungen zum Neuen Testament, 2. Reihe, Bd. 99), Tübingen 1997.

*Habermas, Jürgen,* Wahrheitstheorien, in: ders., Vorstudien und Ergänzungen zur Theorie des kommunikativen Handelns, Frankfurt a.M. 1984.

*Hofius, Otfried,* »Erwählt vor Grundlegung der Welt« (Eph 1,4), in: ders., Paulusstudien II (Wissenschaftliche Untersuchungen zum Neuen Testament, Bd. 143), Tübingen 2002, S. 234–246.

*Klaiber, Walter,* Der Römerbrief (Die Botschaft des Neuen Testaments) Neukirchen-Vluyn $^{2}$2012.

*Luther, Martin,* Schmalkaldische Artikel von 1537, in: Die Bekenntnisschriften der evangelisch-lutherischen Kirche, Göttingen $^{9}$1982, S. 405–468.

*Oepke, Albrecht,* Art. *panhoplia,* in: Theologisches Wörterbuch zum Neuen Testament, Bd. 5, Stuttgart u.a. 1954, S. 295–302.

*Pokorný, Petr / Heckel, Ulrich,* Einleitung in das Neue Testament. Seine Literatur und Theologie im Überblick, Tübingen 2007.

*Ruppert, Fidelis,* Geistlich kämpfen lernen. Benediktinische Lebenskunst für den Alltag, Münsterschwarzach 2012.

*Stuhlmacher, Peter,* Biblische Theologie des Neuen Testaments, Bd. 2: Von der Paulusschule bis zur Johannesoffenbarung, Göttingen 1999.

*Weiser, Alfons,* Art. *diakoneo, diakonia,* in: Exegetisches Wörterbuch zum Neuen Testament, Bd. 1, Zürich 1991, Sp. 726–732.

# Register wichtiger Begriffe

Es werden nur die Stellen aufgeführt, an denen ausführliche Erläuterungen zu den genannten Begriffen zu finden sind.

Abbild   12.55.85.148.155.157.160.189
Abraham   23.35f.59
Adam (und Eva)   146.152.154f
Äon   40.78.88f
All, Weltall   24.28.30.33.40.42.73.78.99.102.190.198
Allerheiligstes   41.67.80.81
Amt, Amtsverständnis   73.75.77f.103–105.108f.111.153.181.189f.198
Apostelamt   16.73.75.77.105
Apostolizität   71.112.197
Auferbauung/Erbauung   87.90.99.101.104–106.108f.119.122.140
Auferstehung   23.39.40.42f.50f.61.65.67.77.88.97.102.103.121.131.135.138.179.180.186
Augenzeuge   16.110
Aus- und Anziehen   115.117f.120.122.125.164.171.181
Barmherzigkeit/Erbarmen   48f.123.179
Begierde s. auch Gier.Habgier   46f.55.116.118.130.192
Bekenntnis (-formel)   22.84.96.146
Berufung   16.21.24f.30.38f.92f.96.98.194
Beschneidung   58.62
Blut (Jesu)   27.60.80
Böse s. auch Teufel   46.50.123f.133f.166.170.188.195
böse Tage   138.142.164.166.187f
Braut, Bräutigam   12.112.146.151–153.189
Brustpanzer   163.168f
Bund, Bundesschluss   59.68.105.127–129
Bundeslade   67.80
Christus in uns   90.196
– in Christus   16.23–25.29f.34f.50–52.66.68.80f.95.100.110.117.189.200f
– Leib Christi   12.24.64.76f.79.80.100f.108f.111.120.149.154.157.181.187.189f.198
– Leiden Christi   40.81
Dämon   102.165.173
Dank, Dankbarkeit   20f.129.141–143.181.192.194
Danksagung, Dankgebet   20.33–35.42.128.193
Demut   93–95.98.194
*diakonia*   104f
Dienst   104f.146f.153.160–162
Ebenbild (Gottes)   118f.146.149
Eckstein   70f.86.112.180.189f.197f
Ehe   12.112.127.146–157.186.189f.193
Ehrfurcht   89.147.156.158.160
Einheit (mit Gott/Gottes)   41.96.98.111.181.190
Einheit der Kirche   57.67f.95–98.100.106.110–112.180f.189.202
Einheit in Christus   57.61.63f.68.71.100.154.198.201
Einheit von Mann und Frau   146.149.152.155–157
Eltern   91.144.147.158f.185
Endzeit   30.71.122.133.152.163.171.200
Engel, Engelsklasse   38.40.45.69.72.79f.82.84f.123.202
Entstehungssituation des Epheserbriefs   14.182.188
Ephesus   11.14.16f.34.176
Erbarmen s. Barmherzigkeit
Erbe   31.38f.58.187

Erfüllung s. Fülle
Erkenntnis/Gotteserkenntnis   36–38.82f.85.87f.105–107.114.116.135.180.
   195.199
Erleuchtung   78.134–136
Erlösung   27.29f.51f.61.102f.123.186–188
Ermahnung, ermahnen   92f.95.122.130.144.159.181.194
Erwählung   21.23–27.30.32.153
Erziehung   159.186
Ethik   93.122.137.138.142.161f.191–193
Evangelium   28.31.65f.73f.77–79.81.103.110f.169f.173.183.186
Ewigkeit   24f.30.40.80.89.171.177
Familie, *familia*   64.69.84.91.132.143.158.163.181.201
Finsternis   129–137.165.192
Fleisch   47.58.146.152.154.165.182.188.196
Freiheit   46.55.80f.162.172f
Freimut   80.93.172f
Friede   15.18.57f.60f.63–66.68.79f.95.98.106.110.120.169.170f.176f.180.186.
   189.202
Fülle, Erfüllung   30.42.51.59.83.85–88.90.102.108.139–142.190.199
Fürbitte, Fürbittengebet   33–35.42.50.73.82–90.172.176.180.193f.199
Fundament   16.70f.75f.85.103.111f.173.180.189.197f
Gebet   23.27.33–36.42.50.67.73.83–86.88–90.111.121.140f.169.171f.179f.
   188.193–195.199
Gebot   61.63.122.124.127.156.159.185
Geduld   94.98.111.174.194
Gefängnis, Gefangenschaft, Gefangener   73.80f.92f.101f.173.183
Geheimnis (Gottes)   14.28.37.74–79.81f.90.106.112.139.147.155f.172f.180.
   187.199
Geist (der Menschen)   45–47.115.165
Geist (Gottes), Heiliger Geist   31.36f.66f.69.71.75.86.89f.95–98.117.124f.
   139–143.168.170–172.180.188.190.194
Gemeinde (s. auch Kirche)   17f.22.34f.94.96.98.100.103–105.110f.122.126.
   134.144.151.176.181–186.189
Generation, nachapostolische   16.39.70.148.176.189
Gerechtigkeit   118f.132.136.167–169.171.192
Gesetz   57.59.61–63.103.180.187.192
Gier   47.115.192
Glaube   16.30f.33–35.42.50f.53f.60.63.80f.83.86f.90f.96f.105–109.111f.116.
   122.133–135.159.164.166f.170f.177.186.191f.195.197.199–201
Glied, Glieder s. auch Leib   60.63f.77.97.100.108f.111.153f.178.191.201
Gnade   18.21.25–28.49.52–54.56.73.77f.94.101.122.176f.180.184.195
Götzendienst   63.115.127f.151.192
Gottesdienst   15.18.22.69.74.105.134.140–143.183.193.202
Habgier   127–129.134
Haupt   29.41f.100.107–109.111.148f.153f.167.181.190f
Haus Gottes   68–72
Haustafel   84.91.143–147.150.155–158.160–162.182.185.193
Heiden   23.28.44.46–48.57–60.62f.66f.69.73.76–82.106.110.113f.180.187.
   189
Heiliger, heilig, Heiligkeit   16.25.35.38.61f.68f.72.75.78.85.87.90.104f.112.
   118.128.154.167.172
Heilsgeschehen   21.28.65.151.186.188
Heilsgeschichte   22.25.32.81
Heilsplan   21f.24.27.29.32.73.75.78–80.82.138.179.186.198
Heilstat   22.27–29.57.61.64f.68.186.188
Heilswort   28f.31.58.65.186
Herrlichkeit (Gottes)   21f.26.30–32.36.38f.44f.50f.55.78.81.85–88.90.102.
   135.180.186.194
Herrschaft, Herrschaftsbereich   40–42.45.50.102.133.150.195

*Register wichtiger Begriffe*

Herz 37.76.85.86.90.114.116f.121.123.137.140f.160.162.172.176.192–194. 199
Herzensgebet 35.172
Himmel 22f.29.39–41.45.51f.55.69.79.84.88.101f.160.166.187.194
Hoffnung 30f.33f.38.39.42.50.59.96f.170.188.190.194
Hymnen 69.140.142.193
Inthronisation 34.39–41.50
Israel 23.25.31.39–41.47.57–59.61–63.66f.80.127.146.151.159
Kampf 91.163–167.170.172f.182.188.196
Kind
- Kind(er) Gottes 25f.35.126–128.130f.194
- Kinder des Lichts 130–136.181.192
- Kinder des Zorns 47f
Kindschaft 26.194f
Kirche
- als Bau/Gebäude 58.70f.76.103.111f.173.189.197.202
- als Braut 112.148f.151.153.155.189
- als Heilsraum 67.110.189
- als Institution 109f.112.188
- als Leib, s. auch Leib Christi 64.80.97.100.154.170.172.181.188–190
- Universalkirche 17f.109–111.176f.201
- Wesen, Wesensmerkmale 96f.109–113.180f.189
Kleidung, Kleiderwechsel 117–119.131.141.152.163f.167f.182
Kosmos 29f.32.41f.80.103.190.199.202
Kraft, Kraftbegriff 23f.34.38–40.43.45.50f.77.86.88–90.108f.111.124.133. 145.164.179.186.194.196
Kreuz, Kreuzigung, Kreuzestheologie 21.27.29.40.60.64f.67f.76f.95.102.110. 126.128.151.154.180.188
Leben 27.32.52–54.60.115.120.131.135.142.163.191
- altes/neues Leben 44f.50f.134f.179.181
Lebenshingabe 27.60.127.154
Lebenswandel 44.54f.93.98.113–115.187
Leib Christi 12.24.64.76f.79f.100f.108f.111.120.149.154.157.181.187.189f. 198
Licht 129–136.167.181.192
Liebe (Gottes) 25f.48f.83.85–87.90.95.98.108.126.128.146.151.156f.177
Liebe (des Menschen) 33.35.42.49.92f.95.98.107.111.121.128.150.151.153. 156f.176f.191.194
Luft (als Machtbereich) 45–47.102.130.138.195
Luther, Martin 42.135f.143.152.155f
Macht (Gottes) 41f.45.88.102.121.132.164.166.174
Mächte und Gewalten 39f.45–47.50.55.79.102.107.121.138.163.165f.182.188. 195f.200
Machtbereich 23.45.47.50.130
Märtyrer, Märtyrerkirche, Märtyrertod 50.52.92
Mensch
- alter/neuer Mensch 63.65.114.117–119.121.124.164.180f.188.191.201
- innerer/äußerer Mensch 86.89f.195.199
Mitleiden, Mitsterben 50f.97
Mose 13.59.63.69.101–103.105
Nachahmung, Nachahmer 55.126.192
Naherwartung 142.159.185.188
Neuschöpfung 57.61.63f.118.153.190.202
Offenbarung 28.36f.75.79.82.168.187
Ökumene 98.113.199
Opfer 60.80.126–128
Organismus 60.100.108.189
Ortsadresse 11.17
Paulusschule, Paulusschüler 13.14.78.184.185

Prophet, alttestamentlich/neutestamentlich   59f.65f.70f.75f.79.82.94.102–104.108f.111f.120.146.151.180.187.197
Rechtfertigung   12.24.30.49.50.53–56.77.93.164.180
Rettung, Errettung   20f.49f.53.56f.60
Schicksal   46.55
Schöpfung   20.24.26.28f.32.48.75.90.95.102.130f.149.155.179.191.195.198.202
Schuld   27.46
Seele   24.84.86.116f.124.150.156f.170.173.192
Segen   11.15.17.20.22–25.35.55.175f.198.200
Segensstrom   21.23.26.198
Siegel, Versiegelung   31.123.188
Sklave, Sklaverei   16.91.100.143–145.147.160–162.182.193
Sohn (Gottes)   24.26.67.98.106.194
Söhne des Ungehorsams   43–48.130
Sünde, Sünder, Sündenverständnis   29.44.48f.51.64.128f
Sündenfall   149
Taufe   31.35.50f.96.97.100.112.117–119.123.134f.152f.155.179.190f
Teilhabe (an Christus)   51–53.67.76f.180.186.200
Tempel, Tempelvorstellung   12.41.62.66.68.70f.80f.85–88.112.154.180.189
Teufel   45.122.123.164.165.188
Transzendenz, transzendent   23.51.89.97.115
Trinität (Trinitätslehre)   67.97f
Tod (Jesu, Christi)   23.27.39.49.51.61.67.102.127.186
Tod (des Paulus)   14.16f.34.75.96.108.110f.126.154.182.184f.196
Tod, Todeszustand   48f.59.131.134.136.177
Tora, Christustora   61.63.66.101f.116.120.122.192
Übertretung(en)   27.44.48f
Unterpfand   14.123.188
Unzucht   127–129.134.155
Vater, Vaterschaft   18.23.26.36.67.84f.89.96–98.110.126.141.144.154.158f.162.177.180.182.186.190.193–195
Vergebung   27.29.123–125.153.186
Verherrlichung   24.32.52
Verkündigung   16.28.58.64–66.74.76–79.81f.93.103–106.112.117.169.172f.175.179f.183f.186.189
Vermächtnis   14.175.184f
Versöhnung   29.57.61–66.68.77.79.95.105.110f.170.180.188.201f
Vollendung   22f.29.30.38.51.56.71.77.87.89.106.109.138.186–188.191.198f
Vollkommenheit, Vollkommenheitsideal   87.106f
Vorherbestimmung   24.26.30
Wachstum   69.71.83.86.90.101.106–109.111.117.154.181.189–191.195.198f
Waffenrüstung   163.164.168–174.182.187.188.196
Wahrheit   28.31.46.81.91.93.106f.109–112.116.118.120–122.132f.135.168f.171.173f.183.189.196
Weltbild, antikes   45.121.145.200
Weisheit, weisheitlich   28.37.61.75f.79.94.106.130.137f.144
Werk/Werke, menschliche   53–56.93.118.132–134.184.192f
Wiederkunft Christi   21.26.32.138.142.144.151.158.166
Wille (Gottes)   16.21.25f.28.30.62.137–139.142.160–162.181.187.193
Wort Gottes   168.170–173
Zeitverständnis   22.137f.185–188
Zeitalter   40.42.52.59.200
Zorn (Gottes)   47f.127.130.167
Zorn (der Menschen)   118.121–124.159.162.192f
Zugang, Zutritt (kultischer)   58.64.66f.69.80–82.95.110.189.194.201
Zusammenfassung (des Alls)   28–30.32.108
Zusammenfassung (der paulinischen Botschaft)   49.59.61.74.82.92.175.182.185

Bei Fragen zur Produktsicherheit wenden Sie sich bitte an:
If you have any questions regarding product safety, please contact:

Brill Deutschland GmbH
Robert-Bosch-Breite 10
37079 Göttingen
info@v-r.de